뭐 했니?

아르헨티나

7년

한류 현장 이야기와 문화예술로 만나는 이베로아메리카 Ⅰ

이종률 · 옥정아

뭐 했니?
아르헨티나
7년

한류 현장 이야기와
문화예술로 만나는 이베로아메리카 I

| 이영열 |

국립중앙도서관 디지털자료운영부장

'저기 걸어간다. 한 권의 책이 될 사람!(김천정 작가)'… 이종률, 그가 책으로 돌아왔습니다. 비교불가의 이베로아메리카 전문가로!

학창시절 스페인어문학을 전공하고, 국가 공직자로서 멕시코, 아르헨티나, 스페인에서 문화외교관으로 뛰면서 한 권의 두툼한 책이 되었습니다.

몇 년 전 주스페인 한국문화원장직 지원을 놓고 그가 고민할 때, 저는 문체부 동료로서 이렇게 조언했습니다. "문체부에 갇히지 마라, 대한민국에 갇히지 마라, 당신은 거대한 세계의 인재가 되어라!"…. 그로부터 몇 년 후 '이베로아메리카의 최고 전문가'가 되겠다는 학창시절의 꿈을 이루고 우리 앞에 섰습니다.

이 책은 그냥 책상물림의 책이 아닙니다. 생생한 현장이 담겨 있습니다. 그것도 인간 '이종률'이라는 큰 그릇에! 국익이라는 거시적인 시각은 물론 소소한 현장의 민생과 문화까지 농밀하게 엮여 있습니다. 과연 이베로아메리카를 위한 지식과 지혜의 보고입니다.

자, 이제 이종률이라는 거인의 어깨 위에 서서 여행을 떠나 볼까요?

| 신달자 |

시인, 대한민국예술원 회원

기다리던 책이다.
벌떡 일어서서 박수를 치고 싶은 책이다.
꼭 필요한 책이다.

이종률 원장 부부는 누구보다 할 말이 있는 사람들이다. 15년이
나 스페인어권에서 한국 문화를 현장에 생생하게 알린 살아있는 문
화외교의 주역이기 때문이다. 멕시코, 아르헨티나, 스페인에서 가
깝게 스며들게 감동하게 우리 문화와 예술을 바르게 전달한 문화외
교 그 자체였기 때문이다.

이베로아메리카의 관심사를 잘 녹여 쉽게 읽을 수 있게 한 이원
장 부부에게 감사드린다. 국가적으로 할 일이었고 공직자로서도
의무를 다한 사뭇 기쁨을 감추지 못하는 한 권의 귀한 책이다.

무엇보다 공감하고 감동할 다양한 경험을 세밀하게 직접 경험같
이 읽을 수 있어 생생한 현지인이 되어 보는 느낌마저 든다.

축하드리며 감사의 인사를 드린다.

책을 열며

　막연하게 지구 반대편 먼 곳을 의미하는 '중남미' 또는 '라틴아메리카', '히스패닉아메리카(또는 이스파노아메리카)'는 가끔씩 듣거나 접해 본 적이 있지만, 책의 부제로 쓰여진 '이베로아메리카'는 처음 듣는 생소한 용어라는 독자들이 많을 것이다.

　다들 비슷한 의미라고 생각하지만 '중남미'는 지리적인 측면에서의 명칭이고, '라틴아메리카'와 '히스패닉아메리카', '이베로아메리카'는 문화적인 구분에서 불리우는 이름이다. 스페인에서 현지인들과 이야기를 나누다 보면, 중남미에서와는 달리 '이베로아메리카'라는 단어를 듣게 되는 경우가 상당히 많다. 북미의 미국과 캐나다를 제외하고, 과거 스페인과 포르투갈의 식민지 지배를 받았던 아메리카 대륙 중남미의 대다수 국가를 의미하는 '이베로아메리카(Ibero-America)'는 '이베로(Ibero)'와 '아메리카(America)'의 합성어로써, 접두어 '이베로'는 유럽 서쪽 끝의 스페인과 포르투갈이 위치하고 있는 이베리아 반도를 나타내고, '아메리카'는 우리가 기존에 알고 있는 아메리카 대륙이라는 의미에서 그 명칭이 유래되었다.

다시 쉽게 설명하면 아메리카 대륙의 국가들 중에서 ①'이베로 아메리카'는 이베리아 반도에서 사용하는 스페인어와 포르투갈어를 공용어로 쓰는 국가를, ②'라틴아메리카'는 스페인어, 포르투갈어, 프랑스어 등 라틴어에서 파생된 언어를 공용어로 사용하는 국가를, ③'히스패닉아메리카'는 스페인과 관련이 있다는 의미의 접두어 '히스패닉(또는 이스파노)'으로 유추할 수 있듯이 스페인어를 공용어로 사용하는 국가를 의미한다. '히스패닉아메리카'의 경우에 포르투갈어를 사용하는 브라질은 제외된다. 국가 숫자와 규모면에서는 '라틴아메리카'가 제일 광범위하고, 그 다음이 '이베로아메리카', 그리고 마지막이 '히스패닉아메리카' 순이다.

스페인 사람들은 프랑스 학자 미첼 세발리예(M. Chevalier)가 만들어낸 '라틴'이라는 접두어를 사용한 '라틴아메리카'에 대해 거부감을 보인다. 1808년 프랑스가 스페인을 침공해서 나폴레옹의 형인 조제프 보나파르트를 국왕인 호세 1세로 옹립한 것과 1862년 나폴레옹의 조카인 나폴레옹 3세의 멕시코 침략 등 중남미에서 세력 확장을 노리던 프랑스의 제국주의적 열망이 '라틴'이라는 단어 속에 숨겨져 있다고 생각한다. 마치 프랑스와 중남미 국가들이 원래부터 가까운 관계인 것처럼 오해하도록 만들기 위해 프랑스가 의도적으로 '라틴아메리카'라는 용어를 확산시켰다고 믿기 때문이다.

스페인은 이베리아 반도와 중남미 권역 국가들의 역사와 문화, 그리고 언어적 일체성을 기반으로 제반 분야의 협력과 교류 증진을 도모하면서, 영향력을 행사할 목적으로 공동체를 창설한다. 유럽 연합(EU)에서 중남미의 입장을 대변하겠다는 명분을 강조하며, 스페인은 자국이 포함된 공동체의 명칭이 '이베로아메리카 공동체(Comunidad Iberoamericana)'로 명명되도록 공작(?)을 했다는 비하인드 스토리를 스페인 외교부에 근무하는 친구로부터 전해들은 적이 있다. 2018년 10월 현재 총 22개의 정회원국으로 구성된 '이베로아메리카 공동체'에는 16세기부터 19세기 말까지 오랜 기간 스페인의 식민지였던 필리핀, 그리고 우리나라도 옵서버로 참가하고 있다. 스페인은 멕시코의 도움을 받아 1991년 멕시코 과달라하라에서 '이베로아메리카 공동체'의 국가정상들이 참가하는 첫 번째 회의를 개최한 이후에 해당국들과의 협력을 위한 중요한 매개체로 '이베로아메리카 정상회의(Cumbre Iberoamericana)'를 잘 활용하고 있다.

스페인이 '이베로아메리카 공동체'에 포함되어 있고, '라틴아메리카'와 스페인의 특별한 관계를 감안해서 스페인어권 종주국인 스페인도 넓은 의미에서 '이베로아메리카'에 포함되는 것으로 가정하고 이 책자의 저술을 시작했다. '이베로아메리카 공동체'라는 거창한 국가들 간의 협력은 제쳐 두고라도 이베로아메리카 국가들은 핏줄과 언어로 뭉쳐 있다. 스페인 내전(1936-1939) 중에, 또 스페인에 경제 위기가 닥쳤을 때 많은 스페인 사람들은 피난처로 멕시코 또는 아르헨티나를 선택했다. 그리고 그 반대의 경우도 많다. 차베스와 마두로의 집권 이후 많은 베네수엘라 부유층들이 정치·경제적 탄압이 두려워 스페인으로 이주하고, 그들의 재산을 비밀리에 스페인 은행으로 송금하는 경우 등이다.

이베로아메리카 국가들은 냉전시대부터 국제무대에서 우리 정부의 입장을 지지해온 전통적인 우방국이다. 6억 8천만 명의 인구와 세계 GDP의 7%인 5조 9천억 달러 규모의 거대한 수출시장으로, 전 세계 식량·광물·에너지 자원의 보고인 '이베로아메리카'는 우리나라가 경제협력을 강화하기 위해 가장 주목해야 하는 지역 중의 하나다. 특히 대한민국이 최초로 맺은 자유무역협정(FTA)인 한·칠레 FTA(2004)를 비롯해서 페루(2011), 콜롬비아(2016), 중미 5개국(2019) 등 4개의 FTA가 발효되어 우리와의 경제·통상 협력에 박차를 가하고 있다. 게다가 KOTRA가 발간한 『2019 중남미 진출전략』에서 "중남미 전역에 확대되는 한류열풍은 우리 기업의 진출을 도와주는 큰 기회"라고 소개한다. 한류가 이베로아메리카 권역에서 한국산 제품의 판매와 인지도 제고에 큰 영향을 끼치기 때문이다. 우리가 정치·경제·문화적으로 '이베로아메리카'에 관심을 가져야 하는 이유가 바로 여기에 있다.

1970년대 후반 중학교 다닐 때 인문지리 시간에 처음으로 아르헨티나에 팜파스(Pampas)가 있다는 것을 알게 되었다. 가도 가도 끝이 안 보이는 넓은 평원이 남미에 있다고 배웠다. 죽은 자를 매장하는 이집트 피라미드와는 다르게, 제사를 지내기 위한 거대한 피라미드가 멕시코에 있다고 선생님이 설명해 주셨다. 유럽의 스페인 이외에 중남미의 33개 나라 중에서 멕시코, 과테말라, 엘살바도르, 온두라스, 니카라과, 코스타리카, 파나마, 쿠바, 도미니카 공화국, 콜롬비아, 베네수엘라, 에콰도르, 볼리비아, 우루과이, 파라과이, 페루, 칠레, 아르헨티나 등 18개국이 스페인어를 사용한다고 했다. 왠지 스페인어 사용 국가들에게 마음이 끌렸다. 자원이 빈약하고, 인구가 많고, 국토가 좁은 우리나라가 이들 국가와 친해지면 좋겠다는 생각을 그때부터 막연하게 가지게 되었다.

대입 학력고사를 치르고 초등학교 친구들과 모임을 가졌다. 1983년 겨울, 부산의 어느 허름한 중국집에서 열아홉 살 남녀 고등학생 여러 명이 모여서 앞으로 대학에서 무엇을 전공하고, 또 사회에 나가서 어떻게 살고 싶다는 자신의 앞날과 포부에 대해 이야기하는 시간을 가졌다. 그 자리에서 친구들에게 말했다. "나는 스페인어를 공부할 거야. 라틴아메리카 전문가가 되고 싶어. 오늘 모인 친구들 중에서 여러 명이 경영학과에 가고 싶다고 말하는 걸 들었어. 나는 너희들이 경영학과를 졸업한 후에 일하게 될 회사에서 만드는 한국 제품들이 멕시코, 아르헨티나와 같이 스페인어를 사용하는 라틴 아메리카 국가에서 더 많이 판매되도록 하고 싶어. 해외의 현장에 나가서 우리나라에 도움이 되는 일을 할 거야."

이후에 나는 대학에서 서어서문학을 전공했고, 졸업하는 해에 공무원이 되었다. 지금까지 30여 년의 공직생활 중 딱 절반인 15년을 멕시코(5년), 아르헨티나(7년), 스페인(3년)의 문화외교 현장에서 근무하며 한국을 알리는 업무를 담당해왔다. 대학 시절 교환학생과 공직연수 기간까지 모두 포함하면 스페인어권 국가에서만 약 20여 년 가까이 생활한 셈이다. 이제 초등학교 친구들을 만나게 되면, 멕시코와 아르헨티나가 있는 라틴아메리카를 넘어, 유럽의 스페인을 포함한 '이베로아메리카'에서 한국 제품을 직접 파는 대신에, 한국의 긍정적인 이미지를 현지인들에게 세일즈 하면서 살아왔다고 말할 수 있다.

아내는 "만주에서 오래 사셨던 할아버지와 할머니가 어떻게 사셨는지 너무 궁금하지만, 아무런 기록이 남아 있지 않아서 알 수가 없네…."라고 항상 안타까워했다. 나와 아내는 운 좋게도 기러기 부부를 단 한 번도 경험하지 않고 지금까지 해외 생활을 함께 할 수 있었다. 이베로아메리카 국가에서 둘이서 보고 느끼고 배운 것이 많았다.

스페인 생활이 2년 차에 접어들던 2018년 여름 어느 날, 아내와 시내 레티로 공원을 산책하다가 "우리만큼 스페인어권 여러 나라에서 오랜 기간 살면서, 그 사회를 속속들이 경험해 본 사람이 흔할까? 아직까지 스페인어권 지역이 한국에서 큰 관심을 받지는 못하지만, 남들이 잘 알지 못하는 그 지역만의 문화예술에 대한 내용들과 한국을 알리면서 경험한 현장의 비하인드 스토리를 책으로 소개하면 어떨까? 보다 많은 사람들이 이베로아메리카 지역에 관심을 가지게 되면 국가적으로도 좋은 일 아닌가? 이제 공직생활도 얼마 남지 않았고, 그간 다양한 국가에서 외교관으로 지내면서 국가로부터 큰 혜택을 받았는데, 이건 선택의 문제가 아니라 반드시 해야 할 의무 아닌가?"라는 이야기를 나누게 되었고, 그날 이후 우리가 가졌던 의무감이 집필로 이어졌다.

　　지금까지 짧지 않은 기간 동안 한국과 이베로아메리카 국가들이 만나는 문화외교 최전선 현장인 한국대사관에서 1등서기관, 참사관, 한국문화원장 등으로 근무하면서 이들 국가를 대상으로 하는 한국문화홍보 업무를 실무적으로 맡아서 수행했다. 이러한 과정 속에 내가 경험한 문화외교 무대 뒤편의 현장 이야기들을 진술하게 털어놓았다. 한국문화원장으로 근무했던 아르헨티나의 국제 페스티벌과 중요한 문화예술기관, 관광 분야에 대한 간략한 소개도 곁들이고, 혼자 보기 아쉬운 흥미로운 모습은 현장 사진으로 담았다. 아내는 자신이 살았던 그 지역 사람들의 이야기와 꿈과 눈물을 듣고 싶었다고 항상 말했다. 그녀는 자신이 보고, 느끼고, 경험하고, 상상했던 이베로아메리카 국가들의 다양한 모습과 여러 인물들을 미술과 음악, 문학으로 덧칠하고 자신만의 색깔로 풀어서 이야기했다.

오랫동안 이베로아메리카 국가 사람들은 한국에 대한 관심이 부족해서 한국과 한국문화에 대해 잘 알지 못했다. 한국에 대해 관심이 부족했던 제일 큰 장애 중 하나는 서로가 너무나 멀리 떨어져 있다는 것이다. 우리 또한 '이베로아메리카'에 대해 잘 안다고 할 수 없다.

하지만 21세기 들어와서는 교통의 발달과 SNS의 영향으로 이러한 장애가 극복되고 있다. 그리고 한국 드라마와 영화, K-팝, 한식 등은 한국과 한국문화에 대해 이베로아메리카 사람들이 더 많은 관심을 가지도록 만든다. 특히 2020년 초 전 세계로 확산된 코로나19로 인해 한국의 성공적인 K-방역과 성숙한 시민의식은 세계 언론들로부터 찬사를 받았고, 한국은 이제 과거와는 완전히 다른 세계 모범국가의 반열에 우뚝 섰다. 우리도 '이베로아메리카'를 미국과 유럽을 통하지 않고 우리 나름의 시각으로 보기 시작했다.

이번에 아르헨티나를 먼저 다루고, 이어서 멕시코편과 스페인편도 발간할 예정이다. 이 책자들이 외국인들에게 한국을 알리는 일에 관심이 많거나, 미래에 이베로아메리카 국가에서 일을 해보려는 사람들에게 간접경험의 기회를 제공하고, 열정과 영감을 줄 수 있기를 바란다. 또 세계 각국의 주요 도시에 있는 한국문화원이 구체적으로 어떤 일을 하는지 이 책자들을 통해서 궁금증을 해소할 수 있으면 좋겠다. 여기에 소개된 각국의 문화예술기관이나 국제 페스티벌 현황 자료가 조금이나마 도움이 되어 우리 문화예술 기획자들이 현지에 진출하는 데 기여하고, 한국문화 세계화를 위한 활동이 한국과 이베로아메리카 국가들을 더욱 가깝게 하는 든든한 디딤돌이 될 수 있으면 더할 나위 없겠다.

마지막으로 전국의 스페인어학과, 스페인어중남미학과, 서어서문학과는 물론이고, 포르투갈어 전공 학생들과 국제교류재단, KOICA, 한국관광공사 등 공공기관의 해외사무소에서 근무하고자 하는 사람들에게 우리가 살았던 '이베로아메리카'가 미래의 꿈과 희망의 터전이자, 오늘의 현장이 되기를 기대한다.

2020년 9월

마드리드 레콜레토에서

이종률

뭐 했니?

아르헨티나

7년

차례

4 문화예술로 만나는 아르헨티나 (206)

부록

1

이베로아메리카
문화외교 현장에서 가졌던
단상

1

이베로아메리카 문화외교 현장에서 가졌던 단상

　　이베로아메리카를 대표하는 멕시코, 아르헨티나, 스페인에서 일본과 중국을 접하는 것은 어렵지 않다. 특히 일본의 경우, 1970-1980년대 소니 등 전자제품이, 1990년대에는 토요타를 비롯한 자동차가 일본을 상징하기도 했다. 최근 들어 전자제품 분야에선 한국의 삼성이나 LG에 밀려난 상태이지만, 자동차를 비롯한 정밀기계 등 제조업 분야에선 여전히 독일과 함께 세계 최강으로 평가받는다.

이러한 경제 분야 성과를 통한 이미지 이외에도 일본은 다양한 문화상품으로 일본의 확고한 이미지를 구축하고 있다. 그것들은 대부분 중세와 근세 막부시대에 만들어진 것들로 일본식 정원, 우키요에, 스모, 노(能), 가부키 같은 것들이다. 이런 문화상품은 우리가 알고 있는 것보다 훨씬 세계화되어 있고, 그 영향력 또한 만만치 않다. 일본은 자신들이 이룩한 경제발전을 문화상품으로 포장해서 일본에 대한 긍정적인 이미지를 전 세계인들에게 투영하고 있다. 요즘은 일본의 경제발전보다는 일본의 문화상품이 먼저 떠오르는 경우가 더 많다. 80년대에 일본인들이 '경제동물'이라고 불렸던 때가 언제였던가 싶기도 하다. 하지만 2020년 현재 일본 애니메이션을 제외한 일본 드라마와 영화, J-팝 등은 한국 드라마와 영화, K-팝 등에 밀려 예전의 경쟁력을 잃게 되었다.

스페인을 비롯한 이베로아메리카 국가에서는 동양인들, 특히 생김새가 비슷한 중국인, 일본인, 한국인을 쉽게 구분하지 못한다. 현지인들이 뭔가 좋은 이미지를 가진 동양인에게는 일본인을 의미하는 하포네스(japonés)라고 부르고, 뭔가 좋지 않은 이미지를 가진 동양인에게는 중국인을 의미하는 치노(chino)라고 부르는 경우가 많다. 일본인도 중국인도 아닌 한국인이 하포네스 또는 치노라고 불리면, "나는 한국인인데…."라는 억울한 생각이 드는데, 이런 경우가 이베로아메리카 국가에서 자주 생기곤 한다.

한국은 일제 강점기, 6·25 동란 등 어려운 시기를 거치면서 먹고 살기에 바빴다. 잘 먹고 잘 사는 것이 첫 번째 목표였다. 1961년 한국의 1인당 국민소득이 아프리카의 가나보다 낮았다. 하지만 60년대부터 80년대까지 약 30년 동안 압축성장을 통해 단기간에 세계가 놀라는 경제발전을 이룬 국가가 되었다.

이러한 산업화에 이어 1993년 문민정부 출범으로 민주화까지 이루며, 한국은 2차 대전 후 독립한 국가들 중에서 가장 짧은 기간에 민주화와 산업화를 함께 이룬 국가라는 평가를 받는다.

한국의 긍정적인 모습은 라틴아메리카 국가들에서 "한국을 배우자!"라는 내용으로 현지 언론에서 자주 언급이 된다. 주로 인쇄 매체를 통해서다. 현지의 지식층들이 신문의 칼럼을 통해 한국의 예를 자주 인용하기 때문이다. 따라서 신문을 구독할 여력이 되는 현지인들은 이러한 한국의 경우를 잘 안다. 하지만 가격이 저렴하지 않은 신문을 구입할 수 없는 나머지 대부분의 현지인들은 한국에 대해 제대로 알기가 어렵다.

멕시코나 아르헨티나의 경우에는 비싼 가격의 신문을 구입하느니, 차라리 그 비용으로 타코(Taco: 멕시코 대중음식) 또는 엠파나다(Empanada: 아르헨티나식 군만두)를 사 먹는 것이 훨씬 효용가치가 크다. 그래서 신문을 구독하지 않는 중류층 이하 일반인들은 한국에 대한 뉴스를 접할 기회가 적고, 별도의 비용을 지불할 필요가 없는 방송을 통해 한국을 알게 되는 경우가 대부분이다.

하지만, 화면 영상이 중요한 방송의 경우에는 긍정적인 뉴스보다는 시청률을 높일 수 있는 센세이셔널한 보도 아이템이 방영되는 빈도가 높다. 주로 한국의 부정적인 모습, 예를 들면 1994년 10월 21일 한국의 성수대교 붕괴로 32명의 한국인이 사망한 사건, 1995년 6월 29일 서울 중심가의 삼풍백화점이 붕괴되어 502명이 사망한 사건, 또는 한국의 국회의사당 안에서 정치인들이 몸싸움하는 장면 등 한국의 부정적인 모습이 방송 화면을 통해 송출되는 경우가 훨씬 많다.

그래서 신문을 구독할 수 있는 일부 상류층들과 달리 주로 방송 뉴스를 통해 한국을 접하는 대다수 일반 대중들은 한국에 대한 긍정적인 이미지보다는 부정적인 이미지를 가지는 경우가 더 많다. 그렇지 않으면 그나마 방송에서도 한국에 대한 뉴스가 자주 보도되지 않으니까, 아예 한국에 대해 전혀 모르는 경우도

적지 않다.

이러한 상황에서 처음으로 이베로아메리카의 일반 대중을 중심으로 한국과 한국문화에 대해 관심을 갖게 만든 매개체가 바로 한국 드라마와 K-팝으로 대표되는 한류다. 처음에는 영화, 방송 콘텐츠, 대중음악, 게임 등 대중문화의 해외 유통과 소비가 위주였지만, 점차 패션, 음식, 한글 등 보다 폭넓은 한국문화가 해외로 확산되고 있고, 심지어 대중문화의 수용 차원을 넘어 한국의 가수·영화배우·탤런트, 나아가 한국인과 한국 자체에 무한한 애정을 느껴서 한국어를 익히거나 한국제품을 구매하고 싶어 하고, 무작정 한국에서 살려고 비행기를 타는 이베로아메리카 출신 젊은이들까지 생겨나고 있다.

한류는 1990년대 중반 중국과 일본 사람들이 한국 드라마를 좋아하면서 시작되었고, 2000년대에 들어 K-팝으로 미국과 유럽, 라틴아메리카 등 전 세계로 확산된 문화현상이다. 한국과 지리상으로 거리가 멀고, 축구를 좋아하는 라틴아메리카의 경우는 2002년 한일 월드컵 직후에 한국 드라마가 처음으로 알려지기 시작했고, 2010년대부터 유튜브, 트위터, 페이스북 등 SNS를 통해 K-팝이 급속히 확산되면서 한국에 대한 라틴아메리카 국민들의 호기심이 발동하게 된 것이다.

과거 실크로드(Camino de Seda)로 동양과 서양이 만났다면, 지금은 SNS라는 디지털로드(Camino Digital)가 시간적, 공간적 차이를 극복하고 한국과 이베로아메리카가 서로 소통하는 데 큰 역할을 하고 있다.

2010년 즈음에는 이베로아메리카 국가에서 한국을 알리는 한국학 전공자들 중 일부가 K-팝이나 한국 드라마, 소위 한류를 "한때 큰 인기를 끈 일본이나 홍콩의 대중문화가 급속히 추락한 것처럼 오래 가지 못하는 일시적인 현상이 될 것"이라고 폄하하고, 한류의 영향력을 과소평가하며 "금방 사라져버릴 신기루 같은 한류에 투자할 시간과 예산을 한국학의 진흥에 쏟아야 한다."고 주장하기도 했다.

하지만, 한국 드라마와 K-팝으로 대표되는 한류가 이제는 세계인들이 감동하는 차원이 아니라, 한국 자체를 부러워하고 배움의 대상, 연구의 대상으로 만드는 일등공신 역할을 한다. 그러자 과거 한류를 무시했던 일부 한국학 전공자들은 마치 예전부터 자신이 한류 전문가였던 것처럼 행세하며, 국제학회에 참석해서 한류 관련 논문을 발표하고, 언론에 한류 관련 칼럼을 기고하는 등 변해버린 시류에 재빨리 동참하는 모습을 보여주기도 한다.

사회문화적인 차이와 지리적 원거리에도 불구하고 멕시코, 아르헨티나, 스페인으로 대표되는 이베로아메리카 주요 3개국의 일반 대중들이 처음으로 한국과 한국문화에 관심을 가지도록 만든 요인이 다름 아닌 한국 드라마와 K-팝이다.

개인적으로 "이베로아메리카에서 중류층 이하 일반인들이 처음으로 한국과 한국문화에 대해 관심을 갖도록 했다는 점이 한류의 상징적이고 대표적인 성과"라고 주장하고 싶다.

한국 드라마와 K-팝을 좋아하는 이베로아메리카의 청소년들이 K-팝 가사의 의미를 제대로 알고 싶어서 한국어 강좌를 듣고, 한국 드라마에 소개되는 한국 음식을 직접 만들어 먹고 싶어 한국 요리를 배우고, 한국 K-팝 아이돌 스타와 한국 드라마의 주인공처럼 깨끗한 피부를 가지고 싶어 한국 화장품을 구입하고, 종국적으로 한국과 한국문화에 대해 더 자세히 알고 싶어서 한국을 방문하는 경우를 주위에서 자주 보고 들었다.

한류의 대표 장르인 대중문화뿐 아니라, 클래식 음악, 무용, 연극, 문학, 미술 등 순수예술 분야에도 무궁무진한 자랑거리를 우리는 많이 보유하고 있다. 나는 지금까지 우리의 재능 있는 예술가와 우수한 문화산업이 해외에서 제대로 대접받을 수 있도록 잘 포장해서 소개하는 복덕방 주인 역할을 수행했다.

사무실 책상에 앉아서 일하기보다는 모험심과 서비스 정신, 그리고 사업가 정신까지 가지고 궁금한 일이 생기면 먼저 찾아가고, 상대방이 필요로 하는 것을 알아내어 무엇을 해드리겠다고 제안하고 기꺼이 심부름꾼이 되고 싶다고 이야기했다. 넓게는 전 세계를 대상으로, 좁게는 이베로아메리카에서만이라도 우리 예술가가 제대로 대접받고 우리의 문화산업이 경제적 가치 창출로 이어지도록 국제화되는 데 기여하는 문화예술콘텐츠 기획자(Developer)로서 일했다.

스페인의 대중음악 전문 매체에서 한류를 소개하며 "K-팝은 전 세계에서 가장 중요한 음악 장르의 하나로 성장해서 지구촌 사람들이 한국문화에 가까이 다가갈 수 있도록 역할을 하고 있다."고 평가한다. "K-팝 팬들이 미국 트럼프 대통령의 오클라호마주 털사(Tulsa) 유세장을 비게 할 목적으로 가짜로 대규모 참가신청을 했다."는 내용을 아르헨티나와 멕시코의 유력 언론들이 국제면에서 비중 있게 보도할 정도로 한류의 위상이 높아졌다. 우리의 문화는 단지 외국인들이 그것을 즐기는 것에서 끝나지 않고 우리의 국가 이미지를 만든다.

나는 일본과 중국, 아시아권 국가를 제외하면 이베로아메리카 권역 국가들과 미국 내 6천만 히스패닉 커뮤니티에서 한류가 가장 크게 확산될 수 있다는 믿음을 가지고 있다.

　　이베로아메리카에서 문화외교의 날개를 달고 두둥실 춤을 추는 후배 문화예술콘텐츠 기획자들이 점점 늘어나는 그 날을 상상해 본다.

'아르헨티나는 천형의 유배지로
멀고도 낯선 것만을 동경하는 땅이다.'

- 호르헤 루이스 보르헤스 -

관광객들이 페리토 모레노 빙하(Perito Moreno Glacier) 투어를 마치고
빙하 얼음으로 만든 스카치 위스키 온더락(On the rock)을 시음하는 과정

아르헨티나 최남단 라 크루스(La Cruz) 주에 위치한 엘 칼라파테(El Calafate)의 빙하

보라색 꽃 하카란다(Jacaranda)로 가득찬
부에노스아이레스 팔레르모 지역의 어느 골목길

부에노스아이레스 팔레르모 지역에 소재했던 (구) 주아르헨티나 중남미한국문화원 전경

빨간 벽돌의 옛 부두 창고를 고급 레스토랑과 사무실로 리모델링한
라 플라타(La Plata) 강 어귀의 푸에르토 마데로(Puerto Madero) 지역

Todos tenemos en la vida
un "día maravilloso".
Para mí, fué el día en que
mi vida coincidió
con la vida de Perón.

"누구나 기적적인 날을 가진다. 나에게 있어서 기적적인 날이란
바로 페론의 인생과 나의 인생이 합쳐진 날이다." – 에바 페론

아르헨티나 국회의사당 앞에 놓여있는 로댕의 '생각하는 사람'

마치 대서양을 연상하게 만드는 부에노스아이레스
라 플라타(La Plata) 강을 바라보며 망중한을 즐기는 포르테뇨들

아르헨티나 대표 와인 말벡(Malbec)의 고장 멘도사(Mendoza) 포도밭과 안데스 산맥

주아르헨티나 중남미한국문화원을 방문하여
한국산 음료와 과자를 시식하며 환담 중인 미스 아르헨티나 후보자들

2

중남미 대륙의
문화수도를 품고 있는 나라,
아르헨티나

중남미 대륙의
문화수도를 품고 있는 나라,
아르헨티나

 1. 문화외교 측면에서 살펴보는 한국과 아르헨티나

　멕시코, 페루, 콜롬비아, 칠레 등 여타 이베로아메리카 국가
들과는 달리, 과거 20세기 초반 세계에서 가장 부유했던 국가
중의 하나로 평가받았던 아르헨티나는 단기간의 경제발전과 민
주화로 대표되는 한국에 대해 2000년대 이전까지는 그다지 친
밀하게 생각하지 않았고, 또 긍정적인 평가도 하지 않았다.

1996년 9월 김영삼 대통령은 중남미 국가와 외교 관계를 수립한 후 우리 정부 수반으로서 처음으로 아르헨티나와 페루를 방문(Visita Oficial) 했다. 그 당시 페루에서는 총 9개 신문사에서 39개의 관련 기사가 게재되었지만, 아르헨티나에서는 총 7개 신문사(La Nación, El Cronista, La Prensa, Clarín, Ámbito Financiero, El País, Buenos Aires Herald)에서 16개의 정치와 경제 관련 기사만 게재했다. 게다가 한국의 역사와 문화를 다루는 기사는 단 한 건도 없이, 대통령의 일정 등 방문 팩트만 소개하는 건조한 보도뿐이었다. 당연히 중남미 전문가들을 중심으로 아르헨티나를 대상으로 한국을 소개하고, 한국의 이미지를 개선하는 특별한 노력이 더 필요하다는 주장과 지적이 당시에 있었다.

에바 페론, 마라도나, 탱고, 팜파스, 아사도 등으로 알려진 아르헨티나는 1940년대까지만 해도 GDP가 이탈리아의 두 배를 넘었다. 그래서 19세기 말과 20세기 초반에 이탈리아를 비롯한 영국, 프랑스, 독일, 러시아, 헝가리, 스위스 출신의 많은 이민자들이 새로운 부를 찾아 아르헨티나로 이주했다. 아르헨티나는 그 시절 세계 8위의 경제대국이었고, 지금까지 2명의 노벨의학상을 포함해 총 5명의 노벨상 수상자를 배출한 나라이기도 하다.

아르헨티나는 국민의 97%가 백인으로 구성되어 있어 강한 유럽 지향의 국민 정서를 나타내고 있을 뿐 아니라, 지리적으로도 한국과 가장 먼 대척점(지구 둘레가 4만 킬로미터, 서울에서 부에노스아이레스 간 거리가 약 2만 킬로미터)에 위치한다. 이러한 이유로 서로 가까워지기 어려울 것이라고 판단하고, 한국 드라마와 K-팝을 중심으로 하는 한류가 아르헨티나에서 만큼은 확산되기 어려울 것으로 지레짐작을 했다.

2002년 한일 월드컵을 계기로 한류가 아시아를 넘어 지구 반대편의 많은 중남미 국가에까지 전파되었지만, 유독 유럽 중심의 사고와 정체성을 가진 아르헨티나만 2016년까지 현지 방송사를 통한 한국 드라마 방영이 단 한 번도 이루어진 적이 없었다. 그래서 많은 한류 전문가들이 아르헨티나를 중남미의 한류 사각지대로 분류하기도 했다.

아르헨티나에는 스페인어 사용국가 중에서 4만여 명의 가장 많은 한인 동포사회가 있음에도 불구하고, 멕시코, 페루, 콜롬비아, 칠레 등 한국인 커뮤니티가 1만여 명 내외에 불과한 국가보다 한류가 덜 알려졌다.

그러나 2010년부터 라틴아메리카 19개 국가의 한류 애호가들이 참가하는 '중남미 K-팝 경연대회'를 부에노스아이레스에서 매년 개최한 이후 한류가 폭발적인 성장세를 보여주고 있다. 그리고 한-아르헨티나 수교 50주년이었던 2012년부터 2015년까지 해마다 세계 3대 오페라 극장 중의 하나로 손꼽히는 콜론극장(Teatro Colón)에서 한국인 소프라노와 피아니스트를 소개하였으며, 2014년부터 매년 시내 중심가의 대형 멀티플렉스 영화관 씨네마크(Cinemark)에서 한국의 예술영화뿐 아니라, 최신 상업영화를 상영하는 '부에노스아이레스 한국영화제'를 개최하고 있다.

또한 2014년에는 유명 포르타밧 미술관(Amalia Lacroze de Fortabat Art Collection)에서 '백남준의 후예들'이라는 제목으로 10명의 한국 미디어아트 분야 예술가들의 전시가 이루어지는 등 한국의 대중문화와 순수예술이 함께 집중적으로 소개된 덕분에 지금은 라틴아메리카에서 한류가 가장 활발한 국가 중의 하나로 평가받고 있다.

아르헨티나에서의 성공적인 문화외교를 위해서는 콜론극장 관계자들과 긴밀한 관계를 구축해서 지속적으로 한국인 클래식 음악가를 소개하는 것도 여러 가지 방법 중의 하나가 될 수 있다. 클래식 음악의 본고장인 유럽을 지향하는 아르헨티나 사람들에게 콜론극장에서의 공연 관람은 최고의 문화향유 수단이고, 현지 여론주도층들 사이에서는 일상 대화 주제다. 콜론극장 공연은 항상 현지 주요 언론의 문화면 머리기사를 차지한다. 굳이 아르헨티나 출신 피아니스트 마르타 아르헤리치(Martha Argerich)와 지휘자이자 피아니스트인 다니엘 바렌보임(Daniel Barenboim)을 언급하지 않아도 아르헨티나 사람들에게 있어서 클래식 음악은 다른 장르의 예술과는 비교되지 않는 그 무엇이라고 할 수 있다.

국제 콩쿠르에서 한번 우승한 한국인 클래식 음악가들을 그 이후에 보기 힘들다는 이야기를 현지 음악계 인사들로부터 자주 들었다. 결국 우승 이후 사라졌다는 말이다. 우리의 우수한 음악가를 단 한 번의 1회성 행사로 소개하고 끝나서는 아무런 효과가 없다. 아르헨티나 사람들이 잊지 않고 기억하도록 현지 기획사와 연결시켜서 최소 3년 정도에 걸쳐 연속해서 아르헨티나를 방문해서 공연할 수 있는 기회를 제공하는 역할을 누군가는 해야 한다. 아직 민간 영역에서 아르헨티나에 관심이 없다면, 그 역할을 정부 기관인 한국문화원이 수행해야 하는 것이다.

총리실, 외교통상부, 문화체육부 등 관계부처가 모여서 중남미 최초의 한국문화원을 설립할 도시를 결정하기 위한 난상토론 끝에, 우리 동포 숫자나 한국과의 교역량 규모에서 앞서는 중남미 최대의 경제도시 상파울루 대신, 중남미의 문화수도로 일컬어지는 부에노스아이레스를 선정했다. 2006년 설립된 한국문화원은 설립 당시 명칭이 '주아르헨티나대사관 한국문화원'이 아니라, '주아르헨티나대사관 중남미한국문화원'이었다. 아르헨티나만이 아니라 중남미 전체 국가를 대상으로 문화외교 활동을 전개하라는 의미였다.

당분간 콜롬비아 또는 페루 등 남미의 북부권에 별도의 한국문화원을 추가로 설립하기 어려운 상황이라면, 주아르헨티나대사관은 한국문화원이 소재하는 멕시코(2012년 설립)와 브라질(2013년 설립)을 제외한 중남미 전체 스페인어권 국가를 대상으로 한류를 획기적으로 확산시키는 문화예술 거점 공관의 역할을 수행해야 한다. 정무와 경제 분야에서 점차 비중이 높아지고 있는 태평양 연안의 멕시코, 콜롬비아, 페루, 칠레와는 상황이 다른 대서양 연안의 중남미 문화예술 강국 아르헨티나만의 특수성을 잘 활용해야 한다.

과거 60-70년대 우리의 미술과 음악 분야 종사자들이 파리나 베를린에 유학 갔던 사례처럼, 콜롬비아, 페루, 칠레, 우루과이, 파라과이 등 인근 국가 출신의 문화예술 분야 학생들이 석사 또는 박사과정을 하거나, 자신의 재능을 심화시키기 위해 부에노스아이레스에서 공부하는 경우가 상당히 많다. 미래의 라틴 아메리카 문화예술을 이끌어 나갈 이들 젊은 예술가 및 학생들과의 교류에도 많은 관심을 기울이는 노력이 필요하다.

예전에 지방의 중고등학생들이 수학여행으로 서울에 갔듯이, 남미 국가들의 청소년들이 수학여행 목적지로 가장 선호하는 곳이 바로 부에노스아이레스라고 생각하면 된다.

2. 아르헨티나 언론이 바라보는 한류

요즘 K-팝, 한국 드라마 등 한국 대중문화뿐 아니라, 한국의 음식, 뷰티, 패션, 문학, 관광 등 한국문화 전반에 대해 외국인들이 관심을 가지게 되면서, 언론에서는 이를 한류 현상이라고 소개한다. 이런 측면에서 아르헨티나 언론의 경우는 K-팝과 한국 드라마 관련 내용뿐 아니라 발효 중심의 한국 음식과 관광, 한국문화원과 한국문화 애호가들의 활동 등 스페인과 멕시코의 언론보다 훨씬 다양한 분야의 한류 현상을 다루고 있다.

2016년부터 2019년까지 4년 동안 아르헨티나 현지 언론의 한류 관련 보도의 주요 내용은 다음과 같다.

① 한류의 대표 케이스로 K-팝을 언급하는 기사가 많았다. K-팝의 경제적 성공을 분석하고, 아르헨티나 젊은이들을 한국문화로 유인하는 대표 장르로 K-팝을 부각한다. 하물며 북한을 오픈시키는 매력적인 매개체라고까지 소개하는 언론 보도도 있다.

K-팝이 아르헨티나에서 확산되는 데 기여한 비밀무기로 SNS 플랫폼의 발전을 들고 있다. 한류 팬클럽 회원들이자 한국

애호가들인 아르헨티나 보통 젊은이들의 모임과 활동 등을 다루기도 한다. 이런 중류층 젊은이들이 K-팝 같은 한류가 아니었다면, 한국에 대해 관심을 가지기 어려웠을 것이라며, 한국 인지도에 미치는 한류의 중요성을 강조한다. 한국 엔터테인먼트 사업에 대한 비판 등 K-팝의 부정적인 모습도 함께 다룬다.

②K-팝의 대표 케이스로 BTS와 Black Pink를 소개한다. 특히 BTS의 성공에 대해 집중 분석하는 기사가 많다.

③한국문화원을 아르헨티나 내 한국문화 발신지이자, 중남미 스페인어권 국가에 한류를 확산시키는 거점으로 평가하며, 주요 활동상을 상세히 다룬다.

④아르헨티나가 세계 주요 방송 콘텐츠 수출국인 관계로 온라인 동영상 서비스 OTT(Over The Top)의 대표 매체 넷플릭스에서 방영하는 한국 드라마와 한국 영화의 인기에 대해서 많은 관심을 보인다.

⑤발효로 대표되는 한국 음식의 건강성, 현지 국제도서전에 참가한 한국문학, 도자기 피부로 유명한 K-뷰티, 한국의 관광

매력 등 다양한 한류 현상에 대해 비중 있게 보도한다.

세계 최초로 여러 국가가 참가하는 국제대회 규모의 한국문화원 주관 '중남미 K-팝 경연대회'가 2010년 부에노스아이레스에서 개최되면서, 현지 연예뉴스 담당 언론인들로부터 큰 관심을 받았다. 이들 언론인 중에서 민영 방송 〈카날 트레세(Canal 13)〉의 연예 프로그램 진행자 엘레오노라 카레시(Eleonora Caressi)는 '중남미 K-팝 경연대회'의 메인 사회자 활동도 병행하고 있다.

2016년 처음으로 한국 드라마가 현지 방송을 통해 방영되면서, 한국 젊은이들의 생각과 우정, 사랑, 가족 등 한국인의 가치가 아르헨티나 사람들에게 잘 전달되었다. 요즘은 OTT의 위력이 상당해서 지상파 방송의 영향력이 점차 줄어드는 추세이지만, 당시에는 텔레페(Telefe) 같은 지상파 방송의 위력이 상당할 때라서, 한국 드라마 방영이 아르헨티나 사람들에게 한국의 이미지를 개선하는 데 크게 기여했다는 것이 현지 언론인들의 솔직한 평가다.

'중남미 K-팝 경연대회' 관련 보도로 시작해서 한국 드라마, 한국 음식, K-뷰티, 한국 관광에 이어, 한류 팬클럽 활동까지 다루는 현지 언론의 보도는 한국이 자연스럽게 아르헨티나 사람들의 가슴 속에 자리 잡는 데 기여했다.

한류를 통해 아르헨티나 사람들이 한국과 더 가까워지는 데 큰 역할을 한 한국문화원의 활동과 관련한 뉴스들도 자주 등장하는데, 이는 한국문화원의 존재 가치와 역할을 현지 언론 보도를 통해 확인할 수 있는 좋은 사례다.

한국과 한국인에 대한 궁금점을 해소하기 위해
아파트 커뮤니티홀에 모여 나의 설명을 듣는 유대인 공동체 주민들

3

한류
현장 이야기

3

한류
현장 이야기

1. 지구 반대편 중남미에도 K-팝 열풍이!

아르헨티나, 스페인, 멕시코 순서로 근무한 경험이 있던 선배에게 "근무했던 국가 중에서 가장 일하기 어려운 나라가 어디였는지?"를 물어본 적이 있다. 그녀는 아르헨티나 동포 출신의 우리나라 최초의 여성 해외 공보관을 역임한 분으로, 1990년대 초반 아직은 여성들이 해외파트에서 크게 활동하지 않았던 시절이라서 국내언론에서도 화제의 인물로 많이 소개되었다.

나는 내심 가장 선진국인 스페인일 거라는 답변을 예상했지만, 그녀의 대답은 예상외로 "콧대가 높기로 유명한 아르헨티나가 나에겐 가장 어려웠다."였다.

제1회 중남미 K-팝 경연대회 피날레 장면(2010)

그래서 나는 아르헨티나 부임 전부터 많은 고민을 했다. 도대체 무엇을 어떻게 해야 우리나라의 국가 이미지를 높이고, 한국과 한국인에 대한 친밀감과 이해도를 높일 수 있을지에 대해 생각을 했다. 결론은 "상류층보다는 중류층 이하의 일반인들에게 처음으로 한국이라는 나라에 대해 관심을 유발시키고 있던 K-팝을 활용하자."였다.

하지만 내가 알고 지내던 대다수의 한류 전문가들은 "발은 남미 대륙을 딛고 있지만, 마음은 유럽 대륙에 있고, 자신 스스로를 유럽인이라고 생각하는 아르헨티나 사람들을 대상으로 K-팝을 확산시키는 것은 불가능할 것이다. 그냥 그만둬라."라는 걱정 어린 조언을 해주었다. 콜롬비아, 페루같이 메스티소가 대다수인 남미 국가들과는 달리, 국민의 대다수가 백인으로 구성된 유럽 지향의 아르헨티나에서 K-팝을 알린다는 것은 어렵다는 의미였다.

부에노스아이레스에 도착한 2009년 2월 21일 그날부터 아르헨티나 한 국가만이 아닌 중남미 전체 국가의 한류 애호가들이 참여하는 '중남미 K-팝 경연대회'를 한번 만들어 보는 것이 나의 최우선 희망사항이라고 한국문화원 직원들에게 이야기했고, 모두들 의기투합하게 되었다. 1년을 준비해서 2010년에 첫 번째 '중남미 K-팝 경연대회'를 개최하고, 내가 귀임하는 해까지 매년 부에노스아이레스 중심부의 다목적 극장에서 열렸다.

아르헨티나와는 달리 이미 K-팝이 많이 활성화되어 있는 페루, 칠레 등 인근 국가의 대표 K-팝 애호가들을 공개 경쟁을 거쳐 초청하고, 아르헨티나 언론들을 활용해서 K-팝을 점차 알려 나갔다. 기존의 마니아층 중심에서 일반인들도 접할 수 있도록 저변을 확대해 나간 것이다.

에바 페론 야외극장에서 1,300여 명의 관객들과 어울린
'한류와 함께하는 가을밤' 행사(2012)

이러한 K-팝 확산 활동의 대미를 장식한 것이 바로 2014년
마르셀로 티넬리(M. Tinelli)가 진행하는 아르헨티나 최고의 인기
TV 오디션 프로그램 '쇼매치-꿈을 위해 춤춘다'에 K-팝 특집이
방영된 것이다. 2010년부터 2014년까지 역대 중남미 K-팝 경
연대회의 1등 수상자들이 모두 출연해서 한국 노래를 부르고,
K-팝 댄스를 커버했다.

국내에서도 제1회 '중남미 K-팝 경연대회'가 'KBS 뉴스 9'에 주요 아이템으로 소개되었다. 지구 반대편 중남미에도 한류의 가능성이 보이고, 하나의 개별 국가만이 아닌 중남미 전체를 아우르는 국제대회 규모의 K-팝 경연대회가 개최될 정도로 호응이 뜨겁다는 내용이었다. 이러한 '중남미 K-팝 경연대회'를 모델로 바로 다음 해인 2011년부터 전 세계 K-팝 애호가들을 대상으로 하는 '창원 K-팝 월드 페스티벌'이 생기게 되었다. 외교부가 주관하고 있는 지금과는 달리, 첫 번째 페스티벌은 당시 문체부의 주도로 외교통상부, 창원시, KBS가 함께 주최했다.

BTS가 보내온 중남미 K-팝 경연대회 응원 영상 메시지(2015)

제1회 '중남미 K-팝 경연대회'를 성공적으로 개최한 기쁨이 채 가시기도 전에 관련 내용을 소개하기 위해 2010년 11월 29일

해외문화홍보원 내부망에 〈아르헨티나가 한류 사각지대라는 데…〉라는 제목으로 기고문을 올렸다. 다음은 편집되지 않은 원문 그대로의 상태로, 다소 표현이 거칠고 정제되어 있지 않지만, "마침내 꼭 해보고 싶었던 일을 무사히 마쳤다."는 나의 마음이 고스란히 표현되어 있어서 다시 한번 소개해 본다.

아르헨티나가 한류 사각지대라는데…

한국인뿐 아니라 외국인들에게도 아르헨티나는 한번쯤 가보고 싶은 충동이 생기게끔 만드는 나라다. 에바 페론, 마라도나, 탱고, 팜파스, 아사도(쇠고기 바비큐) 등으로 유명한 이곳 아르헨티나는 100년 전인 20세기 초반에 중남미 전체 GDP의 50%를 차지한 적도 있었고, 2명의 노벨 의학상을 포함해서 화학상, 평화상 등 총 5명의 노벨상 수상자를 배출한 나라다.

한국에서는 지난 2001년 12월 경제위기로 아르헨티나가 모라토리움 선언할 당시 부에노스아이레스 인근지역에서 발생한 부랑자와 하층민들의 식료품점 약탈 모습을 집중 보도한 국내언론의 덕택으로 경제 위기로 완전 거덜 난 나라로 알려져 있지만,

이탈리아 작가 에드문도 데 아미치스가 쓴
『엄마 찾아 삼만리』의 스페인어 번역본 책자

그 이후 풍부한 식량자원과 천연자원의 국제가격 상승에 힘입어 단기간에 당시의 경제적 어려움을 극복하였다.

그리고 중남미 18개 스페인어 사용국의 맹주로서, UN 등 국제사회에서의 발언권 측면에서 큰 영향력을 행사하는 남미 스페인어권 유일의 G20 회원국으로 활동하고 있다.

아르헨티나는 1940년대까지만 해도 GDP가 이탈리아 GDP의 두 배를 넘었다고 한다. 그래서 19세기 말과 20세기 초반에 이탈리아를 비롯한 영국, 프랑스, 독일, 러시아, 헝가리, 스위스 출신의 많은 이민자들이 새로운 부를 찾아 아르헨티나로 이주했다.

지금의 486세대가 10대 청소년일 때 많이 본 만화영화 〈엄마 찾아 삼만리〉에서 아빠를 대신해 돈 벌러 가정부 생활을 하기 위해 떠난 엄마를 찾으러 남미행 배를 타고 대서양을 건너간 9살의 이탈리아 소년 마르코가 도착한 나라가 바로 아르헨티나다.

아르헨티나는 이탈리아계를 중심으로 다양한 유럽국가 출신 이민자로 구성된 다민족 백인국가로, 수도인 부에노스아이레스에서 출생한 이민자 후손들을 특별히 스페인어로 번역하면 '라 플라타' 강 항구 인근에 사는 '항구 사람'이라는 의미의 '포르테뇨(Porteño)'라고 부른다.

하지만 나의 아르헨티나 친구에 의하면 '포르테뇨'는 스페인어로 그대로 직역한 '항구 사람'이라는 의미보다는, "스페인어로 말하고, 프랑스인처럼 살며, 영국인이 되기를 원하는 이탈리아 사람(A Porteño is an Italian who speaks Spanish, lives like a Frenchman and wants to be English)"이라고 한다. 아르헨티나가 아메리카 대륙에 위치하고 있지만, 미국이나 캐나다, 인근 중남미 국가와는 달리 정치, 경제, 사회, 문화적으로 유럽과 더 유사하다는 속뜻을 내포하고 있다는 것이다.

아메리카 인디오와 스페인계 후손들로 혼합된 메스티소가 전체 인구의 대다수를 차지하는 여타 라틴아메리카 국가들과는 달리, 아르헨티나는 인종 구성면과 문화면에서 확연하게 차이가 나는 유럽 중심의 사고와 정체성을 가지고 있기 때문에, 많은 한류 전문가들이 최근까지 아르헨티나를 한류 사각지대로 분류해 왔다.

90년대 중반 동남아시아와 중국에서부터 일기 시작한 한류 열풍이 2002년 한일 월드컵을 계기로 아시아를 넘어 멕시코, 칠레, 페루, 에콰도르 등 지구 반대편 중남미 국가에까지 전파되었지만, 아르헨티나의 경우 이들 국가와는 달리 지금까지 공중파를 통한 한국 드라마 방영이 단 한 번도 이루어진 적이 없었다는 점을 한류 사각지대의 가장 확실한 증거로 들었다.

대다수 한류 전문가들은 아르헨티나 국민의 97%가 백인으로 구성된 관계로 강한 유럽 지향의 국민 정서를 나타내고 있을 뿐 아니라, 또 지리적으로도 한국과 가장 먼 대척점에 위치하기 때문에 상대적으로 교류하기 어려운 한류 사각지대로 분류하고 한국 대중문화가 착근하지 못할 것으로 예단했던 것이다.

물론 우리 정부를 비롯한 연예기획사나 방송사 등 민간부문에서도 '중남미의 별종 국가'로 취급되는 아르헨티나에 대해 별다른 관심을 보이지 않았던 것이 사실이다.

하지만, 유튜브와 트위터, 페이스북 등 소셜 네트워크의 발전에 힘입어 슈퍼주니어, 동방신기, 소녀시대, 원더걸스, 샤이니 등 한류 스타를 좋아하는 아르헨티나 현지인들이 2008년부터 차츰 생겨나기 시작하고, 중남미 유일의 한국문화 발신지인 주아르헨티나 중남미한국문화원에서 2009년 이후 '역동적인 한국으로의 여행' 프로그램을 정기적으로 추진한 결과, 한류 팬클럽의 규모가 꾸준히 확대되어 지금은 1,000여 명이 넘는 현지인 회원들이 한국사랑 모임을 결성하여 활동하고 있다.

사실 전에는 〈겨울연가〉, 〈이브의 모든 것〉, 〈별은 내 가슴에〉 등 몇 편의 인기 드라마와 배용준, 장동건, 안재욱 등으로 대표되는 배우들이 한류를 이끄는 쌍두마차였지만, 그 영역이 점점 넓어져서 지금은 아이돌 그룹을 필두로 하는 대중가요가 한류의 중심으로 떠오르고 있다.

아르헨티나는 한국 드라마나 인기배우 중심의 한류 1세대를 거치지 않고, 바로 아이돌 가수 중심의 한류 2세대로 진입한 특이한 경우로 볼 수 있다. 아르헨티나의 대다수 한류 팬클럽 회원들은 K-팝을 좋아하는 10대 중반에서 20대 후반의 젊은이들이다.

중남미 K-팝 경연대회에 참가한 각국 대표들의 기념촬영 모습(2013)

비록 다른 중남미 국가에 비해 시작은 미미하지만, 그래도 문화적으로 파급력이 가장 큰 라틴아메리카 문화거점 국가로 평가받는 아르헨티나에서 중남미 K-팝 경연대회를 개최하면, 중남미 전체에 한류 바람을 일으키는 데 획기적인 모멘텀을 만들 수 있을 거라는 기대를 갖고 지난 4월 초부터 본격적인 행사를 준비해 왔다.

아르헨티나 거주 한인 동포 2세, 한국 유학생, 한국어 강좌 교사, 라틴아메리카 현지인 한류 팬클럽 회원, 삼성전자 파견 지역전문가 등 국적과 소속은 서로 다르다. 그러나 한국 대중문화를 통해 한국과 라틴아메리카 국가들과의 관계를 더욱 긴밀하게 만들어 보려는 일단의 다국적 자원봉사자 13명이 행사준비실무위원회를 구성했다. 이들은 각자의 일상 업무 종료 후, 주아르헨티나 중남미한국문화원 회의실에 모여 보다 알차고 효과적인 경연대회를 개최할 수 있도록 수고해 주었다.

지금까지 K-팝 경연대회가 일본, 중국, 멕시코, 칠레 등 개별 국가 단위로 열린 적은 있었지만, 북중미 지역의 멕시코, 중미 카리브 지역의 코스타리카, 도미니카 공화국을 비롯하여 남미 지역의 에콰도르, 콜롬비아, 베네수엘라, 페루, 칠레, 파라과이, 아르헨티나 등 중남미권 주요 국가의 한국 대중문화 애호가들이 대거 참가하는 국제행사로는 한류 역사상 최초로 개최된 셈이다.

총 10개국 92개 팀 281명이 예선을 거쳐 선발된 6개국 11개 팀이 10월 10일 삼성 스튜디오에서 개최된 본선에서 한국 아이돌 스타의 춤과 노래를 선보였다. 1등은 남성 5인조 아이돌 그룹 샤이니의 〈혜야〉를 부른 아르헨티나 출신 참가자 '비코(Viqo)'가 차지했고, 2등은 페루 출신 참가자, 3등은 칠레 출신 참가자가 차지했다.

아르헨티나 현지 언론의 관심도를 높인다는 차원에서 아르헨티나의 유명 음악밴드 '라 포르투아리아(La Portuaria)' 멤버이자, 이창동 감독의 〈밀양〉(2007년 칸 국제영화제 여우주연상 수상)의 사운드 트랙 작곡자로 유명한 음악가 '크리스티안 바소(Christian Basso)' 등 각계 전문인을 심사위원으로 위촉하고, 본선 행사 직전에 2010년 미스 아르헨티나 '예시카 디 빈첸소(Yesica Di Vincenzo)'를 '중남미 K-팝 명예홍보대사'로 위촉하는 이벤트도 가졌다.

중남미 K-팝 경연대회 수상자 발표를 위해 무대에 나온 미스 아르헨티나 진(2010)

아메리카 대륙 스페인어권 18개국 이외에 포르투갈어를 사용하는 브라질까지 포함할 경우 K-팝 애호가가 1만여 명을 훨씬 넘을 것이라고 하며, 보다 중요한 점은 미국에 거주하는 멕시코, 페루, 칠레, 에콰도르 등 중남미권 출신 수천만 명의 히스패닉을 통해 소녀시대, 원더걸스 등 한류 스타의 인기가 중남미 국가로 전해지고, 또다시 중남미에서의 한류 열기가 미국 거주 히스패닉에게 전파되는 등 선순환되고 있다는 점이 미주 대륙에서의 한류 팬클럽 회원 증가에 긍정적인 영향을 미치고 있다. 미국 거주 수천만 명의 히스패닉도 '한류'의 타깃이라는 점에 주목해야 한다.

이번 경연대회로 아르헨티나 최대 부수 일간지〈클라린(Clarín)〉과〈아메리카 24(América 24)〉방송 등 현지 언론을 통해 아르헨티나 사람들에게 한국 대중문화의 우수성을 소개한 것도 의미가 있지만, 보다 중요한 것은 한국과 한국인을 사랑하는 중남미 각국의 한류 팬클럽 회원들이 처음으로 서로 교류하는 만남의 장을 통해 네트워킹하는 기회를 제공했다는 데 더 큰 의미가 있다.

지금은 행사를 준비하는 과정에서 중남미 각국의 참가자 중 10대 미성년자들 부모로부터 참가 동의서를 받지 못해 안달하던 날들, 예선에서 떨어진 각국 참가자들이 왜 자기들이 떨어지고, 더 못한 다른 팀들이 본선에 나갔느냐는 비난을 인터넷상에서 막 퍼부었을 때 가졌던 안타까웠던 마음들은 다 날아가 버렸다.

'샤이니의 〈혜야〉를 불러 1등을 차지한 비코앙에게 한국에서 샤이니를 만나게 해줄 수 있는 방법이 무엇일까?', '2011년 행사에는 어떻게 하면 한국의 유명 아이돌 스타를 이곳 아르헨티나에 오게끔 할 수 있을까?', '행사 홍보를 위해 젊은이들에게 인기가 많은 MTV를 후원사로 참가하게 만들려면 누구를 접촉해야 하나?'라는 또 다른 행복한 고민에 빠져 있다.

아르헨티나 현지 TV방송에 출연하여 한류에 대해 소개하는 모습(2010)

미스 아르헨티나 진의 한류 사랑

　세계적인 네트워크를 통한 마케팅, 그리고 보편성 있는 콘텐츠의 정밀한 조합이 이베로아메리카를 포함한 여러 문화권에서 통하는 한류의 성공을 이끌어냈다. 한류의 세계적인 확산에는 연예기획사들의 치밀하고 전략적인 스타 육성도 있었지만, 인터넷과 SNS의 파급력이 무엇보다 크게 작용했다. 방송을 통한 홍보에 비해서 유튜브와 페이스북 등 SNS에 올리는 콘텐츠는 접근성과 비용면에서 비교가 되지 않는다.

미스 아르헨티나 진의 중남미 K-팝 홍보대사 위촉 기자회견 장면(2010)

특히, 이베로아메리카에서는 충성도(Loyalty)가 높기로 유명한 한류 팬들의 자발적인 '퍼나르기'와 '전달하기'로 인해 짧은 시간에 높은 파급효과를 거두었다. 나는 K-팝을 빠른 시간에 보다 많은 아르헨티나 사람들에게 소개하는 방편으로 '2010 미스 아르헨티나' 진 출신의 '제시카 디 빈첸소(Yesica Di Vincenzo)'를 중남미 K-팝 경연대회의 초대 홍보대사로 위촉했다. 이 소식은 개최국인 아르헨티나뿐 아니라 페루, 칠레, 볼리비아, 파라과이 등 인근 참가국의 한류 팬들이 SNS를 통해 퍼나르면서 급속히 확산되었고, 현지 언론에 화제가 되어 중남미에서의 한류 확산에 도움을 준 것이다.

제시카 디 빈첸소는 개인적인 의견이라면서, "지금 K-팝과 한국 드라마에 집중된 장르가 음식과 한복 등 한국의 의식주 전반에 걸친 라이프스타일로 다양화되면, 한류를 통한 한국과 한국문화에 대한 중남미 사람들의 관심이 더 높아질 것 같다."고 조언했다.

2. 아르헨티나 아이돌 스타, 나도 K-팝 예선 참가할래!

부에노스아이레스에서 두 번째 중남미 K-팝 경연대회가 개최된 2011년에는 총 14개국 171팀, 407명이 예선에 참가했다. 이 수치는 총 10개국 92개 팀 281명이 신청한 첫 번째 경연대회보다 참가 국가 수에서는 4개국이 증가한 것이지만, 참가팀과 인원 면에서는 전년보다 거의 2배 정도 증가한 것이다.

전년과 달리 연초부터 별도로 중남미 K-팝 경연대회 홈페이지와 페이스북 팬 페이지를 운영하며, 현지 청소년들의 참가를 독려해 왔고, 특히 라틴아메리카 전역의 우리 대사관과 총영사관 외교 라인을 통해 홍보 협조를 요청했기 때문에 더 많은 참가 신청을 받을 수 있었던 것이다.

아르헨티나는 멕시코, 칠레, 페루 등에 비해 한류에 대한 현지인들의 인지도는 다소 낮은 편이다. 하지만 K-팝을 중심으로 하는 신한류가 유튜브나 페이스북을 통해 확산되는 추세를 고려하면, 중남미 국가 중 사회관계망서비스(SNS) 사용자 증가율이 가장 높은 국가에 속하는 아르헨티나에서 개최되는 중남미 K-팝 경연대회가 '라틴아메리카 지역의 대표 한류 이벤트'로 자리매김할 수 있다고 판단했다.

아르헨티나 주간지의 K-팝 관련 특집보도(2011)

그래서 라틴아메리카에서의 한류 붐 확산에 '중남미 K-팝 경연대회'가 획기적인 전기를 마련할 수 있도록 우리가 할 수 있는 모든 홍보 활동을 전개했다. 월간 웹진 뉴스레터 '동방의 등불'과 페이스북을 통해 스페인어로 번역한 한류 관련 최신 뉴스를 현지인들에게 실시간으로 제공했다. 아르헨티나 청소년 연예 월간지 〈루나 틴(LUNA TEEN)〉에 K-팝과 한류에 대한 특집이 기사화되도록 유도했다. 일본 대중문화에 빠져있는 현지 청소년들에게 한류의 매력을 선보이기 위해 'The Hallyu Inception' 이벤트를 시내 중심부 대형극장에서 개최하기도 했다.

중남미한국문화원을 방문한 아리엘 포르체라(2011)

그 와중에 BoA의 팬이자, 오래 전부터 K-팝에 관심을 가져 왔다는 아르헨티나 방송 연예계의 아이돌 스타 '아리엘 포르 체라(Ariel Porchera)'가 노래 부분 예선에 참가신청한 것을 확인했다. 그는 민영 〈카날 트레세(Canal 13)〉 방송의 대표 예능 프로 〈SHOW MATCH(2010년)〉를 비롯해서, 디즈니사에서 제작한 아르헨티나판 〈High School Musical(2007년)〉과 드라마 〈PATITO FEO(2008년)〉 등 다양한 방송에 출연했고, 싱글 앨범 〈FIRE(2010년)〉도 발매한 적이 있는 유명인이었다.

중남미 K-팝 경연대회의 인지도를 높이는 데 아리엘 포르체라 정도면 최상의 카드였지만, 우리가 만든 "중남미 K-팝 경연대회는 아마추어 일반인 참가 행사로 프로페셔널은 참가하지 못한다."는 대회 규정(1조 10항)으로 인해 그의 참가를 허락할 수 없었다.

아리엘을 문화원에 초청해서 상황을 설명해주었다. 그는 아쉬움을 표시하며 참가신청을 스스로 철회했다. 안타까운 마음에 그에게 예선 참가 대신 본선에서 K-팝 소개 특별공연을 해보는 것은 어떻겠냐고 제안했고, 그는 흔쾌히 해보고 싶다고 했다.

가수, 탤런트, CF 모델 등으로 활발한 활동을 펼치고 있는 아르헨티나 아이돌 스타가 희망했던 K-팝 예선 참가 대신, 본선 특별 공연을 진행하여 모두가 만족할 수 있었고, 특히 중남미 K-팝 경연대회에 대한 현지 언론의 관심을 유도하는 좋은 기회가 되었다.

3. 남미 대표 오락예능 프로그램 생방송 중 전화 인터뷰

아르헨티나 인기 TV 오디션 프로그램 무대에 한류의 대표 주자인 K-팝이 진출했다. 2014년 11월에 지상파 민영방송 〈카날 트레세(Canal 13)〉의 오디션 프로그램 〈쇼매치-꿈을 위해 춤춘다(Showmatch-Bailando por un sueño)〉가 K-팝 특집 무대를 일주일간 마련한 것이다. 쇼매치는 매주 월, 화, 목, 금요일 밤 10시부터 자정까지 황금시간대에 편성되어 평균 30% 이상의 시청률을 자랑하는 아르헨티나의 대표 오락예능 프로그램이다.

쇼매치 진행자인 마르셀로 티넬리(M. Tinelli)는 아르헨티나와 우루과이, 파라과이, 칠레, 페루 등 남미 전체에서 유명한 방송인 중의 한 명이다. 그는 '아틀레티코 산 로렌소 데 알마그로 클럽(Club Atlético San Lorenzo de Almagro)'이라는 아르헨티나 프로 축구단을 소유하고 있는 축구선수 출신의 방송인이다. 또한 유명 오락예능 프로그램 전문 기획사를 직접 운영하고 있으며, 한때는 아르헨티나 축구협회 회장에 입후보해서 화제가 되었다.

나는 K-팝이 일부 마니아 층을 넘어서 아르헨티나에서 주류 문화로 자리 잡기 위해서는 대중성 확보가 관건이라고 판단하고, 이를 위한 가장 확실한 방법으로 티넬리를 활용하고자 했다.

그래서 매년 하반기에 열리는 쇼매치를 통해 K-팝을 프로모션 하겠다는 목표를 가지고, 1년 365일 티넬리를 매일 만나고, 티넬리의 오른팔 역할을 하는 것으로 알려진 쇼매치 담당 형제 프로듀서 2명을 찾아냈다.

양쪽 끝이 쇼매치 담당 형제 프로듀서들(2014)

곧바로 동포 방송인 황진이와 함께 이들을 만나러 부에노스 아이레스 북서부에 위치한 차카리타(Chacarita) 지역의 방송 스튜디오를 방문했다. 아르헨티나와 라틴아메리카 전체에서의 K-팝 현황에 대한 나와 황진이의 설명을 진지하게 듣던 형제 프로듀서는 "반갑다. 방금도 11월부터 시작할 시즌 프로그램의 테마를 무엇으로 할지 고민 중이었다."면서, "K-팝 유명 아이돌 스타의 영상 인사말 입수, 오디션 프로그램에 참가할 재능 있는 아르헨티나 출연진 섭외, 가능한 많은 한인 동포들이 방청객으로 참가한다.”는 조건을 한국문화원이 책임진다면 티넬리를 설득하겠다고 했다. 나는 그 자리에서 ‘OK’ 사인을 주었다.

다음날 우리가 협의했던 내용이 티넬리에게 고스란히 전달되어 받아들여졌다는 소식을 들었다. 한편으로는 중남미 K-팝 경연대회 아르헨티나 출신 참가팀을 섭외하고, 또 다른 한편으로는 한인회의 도움으로 아르헨티나 동포사회의 전폭적인 참여를 독려했다. 이렇게 쇼매치의 K-팝 특집을 위한 준비가 이루어졌고, 폐쇄적인 성향으로 유명한 아르헨티나 TV 방송사의 황금시간대 시청률 1위 프로그램에서 오로지 K-팝만으로 구성되는 특집을 방영하는 이례적인 사건이 생긴 것이다.

11월 25일 방영된 첫 방송에서는 오디션 참가자들의 본격적인 경합에 앞서서 K-팝 팬들로 결성된 아마추어 그룹들이 현아의 〈빨개요〉, 오렌지 캬라멜의 〈나처럼 해봐요〉, 샤이니의 〈리플레이〉 등에 맞춘 화려한 댄스를 선보이는 갈라쇼 형식으로 막을 올렸다. 이날 중남미 K-팝 경연대회의 초대 우승자였던 비코(Viqo)는 이효리의 〈배드 걸〉 노래와 댄스를 완벽하게 소화해서 관객들의 큰 박수를 이끌어냈다. 27일과 28일에 계속된 무대에서도 K-팝을 커버하는 7개 팀 14명이 출연해서 2NE1의 〈내가 제일 잘 나가〉, 샤이니의 〈셜록〉, 소녀시대의 〈파파라치〉 등 인기곡에 맞추어 치열한 댄스 경합을 벌였다.

진행자 티넬리와 인터뷰 중인
제1회 중남미 K-팝 경연대회 우승자 비코(2014)

K-팝의 흥겨운 리듬과 방청객의 호응에 놀란 티넬리는 방송을 진행하며, "아르헨티나 젊은이들 사이에서 K-팝이 선풍적인 인기를 끌고 있다. 오늘처럼 쇼매치에서 K-팝 특집이 마련된 것이 그 증거다."라는 멘트를 흥분된 표정으로 수차례에 걸쳐 반복했다.

나는 쇼매치의 K-팝 특집을 준비하는 과정에서 아르헨티나 국민배우(우리의 탤런트 김혜자 격)이자, 오디션 심사위원으로 참가 중인 솔레닫 실베이라(S. Silveyra)의 집으로 스페인어로 번역된 K-팝 관련 자료와 나의 마음을 담은 손 편지를 보냈다. 배달된 자료를 열심히 공부하고 나온 그녀는 내가 선물한 한국전통 태극부채를 한 손에 든 채로 "세계 문화강국으로 꼽히는 한국의 K-팝이 아시아와 미국, 유럽 등 전 세계에서 인기를 끌고 있다. 아르헨티나에서도 무서운 기세로 확산되고 있는 K-팝은 단순한 유행이 아니라, 사회문화적 현상으로 볼 수 있다."고 자신이 마치 아르헨티나 최고의 K-팝 전문가인 것처럼 심사평을 했다.

이러한 실베이라의 전문적인 K-팝 소개에 대해 어안이 벙벙해진 티넬리가 "당신은 어떤 연유로 K-팝에 대해 그리 많이 알게 되었냐?"고 질문을 했고, 그녀는 "한국문화원에서 K-팝에 대한 개인 교습을 해주었다."고 말했다. 그 순간 방청석을 가득 메운 한인 동포들과 한류 팬클럽 회원들이 '한국문화원', '한국문화원'을 스페인어로 연호하기 시작했다.

생방송 중에 TV에 노출된 티넬리와의 전화 인터뷰 장면(2014)

티넬리는 방청석을 둘러보며, "혹시 이 자리에 한국문화원 관계자가 있느냐?"고 물었고, 아무런 대답이 없자, 현장에 있던 담당 프로듀서에게 한국문화원장과 전화 인터뷰를 할 수 있는지 즉시 알아보라고 지시했다. 잠시 후 집에서 TV를 통해 가족과 함께 재미있게 쇼매치를 보고 있던 나의 휴대전화가 울렸다. "전화 인터뷰가 가능하겠냐?"가 아니라, "몇 분 후 전화벨이 울리면 바로 받아서 인터뷰에 응해 달라!"는 절반은 읍소, 절반은 강압적인 명령에 가까운 프로듀서의 목소리가 들려왔다. 그는 전화를 끊으면서 가능하면 방송 화면에 띄울 사진도 지금 빨리 메일로 보내달라고 했다.

티넬리와의 전화 인터뷰 중에 소개된 UN 사무총장 반기문과의 기념 촬영 사진(2014)

이렇게 쇼매치 생방송을 집에서 보던 도중에 얼떨결에 전화 인터뷰를 해야 하는 상황이 발생한 것이다. 그래서 당시 한국인 중에서 아르헨티나에 가장 많이 알려진 반기문 UN 사무총장이 아르헨티나를 방문했을 때 대사관저에서 함께 찍은 사진이 TV 화면에 띄워진 채로 나의 전화 인터뷰는 진행되었다. 티넬리에게 아르헨티나 내 한류 인기도에 대해 설명하면서 대도시인 부에노스아이레스, 코르도바, 멘도사뿐 아니라 북쪽의 농업도시

투쿠만, 살타, 후후이 등 시골에도 K-팝 팬클럽이 활동 중이라고 말했다. 그 순간 놀라서 눈이 똥그래지며, "정말로? 정말로?"를 연발하던 티넬리의 표정은 지금도 잊혀지지 않는다.

쇼매치가 방영되기 이틀 전인 11월 23일에는 부에노스아이레스의 관광 명소인 플라네타리오(Planetario: 천문대)에서 한류 팬클럽 회원들이 모여서 K-팝 특집 방영을 축하하는 플래시몹이 진행되기도 했다.

인기리에 쇼매치 K-팝 특집이 종영된 이후에는 현지 주요 방송과 신문들이 K-팝과 한국, 한국문화를 집중 조명하는 한국 특집 형식의 후속 보도를 쏟아냈다. 대다수의 방송이 뉴스를 통해 "K-팝은 완성도 높은 뮤직비디오와 세련된 멜로디, 정확한 군무 등을 특징으로 하는 종합예술"이라고 소개했다. 민영 지상파 〈카날 트레세(Canal 13)〉의 '오늘의 요리 쇼'는 한국음식 문화를 소개하는 특별 프로그램을 방영했고, 음악 전문 케이블 방송 〈카날 무시카(Canal Música)〉는 K-팝을 심층 분석하는 공개 방송을 한국문화원에서 진행했다. 뉴스 전문채널 〈토도 노티시아(Todo Noticia)〉는 '아르헨티나 K-팝 열풍과 강남 스타일의 재조명'이라는 제목으로 특집 생방송을 방영했다.

공영방송 〈TV 푸블리카(TV Pública)〉는 12월 2일, 12월 9일, 12월 12일까지 3회에 걸쳐 청소년 교양 프로그램에서 K-팝 팬클럽 회장단과 커버 댄스팀을 초청해서 출연시켰고, 최대 발행 부수 일간 〈클라린(Clarín)〉은 K-팝의 인기를 심사위원 실베이라의 멘트를 인용해서 "아르헨티나에서 나타난 새로운 사회문화적 현상"이라고 소개했다. 뉴스 통신사 〈인포바에(Infobae)〉와 다수의 온라인 매체들도 "대중음악 분야에서 새로운 팬덤이 형성되고 있다."고 보도하면서 K-팝의 열풍에 주목했다.

티넬리가 진행한 쇼매치는 2014년 K-팝 특집의 높은 시청률에 용기를 얻어, 2015년에도 K-팝 특집을 다시 정규 프로그램으로 편성했다. 심사평 덕분에 K-팝 전문가로 알려지게 된 실베이라는 2016년부터 한국문화원에서 주관하는 중남미 K-팝 경연대회의 심사위원으로 활동 중이라고 전해 들었다.

티넬리 같은 유명인사가 진행하는 인기 방송 프로그램에 2년 연속 K-팝이 노출된 것을 계기로 현지 방송과 신문, 온라인 매체들은 K-팝에 큰 관심을 가지게 되었다. 현지 언론의 K-팝에 대한 지속적인 보도는 아르헨티나에서 K-팝이 대중화되는 데 엄청난 영향을 미치는 획기적인 모멘텀이 되었다. 한 마디로 K-팝은 한류 전반에 대한 아르헨티나 사람들의 관심을 한 단계 높이는 데 핵심 매개체 역할을 한 것이다.

2014년 쇼매치의 K-팝 특집 방영 직후에 라틴아메리카 최대 여론조사 기관인 〈그루포 이보페(Grupo Ibope)〉의 실시간 이슈 조사 프로그램인 『리얼타임레이팅(RealTimeRating)』에서 전 세계 트위터 검색어를 조사했다. 집계 결과, '쇼매치에서의 K-팝(#KpopEnShowmatch)'이라는 검색어가 순위 3위에 랭크되었다. 쇼매치와 K-팝의 조합은 예상보다 훨씬 큰 효과를 거두는 대성공이었다!

아르헨티나 미의 사절들, 우리는 K-팝 팬

'2011 미스 아르헨티나' 선발대회의 본선을 이틀 앞두고 각 지방을 대표하는 후보 20여 명이 우리 문화원을 방문했다. 나는 이들에게 전 세계 젊은이들에게 큰 사랑을 받고 있는 K-팝 붐에 대해 설명하고, 소녀시대와 2NE1 등 우리 아이돌 스타들의 노래와 뮤직비디오를 감상하는 시간을 제공했다.

아르헨티나 대표 와인 말벡(Malbec)의 산지로 유명한 안데스 산맥 인근의 멘도사(Mendoza) 출신 미녀는 "K-팝을 처음 접했는데, 한국 가수들의 화려한 비주얼과 다이내믹한 퍼포먼스에 푹 빠져 버렸다. 내가 미스 아르헨티나 진으로 뽑히지 못하더라도, 선발 결과에 관계없이 K-팝을 확산시키는 데 도움을 주고 싶은 마음이다."라면서 중남미 K-팝 확산을 위한 전도사가 되고 싶다는 소감을 밝혔다.

나는 중남미 K-팝 경연대회가 가능한 빨리 아르헨티나에서 정착할 수 있도록 만들기 위해서 대언론 홍보 활동에 가장 신경을 썼다. 미스 아르헨티나 조직위와 접촉해서 미스 아르헨티나 진을 '중남미 K-팝 홍보대사'로 1년 동안 위촉해서 다양한 대언론 캠페인을 전개했다. 예를 들면 2010년 미스 아르헨티나 진은 K-팝 홍보뿐만 아니라, '한국 음식 축전', '강진 도자기 중남미 순회전' 등 우리 문화원이 주관하는 다양한 문화 행사에 참가해서 아르헨티나 국민들에게 한국을 알리는 역할을 별도의 사례비도 받지 않고 정말 열심히 해주었다.

중남미한국문화원을 방문한 미스 아르헨티나 후보자들(2011)

K-팝 팬을 자처한 아르헨티나 미의 사절들 덕분인지 몰라도, 그로부터 2개월 후에 개최된 '제2회 중남미 K-팝 경연대회'에는 멕시코, 코스타리카, 도미니카공화국, 아르헨티나, 콜롬비아, 베네수엘라, 페루, 에콰도르, 파라과이, 칠레, 파나마, 브라질, 우루과이,

볼리비아 등 훨씬 많은 국가들이 참가했다.

미수교국 쿠바와 중미 카리브해의 조그만 나라들인 엘살바도르, 니카라과, 온두라스, 과테말라를 제외하면 사실상 중남미 모든 국가의 K-팝 팬들이 참가한 것이다.

중남미한국문화원에서 한국문화 특별 강좌를 듣고있는 미스 아르헨티나 후보자들(2011)

4. 아르헨티나 사람들의 자존심, 콜론극장

2013년 8월 하순 어느 화창한 봄날이었다. 그날은 하늘이 너무도 맑아 점심시간을 이용해서 문화원 주위를 산책하고 사무실로 돌아왔다. 현지인 리셉셔니스트가 파리에서 전화가 왔었다면서 번호 하나를 전해주었다. 조금 후 대사님도 파리에서 영화배우 윤정희 선생님이 문화원장을 찾더라면서 연락 한 번 해보라고 전화를 주셨다.

"영화 스크린으로만 뵐 수 있었던 분인데, 나를 찾는다?"라는 호기심으로 바로 파리로 다이얼을 돌렸다. 윤정희 선생님은 나의 이름까지 정확히 말씀하시면서, 적지 않은 연세에도 불구하고 아주 고운 목소리로, 얼마 전 멋지고 아름다운 콜론극장 (Teatro Colón)에서 피아니스트 김선욱이 독주회를 했다는 뉴스를 보았다고 말씀하셨다. 뉴욕 카네기 홀부터 세계 유수의 공연장에서 공연했던 이야기를 하시면서, "언제 기회가 되면 콜론극장에서도 건반 위의 구도자 백건우가 만들어내는 연주를 들을수 있으면 좋겠다."고 하셨다.

아르헨티나 국민들에게 콜론극장은 최고의 자랑거리이자 자부심 그 자체다. 부에노스아이레스 사람들은 '만약 제3차 세계

대전이 일어난다면, 단 하나 보존해야 할 것은 콜론극장'이라고 말할 정도로 콜론극장에 강한 애착을 보인다. 피아니스트 백건우의 배우자로서, 공연 섭외부터 로드 매니저 역할까지 하는 윤정희 선생님이 콜론극장에 대해 욕심을 내는 것은 너무도 당연했다.

그로부터 정확히 2년 후인 2015년 8월에 피아니스트 백건우가 세계 3대 오페라 극장으로 손꼽히는 콜론극장에서 브람스 〈피아노 협주곡 2번〉을 연주하며 아르헨티나 관객들에게 한국인 클래식 음악가의 우수성을 알렸다.

콜론극장을 가득 메운 관람객들(2015)

부에노스아이레스의 문화적 상징인 콜론극장은 아르헨티나가 부유했던 1908년에 개관해서 아르투르 토스카니니, 빌헬름 푸르트벵글러, 헤르베르트 폰 캬라얀, 엔리코 카루소, 마리아 칼라스 등 세계 클래식 음악계의 별들이 무대를 빛냈던 극장이다.

공연 당일인 8월 11일 총 2,487석 규모의 콜론극장은 피아니스트 백건우, 상임 지휘자 엔리케 아르투로 디에멕케(Enrique Arturo Diemecke)와 부에노스아이레스 필(Orquesta Filarmónica de Buenos Aires)의 환상적인 하모니를 듣기 위해 몰려든 현지 클래식 팬들과 한인 동포들로 만석을 이루었다. 일간 〈클라린(Clarín)〉 등 현지 언론들도 "피아니스트 백건우가 지구 반대편 아르헨티나를 방문하고, 콜론극장에서 초청 연주회를 가진 것 자체가 굉장한 영광이다.", "피아니스트 백건우는 한국인 클래식 음악가의 우수성을 입증하였다.", "브람스의 〈피아노 협주곡 2번〉은 여유로움을 바탕으로 강렬한 선율을 표현하기가 결코 쉽지 않은 곡인데, '건반 위의 구도자'로 불리는 그의 별칭에 걸맞게, 작곡가 브람스의 정신을 충실히 담아 연주해냈다."라며 공연 내용을 상세히 소개했다.

콜론극장에서 리허설 중인 피아니스트 백건우(2015)

나는 아르헨티나 사람들의 강한 유럽 지향의 정서 등 현지의 고유한 문화적 특성을 고려한 '맞춤형 한류' 확산 전략을 세우면서, 아르헨티나 중장년층들이 클래식 음악에 남다른 애착과 관심을 보인다는 점에 착안했다. 그래서 세계적으로 상대적 우위에 있는 한국인 클래식 음악가를 집중적으로 소개해서 이들이 아르헨티나 등 라틴아메리카 국가에 진출할 수 있는 기반을 조성하고, 'K-클래식'의 국제화와 대중화를 모색하는 데 집중하고자 했다.

소프라노 조수미 등이 참가한 '2012년 한-아르헨티나 수교 50주년 기념 음악회', '2013년 피아니스트 김선욱 독주회', '2014년 한예종 손민수 교수의 공연' 등 한국인 클래식 음악가의 연주를

3년 동안 한 해도 쉬지 않고 연속으로, 1일 대관료만으로 10만 달러 이상을 지불해야 하는 콜론극장에서 별도의 예산을 들이지 않고, 현지 클래식 음악 기획사와 콜론극장 소속 고등음악원과의 공동주관 형식을 빌어서 개최했다.

그 이후에도 우리 클래식 음악가의 콜론극장 공연을 지속하고 싶었다. 하지만, 우리 문화원을 도와주던 현지 클래식 음악 기획사가 재무사정상 외부기관과의 협업 프로그램을 종료해야 하는 상황을 맞이하게 되고, 게다가 친하게 지내던 콜론극장 소속 고등음악원장의 교체도 이미 예정되어 있어서, 윤정희 선생님의 전화를 받은 시점에는 안타깝지만 미리 확정해 놓았던 2014년 손민수 한예종 교수를 마지막으로 더 이상의 콜론극장 공연은 지속하기 어려운 상황이었다.

그런데 그날 파리에서 온 한 통의 전화는 나를 가만있게 내버려 두지 않았다. 아니 정확히 말하면 나보다는 클래식 음악에 대해 특별한 애착을 보이는 아내가 나를 움직일 수밖에 없도록 만들었다.

아내는 윤정희 선생님의 바람대로 콜론극장에서의 피아니스트 백건우 공연을 실현시킬 수 있는 제일 확실한 방법으로 부에노스아이레스 필 상임지휘자 디에멕케를 주목해야 한다고 강조했다. 인터넷 서핑과 현지 언론의 관련 기사를 통해 그와 관련된 온갖 자료를 수집하고 그 방법에 대해 함께 고민했다. 어느 날 아내가 디에멕케를 저녁에 초대하자고 했다. 디에멕케가 멕시코 출신이라면서, 타코(Taco)와 구아카몰레(Guacamole) 등 멕시코 전통음식과 한국 음식을 자기가 준비할 테니, 나에겐 피아니스트 백건우의 스페인어판 이력과 음악CD를 챙겨달라고 부탁했다.

드디어 디에멕케가 음악계 친구 한 명과 함께 우리 집에 오게 되었고, 멕시코 전통음식과 한국 음식을 즐기며 아르헨티나 클래식 음악계에 대한 이야기를 나누었다. 부에노스아이레스 필, 보고타 필(Orquesta Filarmónica de Bogotá), 미국 롱비치 심포니 등의 예술감독으로 활동하던 그는 전 세계 클래식 음악 추세에 대해서도 많은 이야기를 해주었다. 자신이 멕시코 사람이라고 멕시코 전통음식까지 준비해 줘서 고맙다면서, 멕시코에서 한국 사람들과 자주 교류했던 이야기도 들려주었다. 우리 내외는 자연스럽게 한국인 클래식 음악가의 국제 콩쿨 입상 소식부터 지금까지 콜론극장에서 가진 한국인 클래식 음악가들의 공연 소식 등을 이야기하다가, 피아니스트 백건우도 자연스럽게 소개했다. 물론 저녁을 마치고 헤어지기 전에 부에노스아이레스 필과의 협연을 제안하면서, 피아니스트 백건우의 음악CD 등 자료를 전달했다.

디에멕케와는 그날 이후에도 콜론극장 정기 연주회와 아르헨티나 주재 외교단 행사 등에서 만나면, 서로의 안부를 물으며 잘 지냈다. 하지만 우리집에서 저녁을 먹고 1년이 거의 다 지나갈 때까지도, 피아니스트 백건우와의 협연에 대해 '된다.', '안된다.'는 이야기를 나에게 하지 않았다.

자신은 세계 각국으로 연주 여행을 많이 다니기 때문에 자신의 집 주소는 '보잉 747 비행기'라고 말했던 기억이 있어서, 농담 삼아 피아니스트 백건우의 신규 앨범을 보내주겠다며 탑승 비행기 편명을 알려 달라고 전화를 했는데, 공연 여부에 대해서는 아무 말이 없이, 숙소 호텔 주소만 알려주었다. 그렇게 시간만 무심하게 흘러갔고, 나의 속은 타들어 가고 있었다.

콜론극장 공연은 최소 2-3년 전에 미리 일정이 잡히는 상황을 고려하면, 어쩌면 1년 정도 남은 내 임기 중에 공연이 어려울 수도 있겠다는 불길한 생각도 했다.

이런 갑갑한 상황에서 한국문화원 인근에 위치한 아르헨티나 국립예술재단(Fondo Nacional de los Artes)을 방문했다. 가깝게 지내던 테딘 우리부루(T. Uriburu) 이사장에게 지금의 상황을 설명하고 속마음을 털어놓았다. 우리부루 이사장은 경제 위기로 인한 달러 대비 페소화 환율 폭등으로 적어도 향후 1-2년간 정부의 문화예술 분야 예산이 대폭 삭감될 것 같다면서, 아마도 예산 사정이 좋지 못한 콜론극장도 외국인 연주자 초청을 쉽게 결정하지 못할 것이라고 했다. 다시 말하면 디에멕케가 콜론극장의 어려운 예산 사정으로 피아니스트 백건우의 초청을 고민하고 있을 것이라는 설명이었다.

암울한 날을 보내고 있던 중에 소프라노 조수미의 '한-아르헨티나 수교 50주년 기념 음악회' 당시 콜론극장 소속 고등음악원 원장 자격으로 무료 대관을 도와주고, 공동주관 공연을 추진했던 에두아르도 이이도이페(E. Ihidoype)로부터 크리스마스 이브 날 초대를 받았다. 우리 부부와 재즈 피아니스트, 음대 교수 부부 등이 이이도이페의 집에 초대되었고, 재즈 피아니스트는 조만간 있을 공연에서 연주할 곡을 즉석에서 선보이는 등 흥겨운 분위기 속에서 함께 저녁을 먹었다.

에두아르도 이이도이페 자택에서 가진 재즈 피아니스트의 즉흥 공연 모습(2014)

　　모두가 음악계 관계자들이라 당연히 아르헨티나 음악계 이야기가 나왔다. 디에멕케의 커밍 아웃 소식이 화제로 올랐고, 문화예술계의 성소수자들이 자신의 성 정체성을 드러내는 것에 대한 서로의 의견을 나누던 중, 이이도이페는 내일 디에멕케가 자신의 사무실을 방문할 예정이라고 했다. 나는 그 순간 옆자리에 있던 아내에게 "이이도이페가 디에멕케와 친하니까, 내일 둘이 만나게 되면 피아니스트 백건우의 2015년도 공연 가능성에 대해 이야기를 꺼내 보라고 하면 어떨까?"라고 물었다. 아내는 "오늘이 2014년 12월 24일이고, 2015년 모든 공연 일정이 이미 정해져 있을 것이 분명한데, 괜히 이이도이페를 불편하게 만드는 것 아니냐?"면서 조금 부정적이었다.

하지만 '밑져야 본전'이라는 심정으로 이야기를 꺼냈다. 이이도이페는 알겠다면서, 내일 만나게 되면 디에멕케에게 물어보겠다고 했다. 다음 날 오후, 이이도이페로부터 전화가 왔다. 디에멕케를 만나서 이야기했다면서, "디에멕케가 직접 너에게 연락을 주기로 했다."고 알려주었다. 그리고 콜론극장의 예산 사정이 좋지 않아서 디에멕케가 고민이 많더라는 이야기도 덧붙였다.

대사관저에서 개최된 국경일 행사에 참가한 에두아르도 이이도이페 부부(2015)

며칠 뒤 디에멕케로부터 전화가 왔다. "피아니스트 백건우 정도면 사례비를 높게 책정해야 하는데, 지금 콜론극장의 예산 사정이 좋지 않아 고민만 하고 있었다. 내년 8월에 예정되었던 초청 연주가 하나 있었는데 불가피하게 취소될 상황이다. 혹시 한국문화원에서 사정이 허락한다면, 피아니스트의 연주 사례비를 부담하고, 콜론극장은 연주자의 항공료와 숙소 등 나머지 모두를 책임지겠다."고 했다.

이렇게 피아니스트 백건우의 콜론극장 공연은 파리에서의 윤정희 선생님 전화 한 통으로 시작되어 꼭 2년 만인 2015년 8월 11일 개최되었다. 크리스마스 이브 날에 우연하게 들었던 이이도이페와 디에멕케의 만남에 대해 큰 기대 없이 꺼낸 이야기가 1년 이상 해결점을 찾지 못했던 콜론극장 공연을 성사시켰다.

부에노스아이레스를 방문한 백건우-윤정희 부부(2015)

아무리 어려운 일, 어떤 불리한 상황에서도 미리 지레짐작하지 말고, 1%의 가능성만 있어도 일단 들이 밀어보는 것이 중요하다는 것을 다시 한 번 확인한 경우다.

2012년의 일이다. 소프라노 조수미의 '한-아르헨티나 수교 50주년 기념 음악회'를 준비할 때, 콜론극장 대표가 행사를 불과 열흘 남겨 두고 "아르헨티나와 수교한 국가가 전 세계에 150개가 넘는데, 왜 유독 한국에게만 무료로 극장을 대관해 주느냐?"면서, 아침 간부회의에서 "무료로 하지 말고 전 좌석 티켓을 팔라!"고 지시했다는 소식을 이이도이페 고등음악원장으로부터 전해 들었다. 이미 1년 전에 무료 대관에 전석 초청 공연으로 진행한다는 우리 문화원과 콜론극장의 합의 사항에 대해서 "그 합의는 콜론극장 산하기관인 고등음악원의 이이도이페 원장과 한 것이니, 콜론극장의 총 책임자인 나와는 아무런 관련이 없는 일"이라고 말했다는 것이다. 공연 한 달 전에 주재국 정관계 인사와 외교단, 동포 인사 등에게 한국 대사 명의로 이미 초청장이 배포된 상황에서 정말 터무니없는 일이 발생한 것이다.

나는 고등음악원장과 말도 되지 않는 이 상황을 어떻게 해결해야 할지에 대해 많은 고민을 했다. 시간은 얼마 남지 않았고, 앞으로 당할 창피를 상상하니 피가 바짝바짝 말랐다. 크게 낙담해서 제대로 말도 하지 못하던 고등음악원장이 뭔가를 결심한 듯 비장한 표정으로 나에게 말을 건넸다. "이 상황을 해결할 수 있는 마지막 방법은 콜론극장의 상위 지휘 감독 기관인 부에노스아이레스 시정부에서 파견한 콜론극장의 비상임 이사장에게 도움을 한번 요청해 보는 것이다. 정치인 출신의 그녀는 마크리 (M. Macri) 부에노스아이레스 시장의 오른팔로서, 한국의 민주화와 단기간 경제성장, 특히 한국인들의 교육열에 특별한 관심을 가지고 있고, 한국을 좋아하는 사람이다."라고 알려주었다.

다만, 그는 만약 그녀의 도움으로 무료 극장 대관이 해결 되더라도, 이제 자신은 콜론극장 대표의 눈 밖에 나서 콜론극장의 소속기관인 고등음악원장으로서 순탄치 않은 길을 가게 될 앞날이 걱정이라고도 했다. 하지만 자신이 당시 콜론극장 대표의 권한을 위임받아서 한국문화원에 무료 대관과 행사 공동주관을 약속한 만큼, 자신의 약속을 지키는 것이 훨씬 중요하다고 했다.

나는 콜론극장 비상임 이사장에게 연락을 했고, 연락한 지 만 사흘 만에 약속이 잡혀서 밤늦은 시간에 그녀의 집에 찾아갔다. 그녀가 대략적인 상황은 이미 알고 있었다. 하지만, 나는 1년 전부터 진행되어 오던 그간의 공연 준비과정과 현재의 상황에 대해 설명하고, 이이도이페 고등음악원장이 당신만이 해결 방안을 찾을 수 있다고 알려 주어서 이렇게 방문하게 되었다며 그녀의 도움을 요청했다.

외부에서 바라본 콜론극장 모습(2015)

　나의 이야기를 들은 온화한 표정의 그녀는 "이 야심한 시간에 여자 혼자 살고 있는 집에 찾아 올 용기가 어디서 났느냐?"는 농담으로 긴장된 분위기를 녹인 후에, "3일 동안 당신의 집요한 면담 요청에 감동을 받아 오늘 당신을 만나자고 했다. 내일 사무실에 나가서 해결책을 알아보고 연락을 주겠다."고 말했다.

　그날 그녀의 집에서 속에 있던 억울함을 다 털어내고 나올 때 시간은 자정을 훨씬 넘긴 것으로 기억이 된다. 마지막까지 희망의 끈을 놓지 않고, 내가 할 수 있는 최선을 다해 열심히 노력했다고 스스로 위로하며 집으로 돌아왔다. 그리고 다음날 오후에 그녀로부터 다시 무료 대관의 초청공연으로 되돌려 놓았다는 반가운 소식을 들을 수 있었다.

시간이 흐른 뒤 알아보니 무료 대관 취소 해프닝이 발생한 이유는, 당시 우리 서울시장의 아르헨티나 방문을 환영하는 마크리 부에노스아이레스 시장 주최 오찬장에서 소프라노 조수미 공연이 곧 있을 것이라는 이야기가 나왔고, 이러한 오찬장 대화 도중에 수교 공연 준비 상황에 대한 마크리 부에노스아이레스 시장의 질문에 제대로 답변하지 못해 큰 창피를 당한 콜론극장 대표가 앞으로 자신보다 이번 공연을 기획한 이이도이페 고등음악원장이 마크리 시장으로부터 더 큰 이쁨을 받게 될지도 모른다는 두려움으로 괜한 심술을 부렸던 것이다. 콜론극장의 황금 홀에서 개최된 서울시장 환영 오찬은 콜론극장 대표가 아침 간부회의에서 갑자기 공연 티켓을 팔라고 지시했던 날 바로 하루 전에 있었다고 한다.

당시 부임하신지 얼마 되지 않았던 대사님은 "미리 약속된 우리 대통령과의 면담 일정도 몇 시간 전에 바꾸려고 하는 아르헨티나에서 충분히 일어날 수 있는 일이다. 남은 시간이 얼마 없다. 그냥 내가 한 번 창피 당하면 되니까 너무 걱정하지 말고, 행사를 취소하고 초청자들에게 양해를 구할지, 아니면 지금이라도 티켓을 파는 유료 공연으로 변경할지 등 조금 덜 창피한 차선책이 무엇인지 잘 판단해서 결정해 달라."면서 나를 다독거려주셨던 기억이 난다.

콜론극장에서 리허설을 마치고 망중한을 즐기는 소프라노 조수미(2012)

반면에, 아르헨티나 국민들의 자존심이자, 자랑거리로 여겨지는 라틴아메리카 최고의 오페라 극장에서 소프라노 조수미의 공연을 진행한다는 자부심으로 재아르헨티나 동포사회 전체와 모든 대사관 직원들이 합심해서 준비하던 대형 행사의 마지막 순간에 발생한 이런 엉뚱한 상황에서, 안타까움을 표현하며 같이 걱정해 주고, 도움이 되는 조언을 해주는 것은 고사하고, "아무리 아르헨티나가 이상한 나라라고 해도 공연 얼마 전에 합의 조건을 갑자기 바꾸면서 취소하려 한다면, 그건 콜론극장에 문제가 있는 것이 아니라, 한국문화원장이 그들에게 뭔가를 잘못해서 그런 것 아니냐?"라고 이야기해서 회의장 분위기를 싸~

하게 만들던 어떤 동료직원도 있었다.

하지만 지금 생각해보면 당시 이런 해프닝이 발생하고, 그것을 해결하려고 발품과 머리품, 손품을 팔면서 준비하던 힘들었던 순간들이 모두 이제는 재미있는 추억이다. 콜론극장에서 가진 소프라노 조수미의 '한-아르헨티나 수교 50주년 기념 공연'은 우리 동포분들이 한국인으로서의 자부심을 한껏 올릴 수 있는 최고의 문화행사인데, 말도 되지 않는 엉뚱한 이유로 무산되는 것을 손 놓고 그냥 보고 있을 수만은 없었다.

2013년 8월 23일에는 콜론극장에서 두 번째 한국인 클래식 음악가로 피아니스트 김선욱이 무대에 섰다. 한국인 피아니스트가 콜론극장에서 독주회를 한 것은 김선욱이 처음이었다. 김선욱은 바흐의 파르티타와 베토벤과 브람스의 소나타를 섬세하면서도 박력 있는 선율에 담아내 관객들로부터 갈채를 받았다. 클래식 음악 비평가이자 유명 작가인 파블로 히아네라(P. Gianera)는 일간 〈라 나시온(La Nación)〉에 '콜론극장에서 숨겨진 비밀이 베일을 벗다.'라는 제목의 칼럼으로 김선욱의 콜론극장 데뷔 무대를 소개했다.

현지 일간지에 소개된 피아니스트 김선욱 공연 포스터(2013)

피아니스트 손민수 한예종 교수는 한국인 클래식 음악가로
는 세 번째로 2014년 5월 19일 콜론극장에서 바흐의 〈골든베르
그 변주곡〉을 연주해서 관객들로부터 큰 호응을 끌어냈다. 그의
〈골든베르그 변주곡〉은 〈뉴욕타임스(NYT)〉로부터 '시적인 연
주'라는 극찬을 받은 바 있는 최고의 연주였다.

내가 아르헨티나에서 근무하던 7년 동안은 그 곳만의 사회문
화적 특성을 고려해서 가장 어필할 수 있는 킬러 콘텐츠로 한국
인 클래식 음악가를 활용한 K-클래식과 K-씨네, K-팝, K-아트

등 4개 분야를 선정해서 집중 소개했다. 나름대로 일명 K-컬쳐 4중주 프로젝트(El Proyecto Cuarteto K-Culture)라고 이름도 붙였다. 이렇게 선정된 4개 분야 중 어느 하나도 나에게 중요하지 않은 것이 없었지만, 그 유명한 콜론극장에서 2,500여 명 내외의 부에노스아이레스 시민들을 대상으로 소프라노 조수미, 피아니스트 김선욱, 손민수, 백건우 등 자랑하고픈 한국인 클래식 음악가들을 2012년부터 2015년까지 4년 동안 한 해도 거르지 않고 소개했던 일이 가장 진한 추억으로 남아 있다.

특히 윤정희 선생님의 전화 한 통으로 시작된 피아니스트 백건우의 콜론극장 연주는 나와 아내가 함께 공을 들여서 성사시킨 경우라서 기억에 많이 남는다. 지금 병마와 싸우고 계신 윤정희 선생님이 잘 견디시길….

석유 재벌 YPF 부회장의 한국인 클래식 음악가에 대한 호기심

콜론극장이 3년간의 개보수 끝에 2010년 5월 24일 재개관했다. 직전 3년 동안 아르헨티나에서 근무하고 떠났던 각국 외교관들이 세계 3대 오페라 극장 중의 하나인 콜론극장이 폐쇄된 관계로 직접 공연을 보지 못한 것을 제일 아쉬워했다는 이야기를 주위 친구들로부터 들었다.

나는 운이 좋아서 2010년 7월 21일 콜론극장에서 개최된 부에노스아이레스 국제 바이올린 콩쿠르(Concurso Internacional de Violin Buenos Aires)의 폐막 갈라쇼를 볼 수 있었다. 바이올린 콩쿠르를 주관했던 아르헨티나 석유재벌 YPF 소속 문화재단에서 초대장을 보내준 것이다. 초대장과 함께 도착한 팸플릿을 보니, 1등부터 5등 사이 수상자 중 무려 3명(1등 조진주, 3등 권혁주, 5등 김소연)이 한국인이었다. "아, 자랑스러운 우리의 클래식 음악가들 덕분에 다른 외교관들이 3년 동안 가보지 못한 콜론극장을 가보는 행운이 나에게도 왔구나!"라면서 행복감에 젖었다.

갈라쇼 직전에 YPF 부회장이자, YPF 문화재단(Fundación YPF)의 이사장인 엔리케 에스케나지(Enrique Eskenazi)가 축사를 하면서 입상한 우리 한국인 클래식 음악가를 언급할 때마다, 관람석의 주위 사람들이 힐끔힐끔 나와 아내를 쳐다보았다. 그날 콜론극장 관객들 중 우리 부부만이 유일한 동양인 관객이었기 때문이다. 당시 한국인으로서 정말 기분이 좋았다.

나는 다음날 "당신의 회사인 YPF에서 부에노스아이레스 국제 바이올린 콩쿠르를 주관했기 때문에 아르헨티나 사람들에게 자랑스러운 한국인 클래식 음악가를 알릴 수 있게 되었다. 고맙다! 언제 기회가 되면 직접 인사하고 싶다."라는 내용으로 에스케나지 부회장에게 손편지를 썼다.

아니나 다를까 며칠 뒤 그의 비서로부터 연락이 왔다. 에스케나지 부회장이 라 플라타(La Plata) 강변의 푸에르토 마데로(Puerto Madero)에 위치한 YPF 본사 빌딩에서 나를 만나고 싶어 한다고 했다. 당시 80대 중반이었던 에스케나지 부회장은 내가 다시 한 번 콜론극장 초대에 고맙다고 인사하자마자 "나는 한국이 50년대 한국전쟁 이후 급속한 경제발전을 이룩했다는 사실은 알고 있었지만, 우리 콩쿠르의 상위 입상자 5명 중 3명이 모두 한국인이 될 만큼 한국인들이 클래식 음악에 재능이 있는 줄은 몰랐다."면서, "우리 콩쿠르 심사위원들 중에 한국인은 없고 러시아, 이스라엘, 미국, 일본, 중국, 멕시코와 아르헨티나 출신들로만 구성되어 있어서 어떠한 선입견도 개입할 수 없는 상황인데, 도대체 당신이 심사위원들을 어떻게 구워 삶았기에 이런 결과가 나온 것이냐?"고 웃으면서 캐물었다. 이어서 한국 클래식 음악계 현황에 대한 나의 설명을 듣고서야, 자신은 궁금한 것은 못 참는다면서 "앞으로 나의 호기심을 자극하는 한국인 클래식 음악가로 인해 삶이 재미있을 것 같다."고 덧붙였다.

그날 에스케나지 부회장은 옆자리에 배석한 YPF 문화재단 교류 이사에게, 이날 이후 한국문화원에서 개최하는 모든 클래식 음악회에 YPF 문화재단이 유무형의 후원을 제공하라고 지시했다. 그리고 나에게는, 그해 11월에 서울에서 열리는 주요 20개국 정상회의(G20)에 아르헨티나 대통령을 수행해서 방한할 예정이라고 밝히면서, 자신의 호기심을 풀어줄 수 있는 좋은 방법이 없느냐고 물었다. 나는 그에게 한국예술종합학교 음악원을 방문해서 김대진 교수와 학생들을 만날 것을 권유했다.

그렇게 나의 손편지는 석유 재벌 YPF 부회장을 한국문화원의 강력한 후원자로 만들었고, 한국인 클래식 음악가들은 그에게 문화강국 한국의 이미지를 심어주었다. 다시 한 번 조진주, 故 권혁주, 김소연 등 3인의 한국인 바이올리니스트들에게 고맙다는 말을 전하고 싶다.

5. 일간 〈클라린〉의 만평가 크리스트가 경험한 한국

아르헨티나의 양대 일간지는 〈라 나시온(La Nación)〉과 〈클라린(Clarín)〉이다. 최대 부수 일간 〈클라린〉의 시사만평을 책임지는 크리스트(Crist)가 한국 모 언론재단의 초청으로 방한하고 돌아왔다는 신문 기사를 발견했다. 시사만평가는 만화를 매개로 세상을 풍자하고 권력을 비판하는 언론인으로서 영향력이 유력 칼럼니스트 못지않다.

중남미한국문화원에서 한국주제 전시회 관련 기자회견 중인 크리스트(2009)

크리스트가 한 컷의 만평을 통해 사회의 가장 큰 흐름과 수많은 메시지를 아르헨티나 사람들에게 전달할 수 있는 만큼, 한국과 한국인의 긍정적인 모습이 그의 만평에 녹아나면 얼마나 좋을까 라는 생각을 항상 가지고 있었다. 이제 그가 한국을 방문했다는 단 하나의 사실만으로도 그와 연락할 수 있는 명분이 생긴 것이다.

그에게 전화를 해서 인사를 나누고 한국에 대한 인상을 물었 다. 그는 광화문과 테헤란로를 비롯해서 서울 곳곳에 널려있는 대형 LED 광고판을 언급했다. 마치 응접실의 대형 텔레비전을 연상하게 만든다고 하면서, 한국 하면 '최첨단'이 연상된다고 했 다. 그에게 한국을 소개하는 전시회를 하자고 제안했고, 얼마 후 그는 서울에서 받은 느낌을 여러 컷의 만평으로 표현해서 아르 헨티나 사람들에게 소개했다.

크리스트의 작품으로 표현된 서울(2009)

그가 거주하는 코르도바(Córdoba)를 방문해서 그의 부인과 함께 만났을 때, "한국과 아르헨티나가 함께 기뻐하는 일이 생기는 미래의 언젠가는 내가 한국문화원에서 이번에 전시한 만평 중에서 한 작품으로 〈클라린〉의 만평 코너를 채우는 날이 오기를 기대한다."라고 말했다.

6. 지력이 엄청 좋은 복 받은 아르헨티나 땅과
   알타리무의 결합

　1965년 10월 가족 단위 집단이민 형식의 농업이민 13세대 78명이 아르헨티나에 도착했다. 처음 도착해서 정착할 당시 여러 가지 에피소드 중 하나를 소개하면 다음과 같다.

　드넓은 평원 팜파스에서 농사를 짓기 위해 도착한 우리 동포 1세대들이 총각김치를 담가 먹기 위해 알타리무 씨앗을 가져왔다. 저 멀리 지평선이 보이는 토지의 일부분에 알타리무 씨앗을 심으려고 마을의 인디오 원주민을 고용해서 씨앗 하나를 한 뼘 크기 정도씩 간격을 두어서 구멍을 내고 심으라고 했다.

아파트 한 동 크기와 맞먹는 고무나무 한 그루(2010)

오후 늦게 인디오 원주민들이 일을 마쳤다고 해서 일당을 주고, 다음 날 제대로 심었는지 확인차 둘러보고는 한숨을 쉬었단다. 인디오 원주민들이 한국인 고용주가 보이는 곳에서는 한 뼘 크기로 알타리무 씨앗을 심었지만, 지평선 넘어 한국인 고용주의 시야에서 벗어나는 곳에서는 작업을 빨리 끝내고 일당을 받으려고 구멍을 낸 곳에 한꺼번에 50여 개의 씨앗을 쏟아 넣었던 것을 확인한 것이다. 한 뼘 크기로 씨앗을 뿌려야지 근처의 양분을 제대로 섭취해서 알타리무가 제대로 자랄 수 있을 텐데, 한 구멍에 50여 개의 씨앗을 한꺼번에 심었으니 제대로 자라기는 커녕 모두 죽을 것으로 상상하고 잊어버리고 있었단다.

부에노스아이레스 곳곳의 거대한 고무나무(2010)

몇 개월이 지나고 한 뼘 크기로 뿌린 씨앗만이라도 수확하러 나갔다가 모두가 놀랐단다. 한 뼘 크기로 뿌린 씨앗은 성인 허벅지와 종아리를 합친 크기의 알타리무가 되었고, 한꺼번에 50개씩 뿌려서 제대로 자라지 못할 것이라고 생각한 씨앗은 우리가 원하던 딱 알맞은 크기의 알타리무로 자라있었기 때문이다. 그만큼 아르헨티나 땅은 복을 듬뿍 받은 것이다.

7. 보신탕을 꼭 먹어보겠다던
『빨리 빨리』의 저자, 마르틴 카파로스

아르헨티나의 대표적 관광 명소 중의 하나인 아테네오(El Ateneo) 서점을 방문하면, 1층의 서적 진열대에서 빨간색 표지의 『빨리 빨리(Pali Pali)』를 발견할 수 있다. 아르헨티나 수교 50주년을 기념해서 중남미를 비롯한 스페인어권의 대표적인 오피니언 리더로 알려진 마르틴 카파로스(Martín Caparrós)가 한국 여행기 『빨리 빨리』를 2012년에 출간한 것이다. 카파로스는 자신이 17박 18일 동안 한국을 직접 방문해서 보고, 느끼고, 체험했던 한국의 다양한 모습을 240쪽 분량의 여행기 형식 화보집으로 만들었다.

극장을 서점으로 개조한 아테네오 서점의 내부 모습(2012)

『빨리 빨리』에는 한국의 최첨단 인터넷 환경과 K-팝에서부터 한식과 한옥, 템플스테이와 찜질방, 제주 해녀와 부산 자갈치 시장 등 한국의 전통과 현대 모습이 상세히 담겨 있다. 카파로스가 직접 찍은 200여 장의 사진들과 각계각층의 사람들과 인터뷰하며 나눈 대화들이 한국 사회를 꼼꼼하게 조망한다.

한국 사람이나 한국 정부가 아니고, 스페인어권의 유명한 지식인이 자기 이름을 걸고, 에디토리알 플라네타(Editorial Planeta)라는 스페인어권 유수 출판사를 통해 한국을 소개하기는 처음이다.

내가 카파로스라는 사람을 알게 된 것은 아르헨티나에 부임하기 전에 읽었던 『스페인 너는 자유다』(손미나 저, 2008)라는 스페인 여행기를 통해서다. 책 속에서 그는 아르헨티나 출신의 언론인이자, 교수로 소개되어 있었다. 손미나는 그를 자신의 롤모델이라고 했다. 아르헨티나에 부임하자마자 카파로스의 연락처를 수소문했고, 그가 바르셀로나에 거주하고 있다는 사실을 확인했다.

입수한 카파로스의 메일로 바로 연락했다. "반갑다. 나는 최근 아르헨티나에 부임한 한국문화원장이다. 나는 한국 방송인 손미나의 저서에서 언급된 당신의 이름을 보고 연락하게 되었다. 지금 바르셀로나에 있는 것으로 아는데, 혹시 부에노스아이레스에 올 일은 없느냐? 당신이 여기 올 기회가 있다면 한번 만나보고 싶다. 우리 한국문화원이든지, 아니면 당신이 원하는 장소 어디서든지….”라는 내용을 보냈고. 바로 다음날 답변을 받았다. 다음 주에 부에노스아이레스를 방문한다면서, 아들과의 약속이 있는 하루만 제외하고 언제든지 가능하니까, 자신이 한국문화원을 방문하겠다고 했다. 이렇게 우리의 첫 만남은 한국문화원에서 시작되었다.

그의 부에노스아이레스 체류 중에 근처의 카페에서 몇 번 더 만날 기회가 있었고, 함께 차를 마시고 각자 살아가는 이야기를 나누면서 서로에 대해 좀 더 알게 되고 가까워졌다. 그다음 해에 만났을 때는 식사도 하면서 한국과 아르헨티나, 나아가서 중남미 전반의 정치, 경제, 사회, 문화에 대해 서로의 생각을 나누기도 했다. 카파로스는 언론인이자 대학에서 학생들을 가르치는 교육자일 뿐 아니라, 작가, 여행 전문가, 사진예술가, 미식전문 기고가 등 그야말로 다재다능한 멀티 플레이어였기 때문에 그와 대화를 나누다 보면 시간 가는 줄을 몰랐다.

주아르헨티나대사관 입구에서 포즈를 취한 마르틴 카파로스(2009)

　나는 그를 통해 아르헨티나와 스페인어권 국가들에 대해 좀 더 알게 되었고, 그는 나를 통해 한국에 대해 더 많은 관심을 가지게 되었다. 짧은 기간에 우리 둘 사이가 그 정도로 급속히 가까워질 수 있었던 배경에는 바르셀로나에서 자신의 강의를 들었던 방송인 손미나가 나에게는 대학교 후배라는 작은 인연이 어느 정도 영향을 미쳤을 걸로 추측이 된다.

　이렇게 그와 가끔씩 만나고 자연스럽게 가까운 사이가 되어가면서, 내가 예전부터 생각하고 있던 꿈 하나가 머리에 맴돌았다. 공직생활을 시작한 이후로 오랜 시간을 해외문화홍보 분야에서 일하면서 항상 한국과 한국인, 그리고 한국문화를 어떻게 하면 외국인들에게 제대로 알릴 수 있을까를 고민해 왔다. 그 고민을 해결하는 방안 중의 하나가 '외국인이 외국인의 시각에서 한국을 객관적으로 서술하는 책을 인지도 높은 현지 출판사를 통해 출간하는 프로젝트'였고, 내가 꼭 하고 싶었던 일이었다.

지금까지 한국인이 외국어로 한국을 소개하는 책자를 외국의 출판사에서 출간한 적도 드물지만, 유명한 외국인이 자신의 모국어로 저술한 한국 소개 책자가 외국의 유명 출판사를 통해 출간된 적은 단 한 번도 없었다. 예전에 설득력이 떨어지는 주관적인 한국 찬양 일색으로 외국인 대상 한국 소개 책자를 만들면서 "이건 아닌데…."라고 생각한 적이 여러 번 있었다.

그래서 전 세계는 아닐지라도 내가 잘 알고, 내가 좋아하고, 이 세상 그 누구보다 그쪽 분야 일은 내가 즐기면서 잘할 수 있다는 자부심을 가지고 있는 스페인어 사용국 국민들을 대상으로 괜찮은 한국 소개 책자가 하나쯤 있었으면 하는 바람을 항상 가지고 있었다.

마침내 아르헨티나에서 그 꿈을 실현하는 데 안성맞춤인 카파로스를 만나게 되었고, 그와 친구 관계를 맺은 것이다.

카파로스는 영문 주간 〈뉴스위크(Newsweek)〉의 칼럼니스트, 일간 〈크리티카(Crítica)〉의 편집부국장, 일간 〈클라린(Clarín)〉 특임기자, 시사 주간지 〈페르필(Perfil)〉의 뉴욕특파원, 월간 〈파히나 트레인타(Página 30)〉의 편집장을 역임하고, 소설 등 다양한 저술 활동으로 스페인어권 국가에서 인정해 주는 '스페인 국왕상(Premios Rey de España)'까지 수상한 적이 있는 그야 말로 "딱이야!"라는 소리가 저절로 나오는 그런 사람이었다.

아르헨티나에 부임한 2009년에 처음 만났던 카파로스를 2년이 지난 2011년 6월에 한국에 보낼 수 있었다. 때마침 서울에도 외국의 저명인사를 활용한 한국 소개 책자 만들기 아이디어에 공감해주는 지휘부가 새로이 구성되어서, 카파로스의 방한을 전폭적으로 지원하겠다고 약속했다.

그가 무탈하게 한국에 입국했다는 소식을 듣고, 앞으로 나올 책자를 생각하며 행복한 시간을 보내고 있던 휴일의 새벽 시간에 급하게 서울로부터 한 통의 전화를 받았다. 카파로스의 방한 일정을 도와주고 있는 해외문화홍보원의 직원이라고 밝힌 그는 "카파로스가 서울 체류기간 중에 보신탕을 꼭 먹게 해달라."고 계속 요구한다면서, 자기가 아무리 설득해도 꿈쩍도 하지 않는다고 난감해했다. 나에게 직접 그와 통화해서 어려운 상황을 설명해 달라는 도움 요청이었다.

나는 카파로스가 왜 보신탕 시식을 요구하는지 진의를 파악하기 위해 서울에 있는 그에게 곧바로 전화했다. 카파로스는 "1990년대 중반에 아르헨티나에 거주하는 한국인이 자신의 집 옥상에서 개를 잡는 장면을 이웃들이 캠코더로 녹화해서 현지 방송국에 제보하면서 큰 논란이 된 적이 있었다."고 했다. 난 순간 한국 소개 책자가 보신탕 내용으로 도배되는 장면을 상상하며 아찔해졌다.

기분이 조금 상한 나는 "왜 출국 전에 요구하지 않았던 보신탕 이야기를 꺼내느냐?"고 물었다. 그는 자신은 보신탕 문화를 둘러싼 논쟁과는 관계없이, 또 자신이 집필하는 책자와도 무관하게, 미식 전문가의 입장에서 보신탕을 먹어보고 싶다고 했다. 30시간 넘게 비행기를 갈아타고 지구 반대편까지 왔으니, 보신탕을 꼭 시식하고 돌아가고 싶다면서, 오히려 나에게 해외문화홍보원 직원을 설득해 달라고 부탁했다. 그리고 한국에서의 보신탕 시식은 자기 아들에게도 밝히지 않고, 평생 자신만의 비밀로 간직하겠다고 약속했다.

"이걸 해야 하나 말아야 하나…"라면서 잠시 고민했지만, 바로 마음의 결정을 했다. 카파로스를 지한 인사로 만들어 한국에 보내는데 꼬박 2년이 걸렸다. 저술 활동을 위해 세계 각국을 돌아다니는 그의 복잡한 스케줄을 조정하게 만들고, 그의 방한을 성사시키기 위해 한국에서 제시한 여러 가지 조건을 충족시키는 등 많은 어려움을 극복하고, 그가 한국을 방문하게끔 만들었던 과정이 떠올랐다. 나는 카파로스를 믿기로 했다.

서울의 담당 직원에게 다시 전화를 해서 카파로스와의 통화 내용을 설명하며 보신탕을 시식할 수 있도록 주선해 달라고 했다. 나의 요청에 황당하다는 반응을 보이며 그 직원은 "만약 카파로스가 먹은 보신탕이 한국 소개 책자에 언급되면 어쩌려고 그러느냐?"면서 펄쩍펄쩍 뛰었다. 그래서 나는 "모든 책임은 내가 지겠다."고 했다. 마침내 나의 요청은 받아들여졌고, 카파로스는 자비로 보신탕을 사 먹었다.

그날 저녁 통화에서 카파로스는 나에게 "나를 믿어준 너가 최고다!"라고 고맙다고 했다. 차마 보신탕의 맛이 어떠했는지 그에게 물어볼 용기는 나지 않았다. 하여튼 아직까지 보신탕에 대한 평가는 카파로스 혼자만의 개인적인 비밀로 잘 간직되고 있다.

『빨리 빨리』 책자의 발간에 가장 결정적인 요인으로 작용한 것은 서로에 대한 신뢰와 우정이었다.

그가 한국에 갔다온 지 1여 년이 지나서 서울에서 담당 직원으로부터 연락이 왔다. 책자가 언제쯤, 어느 출판사를 통해 발간될 수 있는지, 그리고 어떤 내용으로 구성되는지를 파악해서 보고하라는 것이었다. 당시 바르셀로나에 거주하던 카파로스는 나에게 메일로 답변을 보내왔다. 2012년 말까지 스페인어권 최고 권위의 플라네타 그룹 소속 출판사인 에디토리알 플라네타(Editorial Planeta)를 통해 발간할 계획이라고 했다.

에디토리알 플라네타 출판사는 카파로스가 직접 자신의 인지도와 인적 네트워크를 활용해서 섭외했다. 만약 우리 문화원이나 한국대사관이 나서서 출판사를 섭외하였다면, 아마도 에디토리알 플라네타 보다는 지명도가 한 단계 떨어지는 아르헨티나 출판사에 예상보다 많은 고액의 출판비를 지불하고 『빨리 빨리』를 출간하게 되었을지도 모른다.

하지만 자신의 저서에 대해 누구보다 자부심을 가진 카파로스가 뛰어 다니면서 직접 출판사를 섭외하였기 때문에 가능했던 일이다. 책의 내용과 저자도 중요하지만, 출판사의 네임 밸류도 그에 못지않게 중요한 것임은 두말할 필요가 없다.

이렇게 카파로스는 언제, 어떤 출판사를 통해 발간될 예정이라는 내용을 나에게 알려주었지만, "책이 나오기 전까지 어떤 내용으로 구성되는 지에 대해서는 너와 아무리 친하다고 해도 미리 말해줄 수 없다. 이건 예의가 아니다. 책이 출간되면 알게 될 것이다."라고 단호하게 잘라 말했다.

하지만 "책이 나오면 알게 된다."고 그가 말하더라면서 서울에 보고할 수는 없는 노릇이었다. 그래서 나는 그와 나눈 아래 대화를 중심으로 서울에서 대략적인 감을 잡을 수 있도록 알려주었다. 그리고 "책 내용이 한국에 대해 지나친 칭찬 일색으로 나오는 것도 좋지 않다. 과장되지 않고 팩트에 충실한 내용이 될 것으로 예상된다. 카파로스를 믿어보자"라면서 서울을 안심시켰다.

[질문] '빨리 빨리'라는 제목을 단 이유는?
[답변] 한국에서 가장 많이 들었던 말이 '빨리 빨리'였다. 예전에 여행기를 집필하기 위해 아프리카에 갔을 때, 스와힐리어로 '뽈레뽈레'라는 말을 자주 들었다. '뽈레뽈레'라는 말은 '천천히'라는 뜻이다. 비슷한 발음인데, 상반된 뜻이

어서 마음에 들었다.

[질문] 한국의 '빨리 빨리' 문화는 긍정도 있고, 부정도 있다. 너는 어떻게 생각하느냐?

[답변] '빨리 빨리'라는 단어에 '좋다.' 혹은 '나쁘다.'라는 잣대를 들이댈 수는 없을 것 같다. '빨리 빨리' 문화에 대한 긍정과 부정을 떠나서, 한국을 설명하는 데 가장 적당한 단어가 '빨리 빨리'라고 생각했다. 한국사회에서 '빨리 빨리'의 부작용이 나타나는 것을 부정할 수는 없을 것이다. 그러나 '빨리 빨리'가 있었기에 유럽 국가들이 수백 년에 걸쳐 이룩한 정치적, 경제적 발전을 불과 50여 년 만에 이룩할 수 있었다고 생각한다.

[질문] 방한 후 가진 한국에 대한 이미지는?

[답변] 나에게 한국에 대한 이미지는 '놀라움' 그 자체다. 전쟁으로 모든 것을 잃었던 나라가 이렇게 발전했다는 것부터가 놀라움이었다. 그 원인은 다름 아닌 한국 사람들에게 있다고 본다. 한국 사람들은 삶의 목적이 분명한 것 같다.

[질문] 한국과 아르헨티나를 구별할 수 있는 특별한 기억이 있는지?

[답변] 책 속에도 나오지만, 인천공항에 도착해서 서울 도심으

로 들어가는 길에 굴착기로 모래 덩어리를 옮기고 있는 모습을 보고 무엇을 하는 것이냐고 통역 가이드에게 물었다. 통역은 "지금 강을 만들고 있다."고 대답했다. 강은 인간이 만드는 것이 아니라, 자연이 만드는 것인데 혹시 내가 잘못 들은 것이 아닐까 싶어서, "어떻게 강을 만든다는 것이냐? 강을 만든다는 것이 가능한 것이냐?"고 다시 물었다. "네, 배들이 서울에 더욱 가깝게 도달하도록 땅을 파서 강을 만들고 있다."라고 통역이 말했다. 이 대답을 듣고 실수는 내가 했다는 것을 이해하게 되었다. 나는 지금 아르헨티나의 대척점에 도착해 있다는 것을 실감했다.

[질문] 중남미 스페인어권 사람들과 친해지는 데 도움이 되는 한국의 이미지는 무엇이라 생각하나?

[답변] 언젠가 나의 멕시코인 친구가 한국 사람은 '아시아의 라틴사람'이라는 얘기를 해주었다. 한국 사람들은 일로 고단한 하루를 보내고 나서도 활기찬 밤 문화를 즐긴다. 중남미 국가에도 활기찬 밤 문화가 있다. 중남미와 한국이 가진 흥겨움과 열린 가슴이라는 정서적, 문화적 공통점을 잘 활용하면 서로가 가깝게 될 수 있을 것 같다.

[질문] 한국을 방문할 계획이 있는 아르헨티나 사람들에게 권하고 싶은 것이 있는가?

[답변] 비데가 달린 최첨단 스마트 변기를 체험해 보라고 권하고 싶다. 제일 큰 항구도시 부산의 자갈치 수산물 시장도 둘러보라고 말해주고 싶다. 무엇보다 한국만의 차별성을 경험해 볼 수 있는 '템플스테이'와 '찜질방'도 강력 추천한다. 한국까지 가는 동안 기내에서 비빔밥을 먹어 볼 수 있는 즐거움도 무시할 수 없다.

다행히 서울에서 이러한 나의 보고에 대해 더 이상 추가적인 요구 사항은 없었고, 마침내 카파로스의 한국문화 체험 여행 화보집은 한-아르헨티나 수교 50주년이 되는 2012년 11월, 아르헨티나의 초여름에 출간되었다.

『빨리 빨리』에는 한국과 한국인을 칭찬하고 자랑하는 내용만 나오는 것은 아니다. 지나친 경쟁 사회로 인해 자살하는 사람들이 많다는 내용도 나온다. "아르헨티나 사람들은 경제적으로 벼랑에 처했을 때, 자신의 앞길이 막막해졌을 때 자살을 한다. 하지만 한국인들은 자신의 자존심이 무너졌을 때, 명예가 실추되었을 때 세상을 버린다."라고 카파로스는 책에서 이야기한다.

"내 친구 종률, 너가 없었다면 이 책은 존재하지 못했을 거야, 고맙다!"(2012)

출판 기념회를 취재하러 온 아르헨티나 언론과의 인터뷰에서 카파로스는 "스페인어권 국가들에서 중국과 일본에 비해 한국의 존재감을 상대적으로 낮게 평가하는 것은 스페인어권 사람들의 큰 실수가 될 것이다."라고 지적하면서, "스페인어권 사람들이 한국에 대해 더 많은 관심을 기울여야 한다."고 주문했다. 그는 "한국의 경제성장과 민주화, 아름다운 자연, 높은 교육 수준, 한국인의 근면성과 열정, 도전정신에 주목해야 할 필요가 있다."고 강조했다.

현지 유력 일간지 칼럼니스트는 "지리적, 정서적 이유로 인해 한국이 어떤 나라인지 잘 모르고 지내온 아르헨티나 사람들에게 마르틴 카파로스 같은 유명인사가 진솔하게 한국을 다루는 여행기를 출간했다는 것은 한국의 입장에서 큰 의미가 있다."면서, "아르헨티나 사람들에게 한국에 대한 관심을 유발시키는 데 큰 기여를 할 것은 물론이고, 주로 일본, 중국, 인도를 중심으로 아시아를 생각하는 4억 6천만 명의 스페인어 사용국 전체 독자들이 한국에 대해 흥미를 가지게 만드는 좋은 기회가 될 것"이라고 했다.

아테네오 서점에 진열되어 있는 『빨리빨리』(2012)

카파로스는 일 년에 4-5개월 정도를 스페인 바르셀로나에서 강의를 하거나 저술 활동을 하면서 지낸다. 내가 주스페인 한국문화원에서 근무하는 중에도 바르셀로나에 와 있던 그를 마드리드로 초청해서 스페인 사람들을 대상으로 『빨리 빨리』를 통해 한국을 소개하는 기회를 마련했다. 바르셀로나에서 그가 가르쳤던 방송인 손미나의 나라로만 한국을 기억하던 카파로스는 이제 '지한파'를 넘어 '친한파'가 되었다.

2011년 6월 방한 일정을 마치고 부에노스아이레스 공항에 도착해서 바로 우리 문화원을 방문한 카파로스가 자신이 경험한 한국에 대해 이야기해 주었던 내용이 기억난다.

"봄에 씨를 뿌려 배추와 양파, 마늘, 고추 같은 작물을 재배하는 농부의 땀, 양념을 버무리고 발효시키는 과정에서의 주부의 노력, 그리고 시간의 흐름 끝에 한국의 김치가 사람들의 밥상에 오른다. 하지만 아르헨티나의 대표 음식인 아사도(Asado)는 넓은 평원에 풀어 놓고 방목한 소가 자라면, 그 소를 잡아서 소금만 뿌리고 숯불에 구워서 먹으면 되니까, 큰 노력이 들지 않는다. 이러한 김치와 아사도의 차이가 오늘날 한국과 아르헨티나를 가장 잘 설명할 수 있는 것이 아닐까라는 생각을 부에노스아이레스로 돌아오는 비행기 안에서 했다. 종률, 고맙다."

8. 아르헨티나에서 지핀 한류연극 불씨

아르헨티나에서 연극 한류는 2009년 부에노스아이레스 국제 축제(FIBA)에 극단 '초인'의 〈특급 호텔〉이 소개된 것으로 시작되었다. 이후 체험예술공간 '꽃밭'의 미디어 아동극 〈종이창문〉과 극단 '로.기.나래'의 인형극 〈선녀와 나무꾼〉이 포르모사와 코르도바 등 주요 지방의 다양한 문화공간에서 현지 관객들을 만났다.

2015년 10월 아르헨티나 한인이민 50주년을 기념하여 '메르코수르 국제연극제(Festival Internacional Teatro MERCOSUR)'로부터 아시아 지역에서 유일하게 초청을 받은 극단 '하땅세'의 작품 〈파우스트 Ⅰ+Ⅱ〉(변안:윤조병 연출:윤시중)는 관객과 관계자들에게 감동의 물결을 선사하며 명품 K-연극의 위상과 진가를 알렸다.

극단 '하땅세'의 작품은 부에노스아이레스에 소재한 '산 마르틴 국립대학교 실험예술센터(UNSAM)' 공연에서도 전석 매진 행렬을 기록하고, 일간 〈클라린(Clarín)〉이 '한국에서 온 연극선물(Un regalo teatral llegado de Corea del Sur)'이라는 제목의 특집기사를 게재한 것을 비롯해서 일주일 동안 60회 이상 현지 언론에서 다루어지는 기록을 세웠다. 중남미에서의 K-연극 확산과 붐

조성을 위한 초석을 극단 '하땅세'가 마련한 것이다.

공연 종료 후 리셉션 중에 포즈를 취한 '하땅세' 단원들(2015)

당시 '산 마르틴 국립대학교 실험예술센터'의 마리나 팜핀 무
대예술 감독이 "한국 극단의 흡인력은 배우들의 폭발적인 몰입
과 텍스트를 초월한 강렬한 이미지 연출에서 비롯되는 것 같다.
세계 각국에서 연극, 전시 등 종합예술을 지원하는 한국문화원
과 한국내 예술기관의 체계적 협력과 네트워크가 한국 극단의
해외진출을 활성화하고, 보석 같은 한국의 작품을 세계에 소개
하도록 만드는 기반이 되는 것 같다."고 이야기 하던 모습이 기
억이 난다.

9. 세 차례나 한국 방문을 취소했던 내 친구, 알리시아

공직 생활 3년차였던 1994년 7월 북한 김일성 주석 사망 때 휴가를 못가고 비상근무를 했고, 2011년 12월 빙하를 볼 수 있는 엘 칼라파테(El Calafate)에서 휴가를 즐기던 중 김정일 국방위원장 사망 소식을 듣고 급히 대사관으로 복귀한 적이 있다. 공직생활을 하면서 이런 일이 생기는 경우는 비일비재하다. 하지만 나에게 핵실험과 미사일 등 북한 문제로 인해 가장 직접적인 피해를 본 케이스를 꼽으라면, 알리시아 데 아르테아가(Alicia de Arteaga)가 먼저 떠오른다.

빙하로 유명한 아르헨티나 유명 관광지 엘 칼라파테(2011)

그녀는 2010년부터 내가 주선했던 3차례의 방한 일정을 북한의 위협을 이유로 번번이 취소하면서, 자신의 의지와는 관계없이 나를 곤경에 처하게 만들었다. 다행히 그녀의 방한 취소 해프닝은 3차례로 끝나고, 네 번째에는 서울에 무사히 도착하는 것으로 결실을 맺으면서 마침내 우리 둘은 서로가 서로를 위해주는 친구가 되었다.

그녀는 나의 스페인 근무기간 동안 매년 스페인 현대미술 국제아트페어 아르코(ARCO)를 취재하기 위해 마드리드를 방문했고, 항상 나에게 마드리드 도착 사실을 알렸다. 그리고 우리 문화원 근처 카페테리아에서 함께 만사니야(Manzanilla) 차를 마시며 "그때 너를 힘들게 해서 미안했다. 하지만 그 당시 미안함의 절반은 북한 때문이었으니까, 이제 영원한 친구인 너는 나를 이해해주어야만 한다."라고 나에게 말하면서 환하게 웃곤 했다.

스페인 현대미술 국제아트페어 아르코(2019)

그녀는 문화예술 분야 언론인답게, "한국이 강점을 가진 K-팝과 드라마, K-뷰티를 내세워서 세계인의 관심을 먼저 집중시킨 후에, 여러 장르의 한국문화로 확산될 수 있도록 하고, 나아가서 신비롭고 매력적인 한국인의 의식주 전반에 대한 내용을 한국의 예술로 덧칠을 해서 소개하면 좋을 것이다."라고 나에게 훈수를 두기도 했다. 그리고 내가 "2020년 한-스페인 수교 70주년을 계기로 스페인의 아르코(ARCO)와 한국의 키아프(KIAF)가 상호 초청하는 협력 방안을 마련하고 싶다."는 아이디어를 내 놓자, "너는 길(Camino)을 만들고 있다. 한국과 스페인이 더욱 가까워지도록 너는 문화의 길을 닦고 있구나. 네가 너무 부럽고, 네가 나의 친구라는 것이 자랑스럽다."라는 기분 좋아지는 이야기도 해주었다.

그녀는 미국과 구소련이 대립하던 시대에도 뉴욕현대미술관(MoMA)과 에르미타주박물관(Ermitazh)의 지속된 교류가 냉전을 종식시키고, 화해 분위기를 조성하는 데 큰 힘이 되었다고 강조하면서, "한국의 키아프가 스페인의 아르코와 교류할 수 있는 시스템이 만들어지고 나면, 두 번째로 아르헨티나의 국제아트페어 아르테바(arteBA)와 교류하는 시스템도 만들어보라."며 한국과 아르헨티나 사이의 조형예술 분야 교류 활성화에 대해 내가 보다 큰 역할을 해 줄 것을 당부하기도 했다.

이제는 아르헨티나 문화예술계 인사 중에서 한국 전반에 대해 가장 잘 알고 이해하는 그녀가 2019년 나와의 만남에서 "한국의 서도호 작가 작품이 국립키르츠네르문화센터(CCK)의 컨셉에 가장 잘 어울릴 것 같다. 그의 작품이 상설 전시될 수 있으면 좋겠다."면서 서 작가의 영국 연락처를 알려달라고 했다. 당시 주영국 한국문화원장의 도움을 받아 연락처를 알리시아에게 전달했고, 그녀는 "작품 개막식이 이루어지는 날에 너를 초청하도록 국립키르츠네르문화센터장에게 이야기 하겠다."는 인사로 고마움을 대신했다.

다시 처음으로 돌아가서, 해외 근무 시에는 아침에 일어나면 첫 번째 하는 일이 현지 뉴스를 살펴보는 일이다. 출근 전에는 당일 아침 방송뉴스의 제목을 대략 살펴보고, 사무실에 출근하면 신문의 칼럼과 사설 중심으로 세세히 읽고 분석하는 것으로 하루 일과를 시작한다. 특히 칼럼은 정치, 경제, 사회, 문화, 체육, 관광 등 각 분야의 전문가를 알 수 있고, 또 관련 내용을 심도 있게 파악할 수 있는 최적의 기초 자료가 된다.

아르헨티나 부임 후에 나의 눈에 가장 먼저 띤 칼럼니스트가 바로 알리시아였다. 그녀는 아르헨티나의 유력 2대 일간지 중의 하나인 〈라 나시온(La Nación)〉지에 매주 고정적으로 예술관련 칼럼을 기고했다. 화요일이면 항상 5단 크기의 박스 기사 상단부에 금발머리를 휘날리는 그녀의 캐리커처와 이름을 표기한 칼럼을 읽고, 아르헨티나 문화예술계 돌아가는 소식과 아젠다를 살펴보는 것이 나에겐 큰 재미였다.

그녀는 라 나시온지의 문화예술편집장 역할을 수행하는 틈틈이 자신의 이름으로 라디오(Radio Cultura FM 97.9) 프로그램도 진행한다. 1950년 아르헨티나 북동부에 소재한 교육도시 코르도바(Córdoba)에서 태어난 그녀는 국립코르도바대학교를 수석 졸업한 아주 활달하고 기가 센(?) 여성 언론인이다. 나는 처음에 그녀의 칼럼을 읽다가 좋은 내용이 나오든지, 내가 조금이라도 아는 부분이 있으면 바로 그녀에게 메일을 보냈다. "칼럼을 잘 읽었다. 내용이 너무 좋아서 아르헨티나 생활을 막 시작한 나에게 큰 도움이 되었다. 언제 기회가 된다면, 직접 만나서 아르헨티나 문화예술계에 대한 이야기를 듣고 싶다."라는 내용의 메시지를 전했다.

이런 연락을 몇 번 주고 받으면서 우리는 자연스럽게 가까워졌고, 어느 날 그녀가 우리 문화원을 방문하게 되면서 업무와 관련된 내용뿐 아니라 한국과 아르헨티나 사회 전반에 대한 이런저런 이야기까지 나누었다. 그러는 도중에서 그녀가 아르헨티나에서 알아주는 유명인으로, 문화예술 분야뿐 아니라 대통령과

정치인 등 다양한 분야의 사람들과도 친분이 두터운 마당발이
고, 프랑스 정부와 이탈리아 정부로부터 해당 국가와의 문화예
술 교류에 기여한 공로로 훈장을 받을 정도로 아르헨티나 주재
외교단에서도 인기가 절정인 언론인이라는 사실도 알게 되었다.

서울을 방문한 알리시아 데 아르테아가와 함께(2017)

어느 외교관 선배로부터 들은 이야기가 생각났다. "사람을
만나고 친구가 되려면 먼저 자신이 상대방에게 어필할 수 있는
인간적인 매력이 있어야 한다. 만약 자신이 그런 인간적인 매력
이 부족하다고 생각되면, 상대방에게 밥을 사줘라. 밥도 부족하
다고 생각되면, 선물을 안겨서라도 만날 기회를 만들고 친구로

만들어라. 그것도 안 되면 한국에 갈 수 있는 기회를 제공해라. 한국에 갔다 오면 모두가 한국과 친구가 되고 싶어 한다. 외교관은 문서로도 일을 하지만, 좋은 인적 네트워크를 통해 얻은 생생하고 따끈따끈한 정보로 훨씬 큰 성과를 낼 수 있으니 매력 있는 사람이 될 수 있도록 자신을 가꾸어 나가라.”

당연 이런 셀럽이 한국과 인연을 맺으면 여러모로 우리나라에 도움이 될 수 있는 일들이 많을 것이라고 판단하고, 1년 정도 정성을 들여 친구 관계로 발전을 시켜 나갔다. 우리 문화원 안에서 차를 마시는 단계에서, 문화원 근처의 카페테리아로, 그리고 그녀의 사무실과 집 근처에 있는 카페테리아로까지 반경이 넓어졌고, 그녀의 친구가 되었다.

시간이 흐르면서 우리는 함께 저녁이나 점심을 하면서 문화 예술 분야뿐 아니라, 가족과 친구들 이야기까지 나누는 사이로 변해갔다. 내가 한국인이 아닌 외국인에게 인간적인 매력이 있는지 없는지는 모르겠다. 하지만 그 선배님 이야기처럼, 친구가 되고 싶은 사람과 밥도 함께 먹고, 생일날 잊지 않고 선물도 챙겼다. 그리고 마지막 단계인 한국에 보내기 위해 해외언론인 방한 초청 프로그램에 그녀가 포함되도록 서울에 요청했고, 해당 프로그램 담당자를 설득했다.

마침내 나의 요청이 받아들여졌고, 그녀가 2010년 벚꽃이 흐드러지게 핀 봄에 한국에 가서 한국의 문화예술을 체험하고, 외국 언론인들 누구나 가보고 싶은 DMZ를 방문하고, 한국예술종합학교 학생들을 대상으로 중남미 미술을 소개하는 특강까지 할 수 있도록 방한 일정을 마련해 놓았다. 하지만 그해 3월 하순 천안함 피격사건이 발생했고, 한반도 정세가 불안하다는 뉴스가 쏟아지자, 알리시아는 겁에 질린 목소리로 방한 취소 의사를 전해왔다.

　　충분히 이해할 수 있는 일이었다. 당시까지도 아르헨티나에서 '한국' 하면 연상되는 첫 번째 이미지가 한국 전쟁으로 인한 남북분단과 북한 핵실험이었으니, 그녀의 입장에선 당연할 수도 있다는 생각이 들었다.

　　서울에 이 상황을 어떻게 설명할까 고민하다가, 알리시아로부터 "금년 중에 상황이 진정이 되면 다시 가보고 싶다."는 의사를 확인하고, 금년 11월쯤으로 연기해 달라는 요청을 했다. 해외 언론인 방한 초청 프로그램 담당자는 다소 불편해했지만, 그녀의 네임 밸류와 나의 입장을 감안해서 상황을 이해해주었다. 담당자는 나의 요청을 받아들이며, 늦은 가을쯤에 다시 추진하겠다는 답변을 주었다. 이렇게 그녀의 첫 번째 한국 방문이 취소되었다.

어느새 시간이 흘러 그녀의 11월 말 한국방문에 맞추어서 10월경부터 항공권 구입과 참가할 세부 프로그램 등 일정 준비에 들어갔다. 하지만 11월 23일 발생한 연평도 포격으로, 다시 한 번 세계 언론이 한반도 상황을 집중 조명하면서 전쟁 발생 가능성 등 한반도의 불안한 정세를 보도하게 된다. 우리 문화원을 찾아온 알리시아는 "가깝게 지내는 우리 언론사 국제부의 동료직원에게 상의를 하니, 그리 위험하지는 않다고 하더라. 하지만 나는 걱정이 된다. 너 같으면 어떻게 하겠냐?"고 조심스럽게 질문했다.

나는 새로운 상황이 발생했으니 걱정하는 것은 당연하다. 하지만 한국이 그리 녹록한 나라가 아니라는 사실을 이해시키기 위해서, 한반도를 둘러싼 중국, 미국, 러시아, 일본의 입장과 우리 정부의 한반도 평화를 위한 노력을 설명해주면서 예정대로 방한하면 좋겠다고 설득했다. 왜냐하면 지난 번에 가까스로 서울을 설득해서 그녀의 방한을 살려 놓았는데, 또 다시 그녀의 방한을 연기하거나 취소하는 것은 나에겐 정말 큰 부담이었기 때문이다.

그러나 많이 불안해하던 그녀는 결국 방한을 포기했다. 담당자도 "지금까지 두 번에 걸쳐서 방한을 연기하는 경우는 단 한 번도 없었다. 안타깝지만 알리시아 데 아르테아가라는 언론인은 앞으로 더 이상 방한 초청 프로그램에 포함시키지 않는 것으로 기록에 남기겠다."면서 이것으로 마무리하자고 했다. 이렇게 그녀의 두 번째 한국 방문이 취소되었다.

그 이후 그녀는 우리 문화원을 방문해서도 미안한 마음에 나에겐 들리지도 않고 전시실만 둘러보고 나가거나, 문화원 행사를 소개하는 팸플릿만 거두어서 갔다는 이야기를 리셉셔니스트로부터 전해 들었다. 비록 그녀가 나에게 연락을 하지 않고 서먹서먹하게 행동은 했지만, 여전히 우리 문화원의 프로그램을 사랑해주고, 한국에 대한 호기심도 여전하다는 것을 확인시켜주는 증거였다. 그녀의 칼럼이나 기사에서 K-팝과 이불 등 한국 미술가, 광주비엔날레 등 새롭게 그녀가 관심을 가진 한국 문화예술 관련 보도 아이템도 확인할 수 있었다.

그리고 일 년 정도가 지난 2011년 어느 날, 그녀는 "한국을 꼭 가보고 싶다, 직접 한국의 문화예술 현장을 방문해서 문화예술인들을 만나보고, 아르헨티나 사람들에게 한국의 문화예술에 대해서 소개하고 싶다."라고 조심스럽게 나에게 이야기를 건넸다. 물론 두 차례의 방한 계획이 무산되었던 전과(?)가 있는 그녀를 다시 서울에 부탁하기가 쉽지 않았다. 무엇보다 소위 '방한 초청 금지 블랙리스트'에 올라 있으니, 이번에는 담당자를 넘어 국장과 실장에게까지 일일이 연락해서 자초지종을 설명해야 하는 상황이었다. 하지만 내가 할 수 있는 모든 방법을 동원해서 관련자들을 설득했고, 그녀의 한국 방문 의사는 다시 한번 받아들여졌다.

서울과 함께 또 한 번 그녀의 방한 프로그램을 준비했다. 하지만 이번에는 어처구니없게도 그녀의 방한 바로 직전에 마치 기다리기라도 했다는 듯이 북한의 '서울 불바다' 발언이 나오고, 북한 핵과 미사일 위협에 대한 뉴스가 또다시 국제면을 도배해버렸다. 한반도가 일촉즉발의 전쟁 위기에 직면했다는 것이다. 언제나처럼 또다시 시련의 시간이 다가왔다. 그녀는 고민에 지친 듯했고, 나는 "이번만큼은 더 이상 방한을 연기하기 어렵다."고 강하게 이야기했다. 그녀의 절친이자 국제안보 전문가로 알려진 일간 〈라 나시온〉의 국제부장에게도 알리시아를 설득해 달라고 따로 부탁했다.

며칠이 지난 주말 오전에 그녀가 나에게 전화를 했다. "방금 국제부장으로부터 한반도 정세에 대한 설명을 들었다. 한국 안보태세에 대한 상세한 데이터까지 보여주며, 아무 걱정 없이 한국에 갔다 와도 된다고 했다. 나도 이제는 한국의 국방력과 안보태세를 신뢰한다."라고 이야기를 꺼냈다. 나는 속으로 "아… 이번엔 간다."라면서 안심했다.

하지만 그날 오후 다시 나에게 연락한 그녀는 "그런데 스위스 로잔에 사는 큰아들이 내가 한국에 가기로 결정했다는 이야기를 듣고는 방금 나에게 전화를 해서 '나는 엄마를 잃기 싫다. 만약 엄마가 이런 불안한 상황에서도 한국을 간다면 나는 이 시간 이후로 엄마를 부정하겠다.'라면서 극렬 반대하고 있다. 자식을 이기는 부모는 없다. 안타깝다."라고 말했다. 그렇게 그녀의 세 번째 한국 방문도 무산되었다.

이렇게 세 차례나 한국 방문을 취소했던 알리시아가 우여곡절 끝에 그 다음 해인 2012년 10월에 마침내 인천공항에 도착했다. 그녀를 한국에 보내려고 시도한 지 만 2년 만이다. 비록 2011년 12월 김정일 국방위원장의 사망으로 2012년 한 해 내내 한반도 정세와 관련한 여러 가지 불안한 뉴스가 많이 생산되는 환경에서도, 이제는 그녀의 아들도 북한의 무력 도발을 용인하지 않는 튼튼한 안보태세를 구축한 한국의 안보력에 대한 신뢰가 있었기에 가능한 일이었다.

그녀는 방한 이후 부에노스아이레스 국제도서박람회의 초청 강연, 한국문화원의 한국 소개 프로그램 등을 통해서, 또 일간 〈라 나시온〉의 칼럼과 자신이 진행하는 라디오 방송을 통해 자신이 직접 경험한 멋진 나라 한국에 대해 활발하게 소개하고 있다.

작가 루이사 발렌수엘라, 갤러리스트 노르마 두엑, 음악가 에두아르도 이이도이페를 비롯하여 나와 친하게 지내던 아르헨티나 문화예술계 저명인사 약 70명으로 구성한 한-아르헨티나 문화친선협회(AACC)의 회장으로서도 알리시아가 열정적인 활동을 하고 있다고 전해 들었다.

비록 생활하는 곳은 남반구와 북반구로 떨어져 있지만, 지금 이 순간도 자신의 SNS를 통해 자발적으로 BTS의 최신 뉴스, 미술가 이불과 서도호의 활동, 세계적으로 인정받는 한국의 코로나19 대응 등 한국의 긍정 뉴스를 수시로 소개하는 그녀의 한국 소개홍보 활동을 인터넷으로 접할 수 있다. 비록 2년에 걸쳐 세 차례나 방한을 취소했던 당시를 생각하면 지금도 정신이 아찔하고 머리가 복잡해지긴 하지만, 아무튼 아르헨티나 유명 셀럽인 내 친구 알리시아가 지금은 한없이 고맙고 자랑스럽다!

10. 한국인 최초 한국문화원 내
상설 전시실의 주인공, 작가 김윤신

아르헨티나에는 홍익대 조소과를 졸업하고, 우리나라 여성 1
세대 파리 유학파로서 상명대 조소과 교수를 지내다가, 아르헨
티나 여행 중에 자연환경과 작품의 재료가 되는 팔로 알토(Palo
alto)같은 단단한 나무에 매료되어 교수직을 내려놓고 정착한 작
가가 있다. 1983년 말부터 아르헨티나에서 작품 활동을 하고
있는 작가 김윤신(1935년 출생)은 2008년 10월에 라틴아메리카
최초로 자신의 이름을 걸고 부에노스아이레스에서 '김윤신 미
술관'을 개관한다.

작가 김윤신의 조각과 회화작품들(2019)

이후 '김윤신 미술관'은 훌리오 코보스 부통령, 마우리시오 마크리 대통령(당시 부에노스아이레스 시장) 같은 유명 정치인과 아르헨티나 문화예술계의 주요 인사들이 자주 방문하는 명소가 되고, 현지 유치원부터 초중등학교 학생들의 현장 수업 장소로도 활용되면서 아르헨티나 한인 동포들의 문화예술 분야 상징이 된다.

2015년 개인 미술관으로 운영되던 '김윤신 미술관'의 한계를 극복하고 미혼인 작가 김윤신의 사후 작품 기증 방안을 협의하는 과정에서, 한국문화원이 그 대상이 되지만, 팔레르모에 소재한 기존 한국문화원의 협소한 공간 문제로 어려움이 발생한다. 부득이 "향후 보다 넓은 공간의 한국문화원으로 이전하는 계기에 별도의 전시실을 만들어 기증받는 것으로 추진하고 싶다."는 의견이 서울에 전달된다.

이러한 의견은 때마침 기재부와 문체부 등 관련 부처에서 일부 한국문화원의 국유화를 추진하기로 막 결정하고, 적당한 국가를 물색하던 시점과 맞물려서 아르헨티나가 중남미 지역 최초의 국유화 대상 한국문화원으로 선정되게 된다. 이후 3년 만인 2018년 11월 주아르헨티나 한국문화원이 부에노스아이레스 시내 중심부인 레티로(Retiro) 지역으로 이전 개원하면서,

한국인 최초의 한국문화원 내 상설 전시실이 '김윤신 전시실'로 명명되어 선보이게 된다.

주아르헨티나 한국문화원 '김윤신 전시실'에 전시된 그녀의 작품은 한국과 아르헨티나 사이의 우정을 돈독하게 만드는 매개체로 활용되고, 오늘도 많은 아르헨티나 사람들을 만나며 아르헨티나를 사랑하는 한국 작가의 예술세계를 보여주고 있다.

11. 한국문화를 만끽하는 '박물관의 밤' 행사

매년 10월의 마지막 토요일 밤이면 아르헨티나 200여 개 이상의 박물관과 문화시설이 참여하는 '박물관의 밤(La Noche de los Museos)' 행사가 개최된다. 1997년 독일 베를린에서 시작되어 지금은 전 세계 120여 개 도시에서 개최되는 이 행사는 평일 낮 시간에 문화시설을 이용하기 어려운 화이트 컬러를 대상으로 문화예술 향유 기회를 제공할 목적으로 부에노스아이레스 시정부 문화부가 직접 주관한다.

'박물관의 밤' 행사의 백미 소원 등불 달기(2010)

우리 문화원도 '박물관의 밤' 행사가 아르헨티나 사람들에게 한국과 한국문화원에 대한 인지도를 높이는 데 크게 기여할 것으로 판단하고 전임 허윤 초대 원장님이 재직 중이던 2008년 부터 매년 참가했다. 한복 패션쇼, 한글 디자인 전시회, 중남미 K-팝 경연대회 참가자 공연, 한글 이름 써주기, 소원 등불 달기 등 다양한 프로그램을 통해 한국문화를 소개했다.

내가 원장 신분으로 첫 번째로 참가했던 2009년에는 보다 많은 현지인들이 우리 문화원에 방문하게 할 목적으로 '한국대사가 직접 써주는 한글 이름' 이벤트를 문화원 대표행사로 부에노스아이레스 시정부에서 운영하는 홈페이지에 올렸다가, 그날 저녁 8시부터 새벽 1시까지 장장 5시간 동안 당시 대사님이 줄지어 선 아르헨티나 사람들 이름을 붓펜 여러 개를 바꾸어 가면서 써주게 만들었다. 다음날 대사님께서 "고생은 했지만, 재미있었다."고 말씀하시며 웃으시던 모습이 기억난다.

매년 개최되는 '박물관의 밤' 행사에서 나에게 가장 흥미로웠던 코너는 청사초롱으로 수 놓은 우리 문화원 정원에서 진행된 소원 등불 달기였다. 청사초롱에 달린 한지에 현지인 관람객들이 정성이 가득 담긴 필체로 빽빽이 써놓은 소망들을 읽어보면 "역시 서양이나 동양이나 사람들이 바라고 원하는 것은 똑같다."는 사실을 확인할 수 있었다.

소원 등불 달기에 자신의 희망사항을 적고 포즈를 취한 소녀(2011)

'내가 사랑하는 사라와 결혼하게 해주세요.', '내년에는 우리 남편에게 승진기회가 오면 좋겠습니다.', '온 세계가 전쟁 없이 평화롭게 지내게 해주세요.', '우리 가족 모두가 건강하게 해주세요.', '축구팀 보카 주니어스가 2부리그로 떨어지지 않게 해주세요.', '내 평생의 반쪽을 빨리 만나게 해주세요.', '내년에는 아르헨티나에서 슈퍼주니어를 만날 수 있게 해주세요.', '우리 아기가 건강하게 무럭무럭 자랄 수 있게 도와주세요.', '금년 중에 취업이 되어서 저축을 할 수 있게 해주세요.', '다시 내 고향 볼리비아로 돌아가서 부모님을 뵐 수 있으면 좋겠어요.' 등등 우리가 살아가는 이야기들이 소원 등불 달기에 적힌 희망사항이었다.

12. 예정에 없었던 프란시스코 교황 방한 계기 문화행사

프란시스코 교황이 2013년 3월 즉위할 때 아르헨티나 사람들이 자국 출신 교황의 탄생에 얼마나 큰 감동을 느꼈는지 나는 눈으로 직접 확인할 수 있었다. 이후 아르헨티나 사람들의 자부심인 프란시스코 교황이 아시아의 첫 번째 방문국으로 한국을 선택했다는 발표가 2014년 4월 즈음에 아르헨티나 언론을 통해 알려졌다.

나는 교황의 방한 뉴스를 접하자마자, 한국과 아르헨티나가 더욱 가까워지는 기회로 교황의 방한을 활용하면 좋겠다는 생각이 들었다. 주아르헨티나 교황청 대사관, 부에노스아이레스 가톨릭 대교구, 부에노스아이레스 주정부 등과 발 빠르게 접촉했고, 연간 계획에 포함되어 있지 않았던 교황 방한 계기 문화행사를 기획하고 추진했다.

이베로아메리카의 다른 어느 나라보다 한국에 대해서 잘 모르던 아르헨티나 사람들에게 한국과 한국문화를 알리는 데 프란시스코 교황 방한만한 것이 없었다. 프란시스코 교황의 방한 소식이 알려지고 3개월이 지난 2014년 7월에 교황의 방한을 기념하는 두 개의 문화행사와 한 개의 이벤트를 개최했다.

El Papa Francisco y la comunidad coreana a través de imágenes

El Embajador de la República de Corea, Sr. Han Byung-kil
tiene el honor de invitarlo a la Exposición de fotos
<El Papa Francisco y la comunidad coreana a través de imágenes >
el *viernes 18 de julio a las 19:00 hs.*
en el *Centro Cultural Coreano*(Av. Coronel Díaz 2884)

R.S.V.P : Tel. 4802-7045 / 8062 / agueda2@ciudad.com.ar

Rogamos confirmar asistencia hasta el *viernes 11 de Julio.*

Invitación intransferible.

주아르헨티나 대한민국 대사관
EMBAJADA DE LA REPÚBLICA DE COREA

한국문화원
CENTRO CULTURAL COREANO

'사진으로 보는 교황과 아르헨티나의 한인들' 행사 초대장(2014)

먼저 부에노스아이레스 주정부 문화센터에서 '프란시스코 교황 방한 기념 헌정 음악회'라는 제목으로 아르헨티나에 거주하는 한인들로 구성된 여성합창단과 아르헨티나 차스코무스 오케스트라 단원들의 합동 공연을 진행했다.

또 하나는 한국문화원 갤러리에서 '사진으로 보는 교황과 아르헨티나의 한인들'이라는 제목으로 1990년대 초부터 20년 넘게 이어진 프란시스코 교황과 한인 수녀 3인, 그리고 한인 커뮤니티와의 인연을 스토리텔링 형식의 사진과 동영상으로 만들어 소개했다.

산 마르틴 교구의 문한림 보좌주교(2014)

특히 프란시스코 교황과 한인 수녀 3명의 인연을 실감 나게 풀어내기 위해서, 당시 상황을 옆에서 직접 지켜보았던 문한림 신부를 여러 차례 찾아가 설명을 듣고 그의 동영상을 촬영했다. 그는 2014년 5월 프란시스코 교황에 의해 한국계 아르헨티나인 최초로 산 마르틴 교구의 보좌주교로 임명된다.

한국인 수녀들과 포즈를 취한 젊은 시절의 프란시스코 교황(출처: 성가소비녀회)

그가 설명한 내용은 다음과 같다. 프란시스코 교황은 과거 부에노스아이레스 대교구에서 활동하던 시절부터 한인 가톨릭 성당, 한인 동포들과 각별한 관계를 가졌었다. 당시 보좌주교였던 프란시스코 교황은 한인타운 근처 테오도로 알바레스 시립병원에서 봉사활동을 할 수 있는 한국인 수녀를 초청하기 위해 한국의 가톨릭 단체에 직접 편지를 보냈다. 이후 한국의 성가소비녀회 소속 3명의 수녀가 아르헨티나에 와서 봉사활동을 했고, 프란시스코 교황은 한국 수녀회가 환자들을 돌봐 줄 수녀를 보내준 것에 고마움을 표시하기 위해 한국으로 감사 편지를 보냈다.

교황은 편지에서 "기존에 병원에서 활동하던 수녀회가 철수한 뒤 이곳 아르헨티나 수도회 대표들에게 수녀를 보내 달라고 20여 통의 편지를 썼는데 답이 없었다."며 "아르헨티나 사람들은 한국에서 오신 수녀님들에게서 성모님을 느끼며 거룩한 어머니이신 교회를 본다."고 말했다. 또한, 교황은 "수녀들은 아직 스페인어를 잘 못하지만 애정과 부드러움이라는 세계 공통어로 병자들에게 다가갈 수 있고, 병자들은 수녀님들을 감사히 받아들이고 미소를 나누며 깊은 사랑의 눈으로 마주한다."고 전했다.

프란시스코 교황과 인연이 있는 정정혜 엘리사벳 수녀 등과 기념 촬영(2014)

이어 "나의 바람에 대한 작은 표징을 달라고 기도했더니 주님께서 응답해 주셨다."며 본인이 경험한 일화도 소개했다. "한국인 수녀들이 오기를 바라면서 아무에게도 말하지 않고 그 징표로 흰 장미 한 송이를 보내 달라고 청했는데, 수녀들이 도착하는 날, 예배당 제대의 작은 꽃병에 정말로 흰 장미 한 송이가 꽂혀 있었다."고 고백한다.

보카 지역 카미니토 거리 중심부에 전시된 프란시스코 교황 인형(2015)

이러한 내용이 동영상으로 제작되었고, 때마침 3명의 수녀중 한 분이 부에노스아이레스를 방문했다는 소식을 문한림 신부로부터 전해 듣고는 그 수녀님의 인터뷰도 동영상에 포함했다. 수녀님에 의하면 프란시스코 교황은 바티칸에 가서도 한국인 수녀들에게 잊지 않고 매년 성탄절 카드를 보내주신다고 한다.

나머지 한 개의 이벤트는 프란시스코 교황의 캐리커처 가림막을 제작해서 전시한 것이다. 교황의 방한 기간 전후로 약 3개월 동안 주아르헨티나 한국대사관 청사를 장식했는데, 주말이면 부에노스아이레스 시민들이 대사관 앞에 몰려들어 '친근한 얼굴의 교황이 엄지손가락을 치켜세우고 있는 대형 캐리커처'를 배경으로 가족끼리, 연인끼리, 친구끼리 사진을 찍는 인기 포토존으로 변했다. 현지 언론에서도 대사관을 방문해서 취재를 하는 등 한동안 부에노스아이레스에서 화제의 뉴스가 되었다.

갑작스러운 아르헨티나 출신 프란시스코 교황의 방한 뉴스를 접하자마자, 당초 한국문화원의 2014년 사업계획에는 포함되어 있지 않았지만, 아이디어를 내고, 발품을 팔고, 외교부와 문체부 본부로부터 관련 예산을 급히 지원받아 적시에 문화행사와 이벤트를 개최해서, 한국과 아르헨티나의 친밀감을 높였다는 평가를 받았던 자랑스러운 기억이다.

프란시스코 교황의 대형 캐리커처 가림막, 인기 짱!

프란시스코 교황의 2014년 8월 한국 방문 기간을 전후로 약 3개월 동안 주아르헨티나 한국대사관 청사 전면에는 프란시스코 교황의 방한을 환영하는 대형 가림막이 걸렸다. 가로 11미터, 세로 10미터 크기에 '교황님의 한국 방문을 환영합니다.(Corea le da la bienvenida al Papa Francisco)'라고 한글과 스페인어로 씌어진 문구 위에, 엄지손가락을 치켜 세우며 웃고 있는 교황의 캐리커처가 담겨 있는 가림막이다.

주아르헨티나대사관 청사
정면의 프란시스코 교황
캐리커처 가림막(2014)

프란시스코 교황 캐리커처 가림막은 한국대사관 앞을 가로지르는 리베르타도르 대로(Av. Libertador)를 지나다니는 차량과 부에노스아이레스 시민들에게 아르헨티나 출신 교황의 한국 방문 소식을 널리 알리고, 현지 언론의 관심을 유도해서 아르헨티나 한인 동포 사회와 교황의 20년 우정을 소개할 목적으로 설치했다.

가림막 설치 행사 당일에는 일간 〈라 나시온〉의 객원 칼럼니스트이자 〈아르헨티나 가톨릭 신문〉의 호르헤 로우이존 편집위원, 『호르헤 베르고글리오와의 대화 - 교황 프란시스코』의 공동저자이며, 이탈리아 〈ANSA〉 통신의 아르헨티나 주재 특파원인 프란체스카 암브로게티를 비롯한 현지 언론 관계자와 한인 동포, 한인 성당 관계자 등이 참석했다.

〈콘티넨탈 라디오〉의 아침 교양 프로그램 〈라 마냐나〉의 진행자 빅토르 우고 모랄레스는 "아르헨티나 출신 교황에 대한 아르헨티나 국민의 자부심이 대단하고, 교황의 일거수일투족에 관심이 있는 만큼, 한국대사관의 교황 캐리커처 가림막은 큰 화제가 되고 있다."고 방송에서 소개했다.

13. 죽어서도 부자들만 갈 수 있는 레콜레타 공동묘지

아르헨티나 근무를 마치고 부에노스아이레스를 떠나기 몇 개월 전부터 자주 하는 일이 하나 생겼다. 레콜레타(Recoleta) 공동묘지 주위의 카페에 가서 묘지들을 바라보며 커피를 마시는 일이었다.

카페에서 바라본 레콜레타 공동묘지 모습(2015)

레콜레타 공동묘지는 에바 페론, 아르헨티나의 전직 대통령, 노벨상 수상자 등 다수의 아르헨티나 저명인사들이 묻혀 있는 곳이다. 이런 역사적 의미뿐 아니라 건축학적으로도 르네상스, 바로크, 로코코 등 각 시대의 건축물들이 혼합되어 있어 세계 각국의 관광객들이 가장 많이 찾는 부동의 아르헨티나 1위 관광 아이콘이다.

레콜레타 공동묘지의 조각들, 특히 천사 조각들이 참으로 아름답다. 1822년부터 프랑스 조각가 프로스페로 카텔린 (Próspero Catelin)에 의해 건축이 시작되었다고 한다.

비싼 동네에서 살다가 비싸게 묻힌 죽음들….

여기 묻히려면 이곳 공동묘지에서 바라보이는 고급 아파트 한 채 정도의 돈은 지불해야 한다. 40평방미터의 소형 아파트가 25만 달러 정도 한다. 아파트에는 산 자들을 위해 수영장과 짐 (Gym) 등이 갖추어져 있지만 공동묘지의 귀신들에겐 필요가 없을 것이다.

가끔씩 몰락한 후손들이 레콜레타 공동묘지 내의 조상묘를 판다는 광고가 현지 신문에 나오기도 한다. 아직도 많은 신흥 부자들이 레콜레타 공동묘지에 들어가기 위해 줄을 서 있다고 한다.

삶의 의욕이 사라지고 힘든 날, 레콜레타 공동묘지를 산책하다가 여기저기의 비문을 읽어보면 가족이나 친구들이 얼마나 죽은 이를 사랑했는지 알 수 있다. 특히 어린 자식을 잃어버린 부모의 마음을 읽으면 눈물이 나오지 않을 수 없다. 하지만 시간 계산을 해보면 그 슬퍼했던 사람조차도 이제는 이 세상 사람이 아니니 인간이 지상에 머무르는 시간이 점처럼 작고 짧다고 느끼게 된다. 욕망에 사로잡힌 채 간발과 순간을 살다 이 지상을 떠나게 된다. 커피를 마시며 묘지를 쳐다보면 마음은 평안을 얻게 된다. 죽은 자들의 고요함과 함께 하니 내 마음도 편안해진다.

참, 이곳 레콜레타 묘지가 얼마나 화려한지 알려주는 우리 동포사회의 이야기 하나가 있다.

1970년대 아르헨티나에 이민 온 가족의 아들이 연로하신 어머니가 말도 통하지 않고 너무 답답해하니까, 하루는 어머니께 시내 구경을 시켜드릴 생각으로 단둘이 소풍을 나왔다. 시내 곳곳을 둘러보다가 레콜레타 공동묘지까지 오게 되었고, 함께 레콜레타 공동묘지의 아름다운 건축물 사이의 그늘 아래 벤치에서 싸온 김밥을 먹고 피곤한 아들이 잠시 오수를 즐겼다.

부자 동네 주택 같은 웅장한 레콜레타 공동묘지의 석조물(2013)

그 사이에 어머니가 근처를 돌아보려고 혼자 나섰다가 길을 잃어버렸다. 모자가 헤어지기 전까지 둘 다 이곳이 공동묘지인 줄 몰랐다. 왜냐하면 스페인어가 서툴렀을 뿐 아니라, 이민 온 지 얼마 되지 않아서 이렇게 화려한 건물들로 가득 찬 지역이 설마 공동묘지라고는 상상하지 못한 것이다.

두어 시간을 서로가 서로를 찾다가 드디어 레콜레타 공동묘지 입구에서 모자가 만났다. 아들이 어머니께 "도대체 어디에 계셨어요? 어머니 찾는다고 이곳저곳 한참을 돌아다녔어요."라고 말했다.

아들을 만난 어머니는 눈물까지 글썽이며 이제 안심이라는 표정으로 "야야, 한국이나 아르헨티나나 부자들 인심은 정말 똑같이 숭악하데이. 이 동네 집들이 하도 이뻐서 니가 잠시 잘 때 동네 한 번 둘러볼라고, 골목길 몇 군데 들어갔다가 그만 길을 이 자뿌따아이가. 그래서 원래 있던 곳으로 돌아가는 길을 좀 물어 볼라고 집집마다 문을 두드렸는데 문 열어 주는 데가 하나도 없더라. 니 기억나나? 아까 우리 둘이 대리석 문에 창문이 억수로 멋지다고 이야기 한 집 아있나? 길 물어 볼라고 그 집 문을 진짜로 많이 두드렸거든. 근데 문을 안 열어주데. 저 큰집에는 주인이 마실 나갔으면 식모라도 있을 거 아이가? 진짜로 이 동네 인심 숭악하데이. 재수 없다. 빨리 집에 돌아가제이. 니 배고 푸겠다."라고 했다.

14. 세계 최초의 한국 드라마 방영 청원 운동 캠페인

"한국 드라마 〈시크릿 가든(Secret Garden)〉을 아르헨티나 방송 채널에서 보고 싶어요!"

지구 정반대 편에 있는 아르헨티나에서 이색 온라인 청원운동이 벌어졌다. 다름 아닌 아르헨티나 내 한류 팬클럽 회원들을 중심으로 2014년 9월부터 12월까지 13,000여 명이 패러디 동영상을 제작하거나, 질문 릴레이 이벤트를 통해서 한국 드라마 방영을 요구하고 나선 것이다.

한국 드라마 방영 청원 운동 페이스북 팬페이지(2014)

그 결과 아르헨티나 최초로 한국 드라마가 현지 방송사에서 방영되는 성과를 거두었다. 아르헨티나 〈매거진 TV(Magazine TV)〉는 주인공으로 출연하는 현빈과 하지원이 (물론 더빙 덕분이지만) 스페인어를 완벽하게 구사하는 SBS 제작 〈시크릿 가든〉을 2015년 1월 10일부터 매주 토요일 저녁에 방영했다.

아르헨티나 일간 〈라 나시온(La Nación)〉은 '한국 드라마 〈시크릿 가든〉, 특별한 이야기'라는 제목으로 "지구 정 반대편에 탄탄한 스토리와 신선한 인물로 가득한 보석 같은 드라마가 있다. 한국의 흥행 드라마 〈시크릿 가든〉이 〈매거진 TV〉를 통해 방영된다."라는 내용으로 한국 드라마의 첫 방영 소식을 특집기사 형식으로 전했다.

특집기사에는 "한국은 영화 및 음악 분야 국제시장에서 거대 제작국으로서 탄탄한 입지를 갖추고 있고, 한국영화는 자국 시장 내에서도 성공을 거듭하며 해외 유수 국제영화제에서 그랑프리를 거머쥐는 좋은 성적을 내고 있다."고 소개되었으며, "서양에 아직 많이 알려지지는 않았으나 드라마는 한국의 우수한 콘텐츠 중에서도 단연 돋보이는 장르로서 매력적인 문화콘텐츠 수출품으로 성장하고 있는 중"이라고 문화콘텐츠 강국으로 한국을 부각하기도 했다.

특히 "한국 드라마는 치밀한 제작과정, 탄탄한 스토리, 매력적인 남녀 주인공, 기존의 틀을 깨는 장르 간의 결합으로 다른 나라의 드라마와는 차별화 된다."는 점을 강조하고, 〈시크릿 가든〉에 대해서는 "코미디와 판타지, 로맨스를 넘나드는 참신한 구성으로 한국에서는 35%가 넘는 시청률을 기록했다."면서, "2015년 〈시크릿 가든〉 방영을 시작으로 앞으로 아르헨티나 시청자들은 한국의 다양한 TV 시리즈물들을 만나는 기회를 가질 것"이라는 기대감도 드러냈다.

아르헨티나 방송콘텐츠 분야 전문 언론인으로 유명한 나탈리아 트르젠코(N, Trzenko)는 특집기사에서 "방송에서 가끔씩 우스꽝스러운 조연으로 주로 출연하던 동양인의 모습에 익숙한 아르헨티나 시청자들에게 처음으로 한국인이 멋진 주인공으로 등장하는 드라마가 소개된다면, 그 자체가 바로 빅뉴스가 되는 것"이라고 강조했다.

〈시크릿 가든〉을 방영한 〈매거진 TV〉는 아르헨티나 최대 '클라린 미디어 그룹(Grupo Clarín)'이 소유한 케이블 방송사로 중남미 각국의 유명 드라마, 영화, 음악, 예능, 스포츠 등 다양한 장르의 프로그램을 방영하는 채널이다.

〈매거진 TV〉의 '시크릿 가든' 홍보용 인스타그램(2015)

　　아르헨티나는 브라질과 함께 남미 2대 문화콘텐츠 강국으로서 세계 6위권의 방송 드라마 수출국이라는 자부심을 가진 나라다. 게다가 유럽 지향의 국민 정서, 폐쇄적인 국민성과 높은 문화장벽으로 인해 일본, 중국 드라마를 포함해서 아시아권 국가에서 제작된 드라마가 단 한 번도 방영된 적이 없었다.

　　사실 아르헨티나에 부임하면서, 과거 멕시코에서처럼 현지 방송사를 통해서 한국 드라마를 방영하고 싶은 마음이 간절했다. 한국 드라마 속에는 한국인들의 생활습관과 사고방식, 현재와 과

거의 한국 모습 등 우리의 온갖 모습이 포함되어 있다. 특히 한국과 관련된 내용을 1시간 분량으로 최소 10회 이상 불특정 다수를 대상으로 현지 유력 방송 매체를 통해 보여주는 것만큼 효과적인 홍보 활동이 없다는 것이 나의 경험에서 나온 신념이었다.

멕시코 근무시절 한국 드라마 방영을 통해 한국 붐을 일으킨 경험이 나의 생각을 현실로 이루게 한 것이다. 사실 요즘 넷플릭스 같은 온라인 동영상 서비스(OTT)를 통해 〈응답하라 1997〉, 〈아이리스〉, 〈꽃보다 남자〉, 〈사랑의 불시착〉 등 한국 드라마를 보면서 한국과 가까워지는 외국인들이 얼마나 많은가?

나는 2009년부터 2014년까지 여러 해 동안 한국 드라마 방영을 위해 〈카날 9(Canal 9)〉, 〈텔레페(Telefe)〉, 〈TV 푸블리카(TV Pública)〉 등 아르헨티나 주요 방송사의 편성 책임자들을 수시로 만나서 한국 방송콘텐츠의 우수성과 중남미 다른 국가들에서의 성공 사례를 설명하는 기회를 가져왔다.

〈매거진 TV〉의 방송콘텐츠 편성에 대한 실질적인 권한을 가지고 있는 '클라린 미디어 그룹'의 에두아르도 페르난데스(E. Fernández) 편성본부장도 당시 내가 그의 사무실로 찾아가, 우리 드라마의 우수성과 멕시코, 칠레, 페루 등 중남미 각국에서의 성공 사례를 설명하고, 〈대장금〉 방영을 설득하면서 만난 적이 있다. 그때 그는 나에게 "당신이 세계 상위권의 방송콘텐츠 생산국이자 수출국인 아르헨티나를 페루, 칠레 같은 나라와 비교하는 것은 적절하지 않다고 생각한다."면서 아르헨티나를 다른 중남미 국가들과 같은 반열에 올려놓고 설명하는 나에게 다소 불쾌한 감정을 드러내기도 했다.

하지만 그는 솔직하게 〈대장금〉의 내용과 전개방식 등이 아르헨티나에서도 어필할 수 있을 것 같다고 밝히며, "그럼에도 불구하고 만약 내가 방영을 결정했는데, 시청률이 형편없이 낮아서 광고가 붙지 않게 되면, 나는 목을 내 놓아야 한다. 내 자리까지 걸고 방영을 감행하기에는 겁이 난다. 조금만 더 기다려보자!"면서 완곡하게 거절했었다.

그는 면담 후 자리를 일어서는 나를 가볍게 감싸 안으며, "스페인어로 PPT까지 준비해서 한국 드라마의 인기와 우수성에 대해 직접 설명하는 너의 정성에 감동을 받았다."고 밝히고, 엘리베이터까지 직접 나와서 배웅해 주었다.

그 이후에도 나는 뷰티 사업을 하는 아르헨티나 유명 모델 출신인 그의 부인과도 만나서 한국의 K-뷰티 산업에 대해 소개하는 등 비록 아르헨티나 방송을 통한 〈대장금〉 방영은 실패했지만, 페르난데스 편성본부장과의 인연은 계속 이어갔다. 그리고 머릿속으로는 항상 "어떻게 하면 페르난데스에게 최소한의 고정 시청률을 담보할 수 있다는 확신을 심어줄 수 있을까?"를 고민하며 지냈다.

'시크릿 가든' 방영을 결정한 클라린 미디어 그룹의 페르난데스 편성 본부장(2015)

시간이 흐르면서 혼자서 고민하던 나의 걱정거리를 방송 프로그램 전문기자, 드라마 PD, 영화감독 등 아르헨티나 친구들을 만나서 털어 놓게 되었다. 한국 드라마 방영에 불리한 아르헨티나만의 특별한 현지 환경을 극복하기 위한 방안을 미디어 분야에 종사하는 아르헨티나 친구들의 도움을 받아서 찾고 싶었다. 아르헨티나의 한류 팬클럽 회원들을 전면에 내세워 페이스북, 트위터 등 SNS를 통해 진행한 '한국 드라마 방영 청원 운동 캠페인 (Queremos ver Secret Garden en la TV)' 아이디어는 이들과의 만남에서 나온 결과물이다.

이렇게 시작된 한국 드라마 방영 청원 운동 캠페인은 아르헨티나 한류 팬클럽 회원뿐 아니라, 아르헨티나 한인회와 상인연합회 등 동포사회 지도자들, 현지에 진출한 삼성, LG 등 한국기업에서 근무하는 아르헨티나인 현지 직원들까지 동참했다. 아르헨티나에서 한국과 관련이 되는 모든 사람들이 혼연일체가 되어 백방의 노력을 전개한 지 불과 3개월 만에 참가자 숫자가 13,000여 명에 달하게 되었다. 점점 달아오르는 참가 열기에 자극받은 한류 팬클럽 회장단 구성원 중 일부는 캠페인과 관련한 패러디물도 만들고, 연관된 질문 릴레이 이벤트까지 진행했다.

이런 과정 속에서 나는 13,000여 명이라는 '한국 드라마 방영 청원 운동 캠페인' 참가자 숫자를 확인시킬 수 있는 페이스북 등 관련 자료 전부를 들고서 페르난데스 편성본부장을 다시 찾아갔다.

〈매거진 TV〉에 노출된 한국문화원 로고(2015)

그에게 "이제는 당신이 걱정했던 최소한의 고정 시청률을 담보할 수 있게 되었다. 13,000명의 참가자 1명당 4명의 가족으로 구성되어 있다고 가정하면 최소 52,000명이 되고, 이들 52,000명의 친구나 친척, 학교나 회사 동료 등 플러스 알파를 포함하게 되면 최소 10만 명 이상이 시청할 것이라는 확신을 가져도 된다."고 설득했다.

설명을 지긋이 듣고 있던 그는 "이미 한국 드라마 방영 청원 운동 움직임을 주위 방송인들로부터 전해 듣고 있었다."면서, "내가 방송계 종사 이후 한 편의 드라마 방영을 위해 SNS를 통해 공동체 차원의 체계적인 노력이 전개되는 상황을 이번에 처음으로 목격했다. 너도 알다시피 나는 한국 드라마의 작품성과 대중성에 대해서 이미 깊은 신뢰가 있었다. 단지, 시청률 확보를 담보할 수 없어서 지금까지 주저했던 것 아니냐?"라고 지긋이 웃으며 반문했다.

그는 "이번 청원 운동 캠페인에 참가한 현지 한류 팬클럽 회원들의 충성도와 한인 동포들의 열정을 고려하면 최소한의 고정 시청률은 충분히 달성할 수 있다는 판단이 섰으니, 이제 프로그램 편성 회의에서 방영시간을 결정하는 과정만 남았다."고 나를 안심시켰다. 그리고 얼마쯤 시간이 지난 2015년 1월 10일 토요일 저녁 8시에 현지의 한류 팬클럽 회원들과 한인 동포들은 집에서, 카페테리아에서, 한국식당에서 TV 앞에 둘러앉아 〈시크릿 가든〉이 〈매거진 TV〉를 통해 방영되는 순간을 함께하면서 감격과 기쁨을 나눌 수 있었다. 매주 토요일 프라임 타임에 방영된 〈시크릿 가든〉은 모두의 예상대로 아르헨티나 시청자들로부터도 큰 인기를 얻었다.

〈시크릿 가든〉을 통해 한국 드라마의 우수성과 흥행성을 확인한 아르헨티나 최대 지상파 방송사 〈텔레페(Telefe)〉는 〈시크릿 가든〉이 종료되기만을 기다렸다가, 처음에는 오래전인 2003년에 제작되어 판권료가 상대적으로 저렴한 〈천국의 계단〉부터 시험 삼아 먼저 구입하여 방영을 시도했다.

〈천국의 계단〉은 2016년 2월 10일부터 3월 19일까지 평일 오후 3시라는 불리한 편성 시간에 방영되었음에도 불구하고, 평균 10%를 상회하는 동 시간대 시청률 1위의 프로그램으로 등극했다.

〈매거진 TV〉의 '시크릿 가든' 광고(2015)

한국 드라마에 대한 가능성을 확인한 〈텔레페〉 방송사는 계속해서 3월부터 5월까지 〈별에서 온 그대〉, 6월에는 〈엔젤 아이스〉 등을 후속작으로 방영했다. 그야말로 정말 넘을 수 없는 철통 장벽으로만 여겨졌던 아르헨티나의 안방극장이 〈시크릿 가든〉을 시작으로 한국 드라마에 의해 완전 무장해제가 된 것이다. 이러한 '한국 드라마 방영 청원 운동 캠페인'은 한국문화원이 현지 한류 팬클럽 회원, 한인 동포들, 한국기업에 근무하는 아르헨티나 현지인들, 그리고 아르헨티나 친한파 미디어 분야 전문가들과 합심해서 폐쇄적이기로 유명한 아르헨티나의 방송 콘텐츠 분야 장벽을 무너뜨린 대표적인 사례로 평가 받는다.

그동안 텔레노벨라(Telenovela)가 독점해 왔던 아르헨티나 안 방극장에 한국 드라마가 도착하기까지는 마음속 깊은 곳에서 한국과 아르헨티나가 더욱 가까워지기를 열망하는 사람들의 관심과 의지, 그리고 한국 드라마 방영을 위한 끊임없는 두드림과 추진력이 무엇보다 중요한 역할을 했다.

리키 마틴 공연과 함께 소개된 '시크릿 가든'의 〈매거진 TV〉 광고(2015)

15. 마르 델 플라타 국제영화제에서 만난 봉준호 감독

매년 11월이 되면 아르헨티나의 동남부 대서양 휴양도시인 마르 델 플라타(Mar del Plata)는 '마르 델 플라타 국제영화제(Festival Internacional de Cine de Mar del Plata)'에 초대받은 세계 각국의 유명 영화인들로 북적인다. 칸, 베를린, 베니스 등과 함께 국제영화제작자연맹(FIAPF)으로부터 공인받은 'A급 영화제'로 1954년에 시작된 남미 최대 규모의 국제영화제에 〈설국열차〉의 봉준호 감독이 심사위원장 자격으로 2013년 참가했다.

아르헨티나 신문에 소개된
빅봉 이론 제하 특집기사(2013)

당시 영화제 조직위의 초청을 받은 나는 개막식 리셉션장에서 봉준호 감독과 잠시 이야기를 나눌 기회가 있었다. 하지만, 이 먼 곳에서 만난 그를 의전상의 인사만 나누고 그냥 보내기 섭섭해서 다음날 아르헨티나 말벡 와인을 곁들인 저녁을 하자고 제안했더니 흔쾌히 응해주었다.

마르 델 플라타 국제영화제 참석차 아르헨티나를 방문한 봉준호 감독(2013)

봉 감독은 체격적으로도 우람했지만, 내가 아르헨티나를 대표하는 품종이라고 자랑한 말벡(Malbec) 와인 몇 병을 나누어 마시면서도 전혀 흐트러짐 없는 모습을 보여주어서, 술을 조금 한다는 소리를 듣던 내가 오히려 긴장해야 할 정도였다. 노약자와 장애인을 배려할 줄 알고, 대화 중에도 떠오르는 아이디어를 수시로 아이폰으로 메모하고, 숫기 없어 보이는 겉모습과는 달리 장난기도 많았던 486 거장과의 만남에서 나는 따뜻하고 좋은 기운을 받고 부에노스아이레스로 돌아올 수 있었다.

칸 황금종려상 수상과 함께 2019년 10월 25일 총 65개 스페인 상영관에서 시작한 〈기생충〉은 오스카 작품상을 비롯해 4관왕을 차지하면서 총 138개로 상영관이 대폭 확대되고, 127만 명의 관객을 동원하며 약 770만 유로의 수익을 냈다. 지금까지 칸 황금종려상을 수상한 비영어권 영화로 스페인에서 최다 관객을 동원했던 미카엘 하네케 감독의 2012년 작 〈아무르(Amour)〉의 기록을 갱신했다. 나는 그때 "봉 감독이 〈기생충〉의 스페인 흥행 상황을 잘 모를 수도 있으니, 이 기쁜 소식을 알려주면 좋아할텐데…."라는 생각이 스쳐가며, "아…. 그때 마르 델 플라타에서 봉 감독과 카톡 친구라도 맺어 놓을 걸…." 하는 후회가 들었다.

참, 그날 '세심하고 치밀한 연출'로 인해 봉테일로 불리던 봉준호 감독이 나에게 "원장님도 디테일에 상당히 강한 것 같다."고 했다. 내가 정말 그런가?

16. 세 다리를 거쳐서 만나게 된
차스코무스 오케스트라

베네수엘라는 미국이 주도하는 신자유주의에 맞서는 반미 정책을 실천하고 남미통합을 외쳤던 '우고 차베스(Hugo Chávez)' 전 대통령이 먼저 연상되는 나라다. 하지만 '미스 유니버스(Miss Universe)를 가장 많이 배출하는 세계 최고 미녀 강국' 또는 지휘자 '구스타보 두다멜(Gustavo Dudamel)', '엘 시스테마(El Sistema)'가 떠오른다는 사람들도 제법 있을 것이다.

'엘 시스테마'는 1975년 음악가이자 경제학자로 베네수엘라 문화부 장관을 지낸 호세 안토니오 아브레우(José Antonio Abreu) 박사가 수도 카라카스에서 마약과 범죄에 노출되기 쉬운 어려운 환경의 청소년들에게 음악을 가르쳐서 올바른 사회화를 유도하기 위해 만든 오케스트라다. 처음 11명의 아이들을 데리고 시작한 오케스트라는 현재 베네수엘라에만 37만여 명의 단원을 두고 있고, 전 세계에서 가장 모범적인 오케스트라로 평가받고 있다.

청소년을 위한 사회봉사 공로로 2010년 10월 27일 한국에서 서울평화상을 수상한 아브레우 박사는 "'엘 시스테마' 운동의 최종 목표는 음악인을 만들어내는 것이 아니라, 건전한 시민을 키워내는 것"이라면서, "가난으로 자존감을 잃었던 아이들이 음악을 통해 정체성을 회복하고, 훌륭한 시민 정신으로 충만하게 되었다."고 소개하기도 했다. 즉, '엘 시스테마'는 이들 베네수엘라 청소년들이 음악으로 인생을 가꾸어 나갈 수 있는 환경을 만들어 준 것이다.

몇 해 전에 아브레우 박사가 작고했다는 소식을 들었다. 그는 베네수엘라만이 아니라, 전 세계 여러 나라에서 음악으로 빈곤층 청소년들을 밝은 세상으로 이끌었다. '엘 시스테마'는 영화로도 제작되어 세계인으로부터 큰 찬사를 받았다. 세계 여러 나라에서 '엘 시스테마'를 모델로 다수의 오케스트라가 창단되었고, 우리의 문화체육관광부도 '엘 시스테마'를 표방하는 '꿈의 오케스트라'를 운영하고 있다. 경기도에서도 '엘 시스테마'의 정신을 이어받은 청소년 오케스트라가 창단되어 활동 중이다.

아르헨티나도 예외는 아니다. 1970년대 아르헨티나 민주화 운동을 주도한 라울 알폰신(R. Alfonsín) 전 대통령의 고향이자, 아름다운 호수로 유명한 인구 3만3천 명 규모의 부에노스아이레스 인근 자그마한 도시 차스코무스(Chascomús)에는 극빈층 가정의 청소년들로 구성된 '차스코무스 오케스트라(Orquesta-Escuela Chascomús)'가 있다.

클래식 음악을 유난히 좋아하는 아내의 선한 영향으로 인해, 나는 어느 순간부터 "국경을 넘어 인류가 공유해야 할 가치로서 결손 청소년에 대한 치유와 공동체 의식을 고양 시키는 일을 클래식 음악을 통해 실현해 보고 싶다."는 생각을 가지게 되었다. 그래서 아르헨티나에서 현지 친구들을 만나면, '엘 시스테마'류의 음악 단체가 혹시 있는지, 있다면 어디에 있는지를 문의했고, 또 문화원 업무 종료 후에는 부에노스아이레스의 여러 구청 관계자들에게 수소문해서 추천받은 음악 단체를 아내와 방문하기도 했다.

그렇게 도울만한 가치가 있는 청소년 음악 단체를 찾기 위해서 약 1년 정도 여러 지역을 돌아다녔다. 우범 지역에 소재한 음악 단체를 찾았다가, 늦은 밤 아내와 그 동네를 빠져나올 때, 혹시나 범죄의 대상이 되지 않을까라는 두려움에도 불구하고 일부러 태연한 척 콧노래를 부르면서 옆에서 함께 걷던 아내를 안심시키는 호기를 부렸던 적도 있다. 우리가 전달한 새우깡과 초코파이를 처음 맛보고는 "한국과자가 최고다!"라며 즐거워하던 아이들과 볼맞춤을 하며 함께 어울리기도 했다.

차스코무스 오케스트라를 설립한 발레리아 아텔라(Valeria Atela) 이사장은 라 플라타(La Plata) 강 인근의 푸에르토 마데로

(Puerto Madero)에 캠퍼스가 있는 명문 사립 아르헨티나 가톨릭 대학교(Universidad Católica Argentina)를 졸업했는데, 당시 그녀의 스승이었던 기예르모 스카라비노(Guillermo Scarabino) 음대 학장이 그녀의 봉사활동을 나에게 소개해 주었다.

오른쪽부터 벨루치 관장, 스카라비노 학장, 이이도이페 원장, 데 아르테아가 편집장(2012)

스카라비노 학장은 우리 문화원에서 추구하던 클래식 음악을 통한 사회적 책임 활동에 대해 큰 지지를 보내주며, 나의 멘토 역할을 하던 아르헨티나 국립장식예술박물관(Museo Nacional de Arte Decorativo)의 알베르토 벨루치(Alberto Bellucci) 관장으로부터 추천받은 음악인이다. 스카라비노와 벨루치는 각자 자기 분야의 최고 전문가이면서 아르헨티나 문화예술계에서 둘도 없는 친구 사이로 알려져 있다.

벨루치 관장은 내가 아르헨티나에 있는 동안 문화예술 업무와 관련된 나의 모든 어려움을 해결해 주려고 애쓰던 고마운 사람으로, 한국과 아르헨티나가 국교를 맺는 1962년보다 2년 앞서서 1960년 현지 교향악단을 지휘하기 위해 부에노스 아이레스를 방문한 안익태 선생의 연주회장을 방문해서 직접 사인을 받기도 했고, 그 후 40년이 지나서 서울을 방문했을 때 보았던 예술의 전당과 인사동 거리 모습을 직접 스케치한 작품을 우리 문화원에 기증하기도 했던 친한파 여론주도층 인사다.

소프라노 조수미의 사인을 소장하고 싶다는 내용의
벨루치 관장 손편지(2012)

그는 2012년 내가 준비하던 소프라노 조수미의 콜론극장 공연 소식을 접하자마자, 안익태 선생과 함께 한국을 대표하는 그녀의 사인을 간직하고 싶다고 했고, 나는 조수미의 사인과 함께 "벨루치의 한국 사랑과 오페라 사랑에 감사한다."라고 그녀가 직접 쓴 따뜻한 손편지를 전해주며 나의 고마움을 표현하기도 했다.

이렇게 차스코무스 오케스트라는 하나도, 둘도 아니고, '벨루치에서 스카라비노', 그리고 '스카라비노에서 아텔라'에 이어, 나로 이어지는 무려 세 다리를 거쳐서 만나게 된 것이다.

나는 아텔라와 인연을 맺은 후에는 2011년에 제1회 부에노스아이레스 국제 바이올린 콩쿠르에서 1등을 했던 바이올리니스트 조진주가 차스코무스를 방문해서 마스터 클래스로 재능기부를 하도록 주선했다. 2012년에는 한국문화원에서 운영하던 세종학당의 아르헨티나인 한글 수강생들과 의기투합하여 모든 학생들의 한 학기 등록금 전액을 기증받아 차스코무스 오케스트라에 연습용 바이올린을 구입해서 전달했다. 2013년에는 퓨전 국악팀 미지(MIJI)의 방문 공연을 계기로 현지인들로 구성된 '한류 친구'와 함께 차스코무스 오케스트라를 돕는 기금마련 자선 공연행사를 개최해서 1,800 달러를 모금했다.

2013년 11월 29일 저녁에는 기금마련 자선 공연행사로 마련한 1,800 달러로 구입한 악기를 전달하는 후원 행사와 겸해서, 한국문화원 개원 7주년 기념 공연을 개최했다. 현지 문화예술계 유력 인사들과 한인 동포들을 내빈으로 초청해서 그동안 차스코무스 오케스트라가 갈고 닦은 음악적 기량을 선보이는 공연을 '한국, 차스코무스와 함께 꿈꾸다(Corea, sueña junto a Chascomús)'로 명명하여 개최했다.

한국문화원 개원 7주년 기념 공연에서 인사말을 하는 아텔라 이사장(2013)

탱고곡 〈라 쿰바르시타〉와 다양한 클래식 음악 작품을 트리오, 콰르텟 등의 형태로 연주한 데 이어, 1,800 달러로 구입한 바이올린 2대, 첼로 1대, 콘트라베이스 1대를 기증하는 전달식, 그리고 참석한 재아 한인 동포 지도자들에게 차스코무스 오케스트라의 활동을 소개하는 프레젠테이션 순으로 진행되었다.

차스코무스 오케스트라는 이날 한인 동포들과의 첫 만남에 화답하는 의미로 당초 시나리오 상에는 없었던 〈아리랑〉 공연을 깜짝 피날레로 준비해서 선보였다. 이날 한인 동포들이 현지 청소년들로 구성된 차스코무스 오케스트라가 연주하는 〈아리랑〉을 들으며 감격해 하는 모습은 인상적이었다.

〈아리랑〉 연주 후에 마지막 순서로 무대에 등장한 아텔라 이 사장은 "차스코무스 오케스트라 단원의 70%는 클래식 음악교육을 제대로 받지 못하는 저소득층이거나, 한 부모 가정의 아동들로 채워진다."면서, "현재 미국 국무부 등 여러 기관에서 지원을 받아 오케스트라 전용 연습 홀을 짓고 있다. 한국문화원의 주선으로 아르헨티나에서 큰 성공을 이룬 한인 동포들과 첫 만남을 가지게 되어 너무 기쁘다. 앞으로 한인 동포들의 적극적인 참여로 차스코무스 오케스트라 프로젝트도 더욱 추진력을 갖게 될 것

부에노스 아이레스 시정부 교육부의
음악교육 프로그램(2015)

으로 기대된다.”고 후원 요청을 곁들인 소감을 밝혔다.

그리고 “항상 우리 차스코무스 오케스트라를 지원해 주는 한국과 한국문화원을 위해 지금 우리가 표현할 수 있는 가장 큰 감사의 표시가 무엇일지 고민했다. 마침 금년이 〈아리랑〉의 유네스코 무형문화유산 등재 1주년이 되는 해라는 것을 알게 되었다. 그래서 오늘 깜짝 피날레로 〈아리랑〉을 준비하게 되었다.”고 말하자 참석자들이 큰 박수로 호응했다.

차스코무스 오케스트라를 대상으로 하는 한국문화원의 사회공헌 활동은 아르헨티나 국민들로부터 ‘한국이 일방적인 문화 전파가 아닌 현지 사회에 대한 이해와 존중, 그리고 소통을 기반으로 하는 문화 활동을 전개하고 있다.’는 좋은 반응을 이끌어냈다.

그래서 나는 아르헨티나를 떠나기 직전에도 부에노스아이레스 시정부 교육부에서 음악 조정관으로 근무하는 현지인 친구로부터 “범죄와 마약에 노출되어 절망에 빠진 빈민층 청소년들에게 음악을 통해 꿈과 희망을 심어주자는 취지로 음악교육 프로그램을 시작하려고 한다.”는 소식을 듣고는 곧바로 시정부 교육부 장관에게 면담을 신청해서 만났다. 교육부 장관에게 한국문화원이 공식 후원 단체로 참여하고 싶다는 뜻을 전했고, 후임 문화원장께도 잘 챙겨달라고 당부하고 한국으로 귀임했다.

나는 지금도 한국문화원의 사회공헌 활동이 한류 확산과 함께 우리 국가 이미지를 높이는 데 도움이 되고, 한국과 아르헨티나의 쌍방향 문화교류의 상징이 되어서, 언젠가는 한국문화원과 인연을 맺은 이들 아르헨티나 청소년 음악인들이 한국의 청소년 오케스트라와 함께 아르헨티나가 되든, 아니면 한국이 되든 어느 한자리에 모여서 합동 연주회를 하는 날을 기대해 본다.

17. 1960년대 한국인의 아르헨티나 국적 취득하기

1965년 10월 가족 단위 집단이민 형식의 농업이민 13세대 78명이 아르헨티나에 도착했다. 처음 도착해서 정착할 당시 여러 가지 에피소드 중 또 다른 하나를 소개하면 다음과 같다.

부모님과 함께 아르헨티나에 이민 온 젊은 남성이 같이 이민 온 다른 가정의 여성과 사귀었고, 이민자 모두의 축복을 받으며 결혼을 했다. 어느덧 시간이 흐르고 부인이 임신을 하고 출산을 위해 병원에 가야 했지만, 병원비가 걱정이 되어 주저했다. 당시만 해도 아르헨티나가 우리보다 훨씬 잘 사는 나라라서 병원비가 엄청나게 나올 것으로 예상했기 때문이었다. 하지만 가족회의를 해서 입원을 결정했고, 다행히 순산을 했다.

며칠 동안의 입원 기간이 지난 후 의사로부터 이제 퇴원해도 된다는 이야기를 듣고, 시아버지와 아기의 아빠가 걱정을 하면서 수납창구로 갔다. 어설픈 스페인어로 병원비가 얼마냐고 물었다. 잘 알아듣지는 못했지만, "그냥 가도 된다."고 하는 의미인 것 같아서 다시 확인을 했는데, 정말 그냥 가도 된다고 했다. 시아버지와 아기의 아빠는 "이게 왠 횡재냐."면서 입원실로 가서 산모와 아기를 데리고 병원 출입문을 나서는 순간, 경비원이 무어라고 다시 이야기를 걸면서 붙잡았다.

우리의 일제 강점기인 1913년에 개통되어 100년 동안 달린 지하철(2013)

성녀인지 악녀인지 지금도 논쟁 중인 에바 페론의 이미지 광고물(2010)

모두들 "그러면 그렇지…."라면서 병원비 걱정을 태산같이 하고 있는데, 잠시 후 수납창구 여직원이 나와서 하는 말이 "산모 퇴원 시에는 아기를 위한 분유를 함께 전달해야 하는데 깜빡 잊었다."면서 미안하다는 사과와 함께 12개들이 분유 10박스를 전해주었다. 병원비 무료에 더해서 아기를 위한 분유까지 덤으로 주던 나라가 당시의 아르헨티나였다.

얼마 후 그 가족의 사례가 아르헨티나 동포 사회에 퍼졌고, 몇몇의 한국인들이 아르헨티나 국적을 거부감 없이 취득했다고 한다.

18. 중남미의 대표적 한국 예찬 언론인, 안드레스 오펜하이머

　내가 아르헨티나에서 근무하는 동안 흥미로운 언론 기사와 책을 통해 만난 사람 중에 퓰리처상을 수상한 안드레스 오펜하이머(Andrés Oppenheimer)라는 언론인이 있다.

　그는 유명 칼럼니스트로서의 활동뿐 아니라, 라틴아메리카가 발전하지 못한 이유를 설명한 『중국 이야기들(Cuentos Chinos)』, 라틴아메리카의 미래를 위한 조언을 다룬 『과거 이야기는 집어치워!(Basta de historias!)』, 라틴아메리카의 희망을 보여주고, 혁신의 5가지 키워드를 소개한 『창조할 것이냐, 죽을 것이냐!(Crear o Morir!)』 등의 베스트셀러를 집필했다.

　지난 2020년 5월에는 기술 발전과 자동화가 이루어지는 동안 일어날 직업의 소멸과 일자리의 변화를 다루며, 정부와 개인이 어떻게 로봇과 공존하는 미래를 대비할 것인지에 대한 대안과 방향성을 제시한 그의 저서 『2030 미래 일자리 보고서』가 우리나라에서도 한국어로 번역되어 출간되었다.

　그는 저서 『과거 이야기는 집어치워!』에서 자기 스스로를 '스페인어권에서 가장 영향력 있는 언론인 중의 한 명'이라고 소개했고, 국제 정치와 글로벌 이슈를 다루는 격월간 잡지 스페인어판 『외교정책(Foreign Policy)』은 그를 '라틴아메리카에서 가장 영향력 있는 50인의 지성인'으로 선정하기도 했다.

그는 미국 일간 〈The Miami Herald〉의 칼럼니스트로 활동했는데, 그의 칼럼은 신디케이트(공동 판매 카르텔)를 통해서 멕시코, 콜롬비아, 페루, 칠레 등 중남미 대륙 대부분의 메이저 언론에도 그대로 소개되었다. 그가 쓴 칼럼은 수정 없이 동일한 내용 그대로 100여 개의 신문이나 잡지에 게재되는 것이다. 한 마디로 설명하면 그의 칼럼이나 저서를 통해 한국의 긍정적인 모습이 소개될 경우, 라틴아메리카에서의 한국의 국가 이미지 제고에 미치는 파급력이 대단하다는 의미다.

나는 아르헨티나 유력지 〈라 나시온(La Nación)〉에 게재된 그의 칼럼을 애독하는 독자였는데, 그의 글은 쉬운 문체의 간단한 단문으로 쓰여 있어서 스페인어를 모국어로 하지 않는 나 같은 사람도 짧은 시간에 내용을 이해할 수 있다. 그리고 무엇보다 나의 관심을 끈 것은 그의 칼럼에 한국의 모범적인 사례가 자주 언급이 되었다는 사실이다. 솔직히 말하면 다음 주 칼럼에는 그가 한국의 또 다른 어떤 장점을 소개할지 궁금해하면서 칼럼이 게재되는 날을 손꼽아 기다릴 정도였다.

나는 그의 칼럼에서 한국이 언급될 때마다 미국 마이애미에 거주하는 그에게 메일을 보냈다. 그의 조국인 아르헨티나의 오늘 날씨를 시작으로 간단한 인사를 하고, 나도 잘 몰랐던 한국의 좋은 모습을 칼럼에 소개해 주어서 고맙다는 내용이었다. 그로부터 "당신을 알게 되어서 반갑다."라는 답변을 받기도 했고, 그가 칼럼을 쓸 때 인용할 수 있도록 한국의 정치, 경제, 문화, 사회 분야 최신 소식을 매주 스페인어로 요약해서 메일로 보내주고, 영어나 스페인어로 출간된 한국 소개 책자를 DHL로 송부해 주었을 때에는 "정말 고맙다. 내가 당신 때문에 한국을 좋아하지 않을 수가 없다!"는 감사의 인사를 받기도 했다.

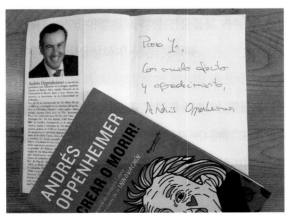

감사와 애정을 표현한 안드레스 오펜하이머의 자필 사인(2010)

이런 인연으로 그가 저서 『과거 이야기는 집어치워!』 출간을 위해 부에노스아이레스를 방문했을 때, '저자와의 대화' 현장에 나타난 나와 아내를 보고 놀란 그로부터 "나의 모든 활동이 당신으로부터 감시당하고 있구나!"라는 농담 섞인 탄성을 듣기도 했다.

아르헨티나 출간회에서 그를 만난 지 얼마 되지 않아 서울에서 'G20 정상회의(2010 G-20 Seoul Summit)'가 개최되었고, 아르헨티나 크리스티나 페르난데스 데 키르츠네르(Cristina Fernández de Kirchner) 대통령을 비롯해서 브라질, 멕시코 등 중남미를 대표하는 3개국 정상이 한국을 방문했다.

2005년 부산 APEC 정상회의 이후 오랜만에 한국에서 세계 주요 20개국의 정상들이 모이는 국제행사이고, 게다가 신흥국에서 최초로 열린다는 점에서 해외언론으로부터 주목도가 굉장히 높았다. 당연히 우리 정부는 이러한 계기를 국가 이미지를 높이는 기회로 활용하기 위해서 G20 회원국 주재 우리 대사관을 대상으로 적극적인 대언론 홍보 활동을 주문한 상황이었다.

나도 'G20 정상회의'가 개최되기 전과 기간 중에 현지 언론을 통해 'G20 정상회의' 개최국과 의장국을 겸하는 한국이 아시아의 변방에서 벗어나 세계의 중심국가로 도약하는 모습이 잘 소개되도록 했다. 종료 후에도 후속 홍보를 위한 아이템을 찾고 있던 중이었는데, 2020년 11월 16일자 〈라 나시온〉에 안드레스 오펜하이머의 기명 칼럼이 '한국이 중남미에 주는 교훈(Las lecciones de Corea del Sur para la región)'이라는 제목으로 게재된 것이다.

그는 칼럼에서 "한국은 경제정책의 일관성을 유지하면서 수출지향적인 성장 전략을 추구한 결과 삼성과 현대자동차 등 초대형 다국적 기업들이 탄생했다."고 소개하면서, "자타가 공인하는 한국의 경제성장 원동력은 교육열이었다."고 강조했다. 아울러 "한국은 우수한 실력을 갖춘 교사를 양성하는 시스템을 갖추고 있고, 하루 12-14시간씩 수업을 받고 방과 후에는 사설 교육기관에 다니며 좋은 성적을 받기 위해 씨름하는 한국 학생들의 공부시간도 멕시코, 브라질, 아르헨티나보다 월등하게 많으며, 교사들의 수업일수도 라틴아메리카 3개국 교사들은 평균 140일 안팎이지만, 한국 교사들은 약 220일로 큰 격차를 보인다."고 설명했다.

특히 그는 "한국 학생들이 국제수학·과학 경시대회를 휩쓸고 있고, 한국이 세계 최대의 특허 등록 국가로 부상한 것은 이런 교육 환경이 있었기에 가능했다."면서, "지난해 미국 특허청에 대한 특허 등록 건수가 브라질, 멕시코, 아르헨티나는 각각 150건, 80건, 50건에 불과한 반면 한국은 9,600건에 달했다."고 상세히 소개했다.

그의 칼럼 결론 부분에서는 "과거 라틴아메리카 3개국보다 크게 뒤처져 있던 한국이 경이로운 성장을 이룬 사실에서 배울 점을 찾기 위해서 멕시코, 브라질, 아르헨티나 등 3개국 대통령들이 'G20 정상회의' 계기로 방문한 한국에 조금 더 머물면서 여기저기를 둘러보고 좋은 아이디어를 얻어야 했는데, 그러지 못한 것 같아 아쉬울 따름이다."라는 지적도 했다.

북 콘서트를 진행하는 안드레스 오펜하이머(2010)

하여튼 주재국의 대언론 홍보까지 책임지는 나의 입장에서는 안드레스 덕분에 노력 없이 소위 우리들끼리 하는 시쳇말로 '한 건' 올린 셈이다.

그 후 서울 본부로부터 일간 〈라 나시온〉에 게재된 그의 칼럼을 'G20 정상회의'의 성과집으로 제작할 『위기를 넘어 다 함께 성장: 2010 서울 G20 정상회의, 세계 전문가들의 평가와 제언』이라는 책자에 포함시키려 하니, 저작권을 해결하라는 지시를 받았다.

마이애미에 있는 그의 사무실로 연락을 했다. 그의 비서에게 사정을 설명하고 우리가 가용한 예산이 얼마 되지 않아서 부득이 저작권료 명목으로 지급할 수 있는 최고 금액이 이 정도밖에 되지 않는다고 설명하고 양해를 구했다. 며칠 후 출장에서 돌아온 안드레스로부터 메일 한 통을 받았다.

"제안한 액수가 너무 높아서 받을 수가 없다. 담당자에 의하면 우리 언론사 신디케이트에 책정된 저작권료는 당신이 제안한 액수의 30% 정도면 충분하다고 한다. 그 액수만 우리 언론사 신디케이트 명의 계좌로 송금하면 된다. 칼럼의 대다수 내용은 당신이 평소 나에게 보내준 자료를 참고해서 작성한 것이다. 정확히 말하면 당신도 어느 정도 저작권을 가진 셈인데, 신디케이트 차원에서 당신에게 보답을 할지 안 할지는 내 권한을 벗어나는 일이라 말을 할 수가 없어 안타깝구나. 다음에 또 볼 수 있기를! 당신의 친구 안드레스로부터."

이 순간 내가 윗분으로 모셨던 모 선배로부터 들은 말이 떠올랐다. "저 하늘 어느 구름에 비가 들어있는지는 아무도 모른다. 무슨 일이 있을 때 갑자기 도와달라고 하지 말고, 사람 구분하지 말고, 평소에 주위 모든 사람들에게 골고루 잘 해놓아라!" 중남미의 대표적 한국 예찬 언론인 안드레스 오펜하이머는 이렇게 나의 친구가 되었다.

19. 아르헨티나 디폴트 선언과 국내 언론의 과장 보도

남반구에 위치한 아르헨티나는 한국과 계절이 반대다. 한국에서는 겨울인 아르헨티나의 여름은 기온이 40도에 육박하는 경우도 많다. 이 더운 여름 날이면 팔레르모 지역의 잔디밭에는 일광욕을 즐기려는 많은 사람들로 가득 찬다.

팔레르모 지역 잔디밭에 모인 부에노스아이레스 시민들(2010)

내가 아르헨티나에 근무하던 2014년에 아르헨티나가 두 번째 디폴트를 선언했다. 동네 식당에서 일하는 나이 지긋한 백발의 웨이터는 "디폴트를 선언한 바로 그날, 제일 많은 손님들이 식당에 와서 외식을 했다."면서, "아르헨티나는 국가는 가난하지만, 개인은 부자인 나라"라고 자랑삼아 이야기해주었다.

'탱고를 추는 여인의 다리'를 형상화한 다리가 보이는 푸에르토 마데로 전경(2015)

아르헨티나에서 오래 사신 동포 지도자 한 분이 나에게 "2001년 첫 번째 디폴트를 선언하고, 부에노스아이레스 시민들이 냄비 시위를 하고 있을 때, 다수의 국내 언론사들이 관심을 가지고 취재진을 급파했다."면서 당시의 상황을 이야기를 해주었다.

그분께 들었던 이야기 중 황당한 이야기는 "다른 언론사들보다 뒤늦게 부에노스아이레스에 도착한 국내 모 언론사의 취재진은 냄비 시위도 없고, 슈퍼마켓 약탈도 잦아들어서 마땅한 취잿거리가 없어지자, 팔레르모 지역 잔디밭에서 윗도리를 벗고 일광욕을 즐기는 시민의 모습을 찍어서, 디폴트 선언으로 옷도 제대로 입지 못한 가난한 아르헨티나 사람들로 소개하는 보도를 해서 동포사회가 크게 화난 적이 있었다."는 내용이다.

아마도 이런 국내 언론의 과장 보도로 인해 아르헨티나에 사는 우리 동포들도 덩달아 피해를 보는 것 같다. 아르헨티나에 사는 우리 동포들은 "한국에 갔을 때, 미국이나 유럽에서 오는 동포들은 잘사는 사람들로, 남미에서 온 우리들은 못사는 사람들로 편견을 갖고 바라보는 것 같아 서운한 적이 많았다."라는 이야기를 자주 했다.

아르헨티나 정부가 디폴트를 선언할 때면 "우리나라는 옆 나라 칠레처럼 지진이 자주 일어나는 것도 아니고, 산지가 많은 칠레와 달리 국토의 90% 이상이 경작이 가능한 땅이고, 안데스 산맥이 태평양 지역으로부터 병충해가 넘어오는 것을 막아주어서 밀과 콩, 말벡 품종 포도도 흉년 없이 잘 재배할 수 있고, 또 풍부한 지하자원과 좋은 기후로 부족한 것이 없이 너무 평온하게 살고 있으니, 가끔씩 디폴트 선언이라도 해야지 우리의 삶이 무료하지 않다."라고 웃으며 장난스럽게 이야기하는 아르헨티나 사람도 있다고 한다.

'부에노스아이레스는 심오한 도시라서
깊은 환멸과 슬픔에 잠겨 거리로 나갈 때면,
언제나 현실이 아닌듯한 느낌이나
파티오(Patio: 중정) 안쪽에서 흘러나오는 기타 소리,
다른 이들과의 만남으로부터 뜻밖의 위안을 얻게 된다.'

- 호르헤 루이스 보르헤스 -

19세기 후반에서 20세기 초반까지 이탈리아를 비롯한 유럽의 수많은 이민자들이 도착한
알록달록한 페인트칠이 돋보이는 항구 마을 라 보카(La Boca)

탱고의 발상지 라 보카(La Boca)의
라 삐꼴라 이탈리아(La Piccola Italia: 작
은 이탈리아라는 의미의 이탈리아어)
레스토랑 앞에서 춤추는 탱고 댄서

젊은이와 노년층이 함께 탱고로 어울리는 부에노스아이레스의 어느 밀롱가(Milonga)

지구 끝 최남단 도시로 남극에서 가장 가까운 우수아이아(Ushuaia)의
어느 조그만 항구에서 바라 본 여명

세계 50대 레스토랑에 선정된 부에노스아이레스 아사도(Asado) 전문 식당
돈 훌리오(Don Julio)의 벽면을 장식한 와인들

"나쁜 와인을 마시기에는
인생이 너무 짧다."

아르헨티나를 방문하면 꼭 봐야하는 푸에르사 브루타(Fuerza Bruta) 공연

'잠들지 않은 거리'로 불리우는 코리엔테스 대로(Av. Corrientes)의 수많은 공연장들

4

문화예술로 만나는
아르헨티나

4

문화예술로 만나는
아르헨티나

![비행기 아이콘] **1.** 그들은 배(Ship)에서 나왔다

부에노스아이레스에 살았을 때 여름이면 가끔 들르는 코리
엔테스 거리의 카도레(Cadore)라는 아이스크림 집이 있었다. 내
가 제일 좋아한 맛은 아메리카노였는데 풍부한 우유 맛이 나는
이 아메리카노 아이스크림은 이곳 외엔 지구상의 어디에도 없
는 것으로 알고 있다. 이 아이스크림을 먹으며 조그만 쾌락을 맛
보았다.

벽면엔 아이스크림 집의 조상들에 관한 이야기가 진열되어 있었다.

이 가문은 원래 1880년대부터 오스트리아와의 접경지인 이탈리아 북쪽 지방에서 아이스크림 가게를 하다 1950년대에 이민을 와서 1957년에 부에노스아이레스의 코리엔테스 거리에 카도레 아이스크림 가게를 세웠다.

그 당시 이탈리아는 무솔리니가 이끄는 군대가 패배하고 패전국으로 전락하였으니 국가의 경제 상황이 말이 아니었다. 그래서 아이스크림 가게를 차리려는 꿈을 꾸며 기회를 잡고자 아르헨티나로 왔을 것이다. 페론 집권 시기를 거쳐 여러 차례의 쿠데타가 일어났으나 아르헨티나는 1946년에서 1976년까지 1인당 국민소득이 232%가 증가했다고 한다.

그들은 아르헨티나에 처음으로 초콜릿 맛, 아메리카노 맛, 마스카포네 맛 아이스크림을 시도했다고 한다. 우리는 생강 넣은 오렌지 아이스크림과 타이 차 아이스크림도 좋아했었다.

아르헨티나는 광활한 땅을 가졌지만, 인구가 너무 적어 유럽 이민을 적극적으로 받아들였다. 이런 연유로 수도 부에노스아이레스를 구성하는 인구의 선조들을 추적해 보면 제일 큰 비율이 이탈리아인들이다. 19세기 말부터 시작해 유럽 이민자들, 특히 이탈리아인들의 이민 바람이 거세졌다. 어렸을 때 마음 졸이며 응원하며 보았던 텔레비전 만화 프로그램인 '엄마 찾아 삼만 리'의 주인공 마르코의 어머니도 이탈리아 제노바에서 부유한 아르헨티나로 와서 가정부 생활을 하였다. 그 당시 이탈리아 하류층 사람들이 대거 부에노스아이레스로 오는 바람에 부에노스아이레스에는 그들의 여흥 거리인 극장들이 코리엔테스 거리에 쫙 들어서게 되었다. 오늘날에도 코리엔테스 거리에는 365일 밤 연극 공연이 빠지지 않고 열리기에 '잠들지 않는 거리'라는 별명이 붙었다.

그때 이민 온 이탈리아인들이 극장 관람 매너가 뒤떨어졌는지 당시 극장에는 '공연 중 껌을 씹지 마시오.'라든가 '바닥에 침을 뱉지 마시오.'라는 등의 경구들이 붙어 있었다. 이탈리아의 경우는 1870년 통일을 이루고, 1871년 로마로 수도를 옮긴 후에도 세계 1,2차 대전을 비롯한 전쟁과 내전이 끊이지 않았다. 이런 상황에서 전쟁에 지친 가난한 이탈리아 사람들은 부유한 남반구의 아르헨티나로 눈길을 돌리지 않을 수 없었다.

지금도 부에노스아이레스의 스페인어 발음 중의 일부는 이탈리아어를 많이 닮았다. 그들은 헤어질 때 스페인어의 '아디오스(Adiós)' 대신 이탈리아어인 '차오(Ciao)'라고 인사한다. 직전 아르헨티나 대통령 마크리의 아버지도 이탈리아 사람인데 그는 1946년 아르헨티나에 왔을 당시 빈털터리로 왔지만, 건설 노동자부터 시작해 백만장자가 되었다.

프란시스코 교황의 아버지인 마리오 호세 역시 무솔리니의 파시스트 정권을 피해 1929년 아르헨티나에 이민을 왔다. 지인 중에서도 이탈리아인들의 아르헨티나 이민의 예를 볼 수 있었는데 한 아파트에 살던 티토는 1960년대에 7살 적에 엄마 손을 잡고 아르헨티나로 왔었는데 다양한 과일이며 여러 가지 먹을거리가 너무 풍부해 어린이의 눈에도 별세계로 보이고 참 행복했단다.

남미의 파리라 불릴 정도로 유럽 지향적인 이 나라, 유럽이라 착각할 정도로 길거리에 많이 보이는 백인들의 유래는 이런 것들이었다. 라틴아메리카 국가 중 멕시코는 스페인인과 원주민이 결합해서 태어난 혼합 인종인 메스티소의 나라이고 멕시코와 인종적, 문화적으로 상반되는 모습을 보이는 아르헨티나는 유럽의 여러 다양한 백인종들이 모여 사는 곳인데 아르헨티나가 이렇게 된 이유는 영토는 광대하고 인구가 워낙 작아 부족한 인구를 채우려 19세기 말과 20세기 초에 유럽 이민을 대거 받아들이면서 생기게 되었다.

시계를 수백 년 전으로 돌려서 이야기하자면 부에노스아이레스는 멕시코시티나 쿠스코에 비해 뒤늦게 스페인 왕의 눈에 띄게 되었다. 페루나 누에바 에스파냐가 합스부르크 왕조 때 부왕령이 된 것과는 달리 아르헨티나, 즉 당시 라플라타 부왕령은 부르봉 왕조 때인 200년 이상이나 뒤쳐진 후발 주자로 1776년이 되어서야 신설되었던 것이다.

1816년 드디어 아르헨티나는 독립을 선언한다. 그러니 스페인 부왕령으로 번듯하게 존속했던 햇수는 40여 년 정도밖에 되지 않는다. 아무래도 식민지 당시에는 문화적 전통이나 자부심이 오늘날 멕시코를 이루는 누에바 에스파냐에 비교하면 떨어졌던 게 사실이다. 그리고 식민지 당시 번영했던 곳이 아니다 보니 인구가 몰려들지 않아 독립 후 인구 기근에 시달렸다.

아르헨티나가 대량 이민을 받아들인 이면에는 인종차별적인 요소가 근간을 이루고 있어 저항감이 슬며시 차오른다. 아르헨티나의 대통령이자 사상가인 사르미엔토(대통령 재임: 1868-1874)는 1845년 『문명과 야만』이라는 책을 칠레 망명지에서 발간했다.

그는 철저한 이분법을 적용해 문명은 유럽 사상, 교양이고 도시이며 야만은 팜파스와 토착 원주민들인 가우초(목동)와 카우디요(지방 군벌 독재자)라 규정했다. 그에게 아르헨티나의 풍요로운 대초원 팜파스는 교류와 사회성이 결핍된 황무지일 뿐이었다. 그의 사상을 바탕으로 1880년부터 아르헨티나는 자국의 경제와 문화를 발전시키기 위해 유럽 이민자를 적극적으로 유치하게 되었다.

호르헤 루이스 보르헤스는 사르미엔토를 확고한 미국 추종자로서 크리오요 문화에 대한 이해가 부족하고 크리오요 문화를 증오하기까지 했다고 비판했다. 크리오요의 원 정의는 중남미에서 태어난 스페인 사람을 의미하는데, 보르헤스가 지칭한 여기서의 크리오요는 아르헨티나 태생을 말한다.

사르미엔토와 함께 이민을 적극적으로 주장하고 1853년 헌법 초안을 쓴 후안 바우티스타 알베르디는 유럽 이민 중에서도 피부 색깔이 하얀 앵글로 색슨족과 게르만족을 원했으나 여의치 않자 유럽 전체의 이민자로 확대하게 된다. 그들이 특히 영국인과 독일인에 목맨 이유는 앵글로 색슨족이 주류가 되어 발전한 미국의 케이스를 보았기 때문이다.

정치적으로는 숙적이었던 사르미엔토와 알베르디는 원주민과 메스티소를 아르헨티나 발전을 저해시키는 존재로 보고 피부 색깔이 하얀 유럽 이민자를 대거 받아들여 아르헨티나를 유럽화시키고 문명화시키려는 공동의 목표를 지니고 있었다. 지금도 헌법 25조에는 '유럽인들의 이민으로 아르헨티나 연방 정부가 형성될 것'이라는 것까지 명시되어 있다.

알베르디 같은 경우는 "당신 딸을 원주민 족장과 결혼시키는 것보다 영국인 신발 수선공과 결혼시키는 게 낫다."는 극단적인 발언도 서슴지 않았다. 그는 유럽인이 아니면 야만족이라고 보았다. 유럽은 질서와 발전된 산업과 예의의 상징이었다. 몇 번의 원주민 토벌 작전을 거친 후 팜파스가 펼쳐져 있는 litoral 지방(산타페, 엔트레 리오스, 코리엔테스) 같은 경우에는 농사를 짓는 사람들이 흰 피부의 유럽인으로 채워져서 '가우초 없는 팜파스'가 되어 버렸다. 극단적인 백인 집착증으로 아르헨티나의 진정한 근원적 아이덴티티가 상실되어 이상야릇한 현실만 남게 되었다.

사르미엔토와 알베르디 외에도 인종주의자가 있었는데 로카 장군이다. 그는 1878-1879년에 아르헨티나와 칠레 간의 분쟁을 빌미로 산타페와 파타고니아에서 1,000명 이상의 원주민들을 학살하고 살아남은 사람들은 칠레 영토로 쫓아 버리는 일명

'사막의 정복'을 단행했다. 게다가 그는 뺏은 땅을 그와 친척들이 나눠가지는 파렴치한 짓까지 저질렀다. 원주민인 인디오들을 죽이고 추방한 결과로 현재의 파타고니아에는 수도 부에노스아이레스보다 더 높은 비율의 백인들이 존재한다. 학살에 대한 대가인지 1880년 로카는 대통령이 되었고 유럽인들의 이민을 진두지휘하는 최종 결정자의 위치에 서게 되었다. 지금도 아르헨티나의 100페소 지폐엔 로카 장군(Julio Argentino Roca)과 '사막의 정복'이 그려져 있는 것을 보면 아직도 이 사건이 아르헨티나인에게 수치심 대신 자긍심을 불러일으키는 건 아닌지 깊은 회의가 든다.

Ángel della Valle, 〈원주민의 기습(La vuelta del malón)〉(1892),
부에노스아이레스 국립미술관

앞의 그림은 마치 로카 장군의 '사막의 정복'을 정당화시키고 합리화시키기 위해 그린 듯하다. 인디오들은 백인 여자를 약탈하고, 교회의 십자가를 제멋대로 창으로 사용하며, 교회의 성물들을 강탈해 말에 싣고 다니는 거칠고 야수적인 힘만 분출하는 존재로 그려져 있다. 화가 앙헬(Ángel della Valle)은 이탈리아 이민자들의 아들이고 피렌체에서 공부하고 돌아와 이 그림을 그렸다.

너무나 그 당시의 정권에 입 맞추는 그림이다. 아니면 화가 본인이 인디오들을 마음속 깊이 멸시해 로카 장군의 사막 정복을 훌륭한 업적으로 찬양해 그렸을 수도 있다. 아르헨티나 정부는 원주민들을 죽이고 쫓아낸 땅에 유럽 백인 이민자들을 심고 싶어 안달했다.

꽤나 낭만적으로 그려진 이 그림을 부에노스아이레스 국립미술관에서 바라보고 있으니 호르헤 루이스 보르헤스의 단편소설집 〈알렙(Aleph)〉에 나오는 '전사와 포로의 이야기'가 생각났다. 부모를 따라 부에노스아이레스로 이민 온 영국 여인이 인디오 원주민에게 납치당해, 그들 사이에 메스티소 아이 둘을 기르며 살게 된다. 세월이 흘러 한 영국인 노파가 더듬거리는 영어로 말하는 그 납치된 영국 여인이 너무나 불쌍하게 보여 거처를 마련해 주고, 아이들을 보살펴 주겠다고 했으나, 그 여인은 홀연히 인디오 남편이 있는 사막의 자기 집으로 사라진다. 그녀는 문명화된 생활을 다시 받아들이는 대신 비밀스러운 충동이 이끄는 대로 양을 죽여 생피를 빨아먹는 야만이 분출하는 생(生)으로 돌아간 것이다.

이해관계가 딱 맞아떨어졌던 것이 당시 유럽인들은 기아, 굶주림, 가난에 시달리고 있는 상태였고 그들은 차별과 압제에서 탈출하고자 희망의 나라 아르헨티나로 몰려왔다. 산업혁명의 덕으로 생겨난 증기선과 철도가 나라와 마을 간의 이동을 편리하게 만들어 이런 꿈을 가능하게 해 주었다. 아르헨티나 정부는 이민자들이 도착하자마자 숙소를 내어주고 음식을 대주고 일자리까지 제공해 주며 정착지까지 갈 무료 철도까지 제공했으니 이민자들에겐 파라다이스처럼 느껴졌을 것이다.

1850-1930년까지 660만 명 이상의 이탈리아, 스페인, 프랑스, 독일, 영국 이민자들이 몰려들면서 아르헨티나의 풍요로움도 시작된다. 여기다 중동, 아시아, 유대인, 아랍인 이민자들까지 가세했는데 현재 아르헨티나는 세계에서 이스라엘 외의 국가로서는 가장 많은 유대인이 사는 국가가 되었다. 유럽인을 선호하긴 했으나 싼 노동력이 절실했기에 어느 민족이든 제한 없이 이민의 기회는 열려 있었던 것이다. 하지만 장애인, 15세 이하의 자녀가 있는 여자, 60살 이상은 입국이 금지되었다.

1880년부터 1905년 사이 연평균 8%의 성장을 이루고 국내 총생산(GDP)은 7.5배나 증가하고 인구는 5배로 확대된다. 원래 있던 인구보다 더 많은 인구가 유입된 것이다. 1895년에는 100명 중 72명은 외국인이고 이민자 중의 43%는 이탈리아 이민자들이 차지했다. 영국과 프랑스로부터 대규모 투자 유치를 하며 규모가 커져 가는 경제 기반 위에 1차 대전(1914~1918) 후에는 아르헨티나 드림을 품고 스페인, 포르투갈, 이탈리아를 비롯한 고통과 굶주림으로 뒤덮인 유럽 각국에서 200여만 명이 이민을 온다. 1차 세계대전이 발발하자 전쟁을 치르지 않아 참화를 면한 아르헨티나의 부는 더욱 가속화되었다.

　　1890년부터 1930년 사이 1인당 국민소득은 영국과 프랑스, 캐나다 수준에 이른다. 경제 규모가 세계 5위의 황금기를 맞이한다. 1870년대부터 철도, 냉장업, 증기선의 발달로 쇠고기가 유럽에 수출되었고 아르헨티나의 팜파스는 세계에서 가장 큰 곡창 지대 중의 하나로 엄청난 양의 밀을 재배하고 수출했다. 그렇게 벌어들인 돈으로 부에노스아이레스의 생활 수준은 유럽의 도시를 능가하게 되었다. 1929년에는 아르헨티나의 자동차 보유 대수가 26명당 1대로 영국을 앞질렀다고 한다.

　　이때부터 유럽인들의 아르헨티나에 대한 동경이 시작된다. 당시 파리에서 "부에노스아이레스에서 왔다."라는 말은 "난 부자요."라는 뜻으로 받아들여졌다고 한다. 아르헨티나의 부자들은 파리에서 본인들이 소유한 넘쳐나는 부로 미술 작품을 마음껏 사들였다. 그 덕에 지금도 부에노스아이레스 국립미술관에는 유럽의 고전주의, 낭만주의, 인상주의 등 대가들의 작품이 많이 있다.

포르테뇨(부에노스아이레스인을 가리키는 스페인어)들의 유럽에 대한 동경은 또 얼마나 심한지 부에노스아이레스 사람들은 스페인어를 사용하고 프랑스 스타일로 살고 영국인이 되기를 갈망하는 이탈리아 사람이라는 우스갯소리까지 떠돈다. 영국인이 되기를 갈망해 부에노스아이레스 사람들은 애프터눈티를 우아하게 마시며 폴로 경기를 즐긴다. 그들은 부에노스아이레스를 파리처럼 만들기를 원해서 프랑스인 도시 조경사인 Chales Thays를 부에노스아이레스에 초청했다. 도시 곳곳에 분수를 만들고 루아르 고성들을 닮은 맨션들을 짓고 아트 누보 스타일의 문과 계단 조각을 만들었다. 얼마나 파리를 닮고 싶었던지 팔레르모 공원의 참새까지 프랑스에서 수입해 왔다고 하는 믿거나 말거나 식의 이야기도 전해진다.

아르헨티나의 경우는 특별한 경제 전략이나 수출 전략, 산업화에 대한 뼈아픈 고민 없이 팜파스에 넘쳐나는 쇠고기를 냉동

고에 싣고 비옥한 팜파스에서 키운 밀을 유럽으로 보냄으로 벼락부자가 되어버렸다. 아르헨티나의 경제적 풍요로움이 유럽 세계에 알려지자 유럽인들은 잘살아 보고자 하는 열망으로 아르헨티나에 무수히 몰려들었던 것이다. 겉모양새는 이렇게 화려하지만, 아르헨티나는 원자재를 수출하고 공업제품과 자본재를 수입하는 낙후된 나라로 남았다. 대부분의 아르헨티나의 경제활동은 대영제국의 식민 상태에 놓여 버렸다.

1930년 이후에는 대량 이민은 끝이 난다. 1929년 미국 대공황을 시작으로 1930년대에 세계가 경제 대공황에 빠지자 아르헨티나 역시 이민자를 전처럼 열성적으로 받아들이진 않게 된다.

본인들의 정체성 문제도 제기되어 이민자를 대량으로 받아들인다는 것에 대한 고민이 시작된다. 사르미엔토도 그의 저서 『아메리카에서의 종족 간의 갈등과 화합』에서 '우리는 유럽인인가? 인디오인가? 메스티소인가? 아르헨티나인인가?' 하며 고민하게 된다. 먼저 그들 자신의 경제적 문제가 있었다. 국제 곡물 가격이 하락하기 시작하였다.

게다가 1945년 트루먼의 연안 어업 선언에 대항해 아르헨티나가 이듬해 배타적 어업 독점권을 선언한 것이 촉발되었는지

내부 사정은 알 수 없지만 1947년 미국은 공산화 확산을 막고 2차 대전으로 파괴된 유럽에 경제적 도움을 주기 위해 마셜 플랜(Marshall Plan)을 발표하며 아르헨티나의 페론 대통령을 파시스트로 규정하고 미국의 원조를 받는 유럽이 폭발적인 수요 증가세를 보이는 곡물을 아르헨티나로부터 수입하는 것을 금지한다. 이러한 경제 제재로 인해 아르헨티나는 1949년부터 1952년에 걸쳐 무역적자와 스태그플레이션을 겪게 된다.

아시아 이민자들의 아르헨티나에서의 역사는 훨씬 짧은데 1956년의 반공포로 출신의 7명의 이민자를 제외하면 한국인들의 아르헨티나 공식 이민은 1965년이다. 그 당시 박정희 정부는 국내의 인구가 너무 많아져서 실업률 해결을 위해 해외 이민을 해결책 중의 한 가지로 삼았다.

반면 아르헨티나는 노동력이 부족해 토지를 개간하고 농장을 경영할 이민자를 환영하고 공유지나 미개간지를 제공해 주었다. 농업 단체 이민이어서 한인 이민자들은 아르헨티나로 올 때 한국서 삽, 곡괭이를 준비해 왔으나 그들을 기다리고 있던 것은 막막하고 거대한 대평원이었다. 기계영농 외에는 불가능하다는 것을 알아차렸지만 기계를 구입할 자금이 부족한 그들로서는 부에노스아이레스 등의 대도시로 와서 섬유 계통의 사업에 매달리게 되는 것 외엔 별다른 방법이 없었다. 이민은 개인의 삶의 측면에서 볼 때나 국가 차원에서 볼 때나 신중하게 결정되어야 할 것 같다.

모국이나 이민을 받아들이는 나라에서나 자국의 손익 계산이 깔려 있지 않을 수는 없다. 현재 미국의 경우도 코로나 사태로 인한 미국의 실업 상태가 심각해지자 트럼프 대통령은 당분간 이민을 받지 않겠다고 했다.

아르헨티나에 온 이민자들의 전부가 돈벌이 때문에 아르헨티나로 몰려든 것은 아니다. 일부는 모국서 박탈당한 자유를 얻기 위해 왔다. 나치 치하의 수많은 유대인이 목숨을 구하기 위해 아르헨티나로 몰려들었고 나치 전범들도 목숨을 부지하려고 아르헨티나 시골의 대농장에 해충들처럼 스며들었다. 아르헨티나에는 페론정권과 카톨릭 교회의 비호 하에 1만 2천 명의 나치 전범들이 몰려들었는데 그 중에는 유대인 학살의 실무 총책임자로 페론 정부의 도움을 받아 1950년 아르헨티나로 도피했던 아돌프 아이히만(Adolf Eighmann)과 죽음의 천사로 불리는 잔인한 생체실험을 했던 의사 요제프 멩겔레(Josef Mengele)도 있었다.

스페인에서 1939년 프랑코 독재 정권이 승리하자 스페인의 대표적 작곡가 마누엘 데 파야는 아르헨티나로 망명 가서 코르도바에서 생을 마감했다. 그의 친한 친구인 시인 가르시아 로르카를 살해한 프랑코 정권으로부터 귀국하라는 회유를 받기도 하였으나 그는 거절하였다.

디아길레프, 조지 발란신, 니진스키, 안나 파블로바, 루돌프 누레예브 등 세계 최고의 발레 무용수들이 혁명과 전쟁을 피해 20세기 초에 아르헨티나로 몰려들어 콜론극장 무대에 서고, 발레를 가르쳤다. 이렇듯 아르헨티나는 세계인들의 물질적, 정신적 구호처가 되어 주기도 했다. 물론 그 반대의 경우로 페론이 재집권하자 브라질로 떠나 버린 마누엘 푸익(Manuel Puig)도 있지만.

아르헨티나를 차로 달려보면 언덕조차 보이지 않는 대평원인 팜파스에서 어머니인 대지가 주는 평화로움을 얻을 것이고 무리 지어 있는 소 떼를 쳐다보며 목가적인 분위기를 느낄 수 있다. 모국으로부터의 핍박을 피해 아르헨티나로 간 유럽의 지식인들과 예술가들도 아르헨티나의 팜파스에서 안식을 찾았을 것이다. 비록 아르헨티나의 사르미엔토 대통령은 자기들의 정신적 근원이라고 할 수 있는 팜파스를 야만으로 규정했지만….

아르헨티나인들에게 "당신들의 기원은 어딘가?"라고 물으면 그들은 농담으로 "배에서 왔어요!"라고 한다. 한국인일 경우에 당신들이 어디서 왔냐는 질문을 받을 땐 몽골족의 후손이라며 고조선 시대부터의 역사를 말해 줄 수도 있고 단군 신화에 관한 이야기를 들려줄 수도 있을 것이다. 프랑스인에게 묻는다면 프랑크족의 후손이라 이야기할 것이고 독일인들에게 묻는다면 게르만족의 후예라 할 것이고 이스라엘인들에게 물으면 유대인들의 핏줄을 받았다고 할 것이다.

그렇다. 아르헨티나는 단일민족의 조상을 가진 사람들도 아니고 역사도 매우 짧다. 유럽인들은 몇 달에 걸쳐 배를 타고 1940년대에 거의 모든 가정에 냉장고를 갖추고 산 풍요로운 나라의 대명사인 아르헨티나로 왔다. 1940년에 씌어진 아돌포 비오이 카사레스(Adolfo Bioy Casares)의 『모렐의 발명』을 읽어보면, 오늘날 조금씩 다가가고 있는 가상현실을 이 작가는 그 당시에 벌써 꿈꾸고 있음을 알 수 있다. 이런 창의성은 당시 아르헨티나의 풍부하고 발전된 문화적 자원들이 영향을 끼쳤을 것이라 생각한다. 1947년에는 베르나르도 알베르토 우사이(Bernardo Alberto Houssay)가 '당 대사과정에서 뇌하수체 전엽 호르몬의 역할'을 발견한 공로로 노벨 의학상을 수상하기도 했다.

그 당시 이민자들은 고통스럽고 힘들 때도 있었지만 자기들의 고국의 삶과 비교해 볼 때 마음껏 정서적, 경제적인 자유와 풍요로움을 누렸을 것이다. 이 자유를 누리기 위해 부에노스아이레스 항구에는 매일매일 끝도 없는 이민자들의 행렬이 이어졌다. 항구에서 탱고를 추며 신기루 같은 희망을 품었을지도 모른다. 하지만 후손들을 생각해 볼 때 유럽에서 아르헨티나로의 이민이라는 그들의 선택이 과연 현명했는지 되묻고 싶다.

아르헨티나는 왜 이리 경제적인 추락을 거듭해야 했나? 이제는 예술가들마저 고국을 떠나야 할 판이다. 발레계를 예로 들면 지금도 아르헨티나에는 발레계의 스타들이 포진해 있지만 세계적인 무용단이 부재한 관계로 그들은 아르헨티나를 떠나 파리 오페라 발레단, 런던 로얄 발레단 등에서 주역 무용수로 활약하고 있다. 아르헨티나가 경제력이 약한 이유로 세계적인 발레단을 보유하지 못했기에 발레리나들이 커리어를 쌓기 위해 할 수 없이 고국을 떠나 해외로 나가야하는 것이다.

아르헨티나 친구 비르에게 문자가 왔는데 코로나 때문에 상황이 너무 힘들어 사회경제적 약자를 위해서 정부에서 빨리 도와주어야 한다면서, 그러지 않으면 사회 전체가 카오스 상황에 빠질 것 같다고 한다. 내 생의 7년을 차지한 아르헨티나가 지금 너무나 힘들어 미안하고 속상하다.

2. 독재자 후안 마누엘 로사스

Prilidiano Pueyrredón, 〈마누엘리타 로사스〉(1851).
부에노스아이레스 국립미술관

참으로 붉다. 모든 게 붉기도 하다….

지금의 아르헨티나 여성들의 옷 트렌드는 색깔을 상당히 어
둡게 입는 편이라 밝은 칼라를 매치시킨 경우를 찾아보기가 힘
들다. 그들 스스로 어두운 색깔을 세련되었다고 느끼는 듯도 하
고 워낙 광대하고 풍부한 영토를 지닌 곳에서 색깔로 튀어 존재

감을 발휘하기보단 어두운 색상의 옷을 입어 오히려 그녀들의 멋진 몸매를 드러내고 세련된 감각을 즐기고 싶은가 보다. 카페 문화가 워낙 발달한 부에노스아이레스에서는 살짝 우울한 감이 도는 무채색 톤이 더 어울리는 것 같다.

그런데 150여 년 전 이 초상화의 주인공은 붉은 드레스를 입었을 뿐만 아니라 의자, 커튼, 양탄자 등의 배경들도 온통 붉은 색이고 심지어 꽃병에 새겨진 꽃다발도 붉기가 그지없다. 이 초상화는 부에노스아이레스 국립미술관에 영구 전시되어 있는데 이 여인은 19세기 초반의 권력자 후안 마누엘 로사스(Juan Manuel de Rosas, 1793-1877)의 딸이다. 마누엘리타라는 애칭으로 불리는 마누엘라 로사스(Manuela Rosas, 1817-1898)이다. 이 작품은 이 여인과 죽마고우였던 19세기 아르헨티나의 사실주의를 대표하는 화가 프에이레돈이 그렸다.

초상화에서의 그녀는 30대의 나이로 그 당시에는 과년한 숙녀이다. 아르헨티나는 1810년 리오 데 플라타(Río de la Plata) 스페인 부왕령을 거부하고 마침내 1816년 공식적인 독립을 쟁취한다. 그러나 독립 후에 정치적 사회적 불안을 겪게 됨에 따라 군사 정변이 계속된다. 이 시기의 끊임없는 군사 정변이 그 후에도 다양한 군사 독재 정권을 탄생시키는 원인으로 싹트게 된다. 사회 불안 요소가 생기고 민주주의가 후퇴함으로써 오늘날에도 페론주의를 승계한 포퓰리즘 정부가 연속적으로 들어서게 되었다.

포퓰리즘은 자연환경과 지하자원의 측면에서 풍요로운 신의 축복을 받은 아르헨티나가 선진국 진입에 실패해 버린 요소 중의 한 가지로 볼 수 있다. 2016년 나는 포퓰리즘에 반대하던 마크리(M. Macri) 정부에 희망을 걸고 정든 아르헨티나를 떠나왔지만 2019년 선거에서 마크리는 패배했고 다시 페론주의자들의 손에 정권은 넘어갔다. 나는 선별적, 선택적 복지가 필요하다고 믿는데, 부에노스아이레스에 살 때 포퓰리즘과 페론주의에 기반을 둔 대통령 크리스티나 페르난데스가 이끌던 정부가 보편적 복지를 밀어붙여 모든 가정을 대상으로 전기 요금을 대폭 할인해 주었던 신기한 기억이 난다.

다시 초상화 이야기를 해보자. 주인공의 아버지 후안 마누엘 로사스는 소년 시절부터 스페인으로부터의 독립 전쟁과 영국과의 전쟁 등에서 무공을 세운 군인이었다. 기마술이 뛰어난 그는 가우초(Gaucho)들의 영웅이 되었고 팜파 지역의 가장 강력한 지도자이자 카우디요(Caudillo)가 되었다. 그는 부모의 부를 물려받아 부에노스아이레스 지방에서 그 당시 신생 독립국이었던 아르헨티나의 유일한 수출품인 절인 쇠고기와 가죽을 만들어내는 살라데로(Saladero, 쇠고기 소금 절임을 하는 큰 규모의 대농장)를 운영하는 대지주였고, 80만 에이커의 땅에서 50만 마리의 소를 사육했던 대목장주였다.

카우디요는 남미의 독특한 환경에서 탄생한 계급이라 볼 수 있는데 대농장주나 대목장주로서 사적인 군사를 보유하고 지휘권을 갖고 있었다. 각 지역의 군벌 독재자라 할 수 있는 카우디요들이 한 나라의 정치를 좌지우지하는 것이다. 빈약한 제도의 틈을 타서 봉건적 전통에 기반한 카우디요 개인의 카리스마에 지역 사회의 구성원이 의존하게 되는 것이다. 심복들은 카우디요와 주종관계로 묶이고, 권위주의적인 카우디요들은 가부장적 권리를 행사하며 독점적인 지배권을 행사한다.

카를로스 푸엔테스에 의하면 후안 마누엘 로사스는 "나는 가난한 사람에 대한 영향력을 가지는 것이 매우 중요하다고 생각했다. 그 영향력을 획득하고자 나는 모든 것을 다 바쳤다. 많은 노력과 재산을 바쳐서 나 자신을 그들(가우초)처럼 보이게 하고 그들의 대변자가 될 수 있었다."고 말했다고 한다. 좁은 영토를 지닌 한국 같은 경우는 이런 규모의 막강한 지방 기반 세력이 생기기는 어렵다. 물론 조선 시대에 지방 토호 세력이 있었지만 중앙 정부의 권력에 비교하거나 맞설 수는 없었다. 턱도 없었다.

아르헨티나는 영토가 워낙 넓고 독립 후 중앙 집권 세력이 탄탄하지 못해 지방의 경제력과 군사력을 장악한 카우디요들이 더 날뛰게 되었다. 카우디요 정치 체제는 독립 후 50년간 지속된다. 군사력을 이용한 강압적 통치가 특징인데 오늘날까지도 민주주의가 흔들리는 일부 라틴아메리카에서는 이런 전통이 이어지고 있다. 이제는 고인이 된 베네수엘라의 우고 차베스 대통령을 두고 노벨 문학상 수상자인 페루 작가 마리오 바르가스 요사는 라틴아메리카 특유의 카우디요 전통을 잇는 자로 분류하고 카우디요를 손은 피로 물들고 주변인들의 굴종과 아첨으로 허영심만 가득한 짜증나는 광대들이라고 비판했다.

후안 마누엘 로사스는 연방 체제 수호자로서 부에노스아이레스의 주지사(1829-1852)를 맡게 되는데 외국 대사들의 신임장을 제정받고 스페인 전체의 군사 지휘권을 가짐으로써 스페인의 통수권자였다. 사실상 그가 아르헨티나의 대통령 노릇을 한 이 시기는 1827년 아르헨티나의 첫 번째 국가 부도가 터진 직후라서 어려운 시기였다. 이때 진 빚을 청산하는 데 아르헨티나는 30년이 걸렸다.

후안 마누엘 로사스는 겉으로는 연방주의자인 척하면서 혼란한 아르헨티나의 상황을 틈타 모든 권력을 자기 손아귀에 틀

어쥐려고 하였다. 그리고 연방주의자들과 중앙집권주의자들의 대립을 이용해 권력을 독점하였다.

테러를 일으키는 등 공포정치를 단행했고 반대파의 숙청 작업을 잔인하게 처리했다. 권력을 획득하고 가난한 가우초들의 지지 기반을 얻기 위해 필사적으로 노력했지만, 권력을 손에 쥔 후의 그는 토지 소유자들과 대 목장주들의 이익을 대변하는 권력자로 변해 있었다. 로사스는 정치 수완이 신출귀몰한 수준이었고 교활했다.

그의 부인이 죽고 나자 딸 마누엘리타가 아르헨티나에 부임하는 외국 대사들의 신임장을 제정받기 위한 예식에 참석하는 등의 퍼스트레이디의 역할을 맡게 된다. 그녀는 아버지를 수행하며 아버지가 만들어 놓은 딱딱한 분위기에 딸기 타르트 같은 부드러움과 인간적인 면을 더해 준다.

앞의 초상화 또한 마누엘리타의 부드럽고 온화한 면을 강조함으로써 아버지의 공포정치를 희석시키고 위장하려는 프로파간다이다. 하지만 그녀는 자신의 어머니처럼 정치 집단을 조직하는 등의 적극적 역할을 담당하지는 않았고 수동적인 선전물에 불과했다.

아버지 후안 마누엘 로사스는 19세기인 그 당시에 시대착오적인 중세적 홍보 마인드를 가지고 있었다. 전 국민들에게 자신의 초상화를 숭배하기를 강요했다. 독재자는 숭배자들에게 받들어지길 원한다. 단지 정서적 충족뿐 아니라 정권 유지를 위해서….

마누엘리타 초상화의 빨강은 아버지 후안 마누엘 로사스의 상징색이었다. 이 때는 말(horse)까지 후안 마누엘 로사스의 연방주의를 상징하는 빨간색 리본을 메고 다녀야 했다. 후안 마누엘 로사스는 아르헨티나 국민들이 교회에서 자신의 초상화 앞에 향을 피우도록까지 했다. 어이가 없다. 이러려고 산마르틴(San Martín) 장군이 전 생애를 바치고 목숨을 바쳐 아르헨티나를 스페인으로부터 해방시켰나?

또한 그는 하층민인 가우초로 구성된 마소르카(Mazorca)라는 살인을 밥 먹듯 하는 극렬 행동 단체를 조직했는데 그들의 유니폼도 빨간색이었다.

이 마소르카(Mazorca)들의 붉은색에 대한 집착은 굉장해서 아르헨티나의 상징색인 푸른 하늘색을 교회 천장에 칠하는 것을 훼방 놓았을 정도였다. 후안 마누엘 로사스의 정치적 정적이었던 사르미엔토는 '1835년에서 1840년 사이에 부에노스아이레스 사람들 가운데 거의 모두가 한 번쯤은 후안 마누엘 로사스의 감옥에 들어갔었다.'고 기록했다.

Juan Manuel Blanes, 〈마소르카〉

막대한 권력과 부에도 끝은 있다. 후안 마누엘 로사스는 우르끼사 장군에게 패배하고 실각하여 영국으로 망명을 떠나게 된다. 23년간 최고 권력자였던 로사스에 관한 평가는 지금도 아르헨티나 국민들 사이에서 활발히 논의되고 있다. 그에게 호감을 가진 사람들은 국가의 정치적 통일, 무질서의 종식 등을 그의 공으로 돌린다. 그의 과오는 독재자로서 아르헨티나 국민들에 대한 잔혹한 정치적, 사회적인 압박이다.

삶의 반전 하나….

아르헨티나에서 순종적이기만 했던 그의 딸은 망명 후 아버지의 격한 반대에도 불구하고 진실한 사랑을 찾아 결혼하게 된다. 1852년 영국 사우스 햄튼으로 온 지 1년 만에 아버지 친구의 아들인 막시모 테레로와 결혼하고 아들 둘을 낳고 평생을 해로하게 된다. 아버지의 실각으로 오히려 그녀에게는 평온하고 자유로운 삶이 찾아온 듯하다. 온몸에 붉은색을 두르고 정치 선전의 도구로 이용될 일도 없어졌다. 진정한 자신의 삶을 그녀는 찾아 나서게 된 것이다.

20세기 초반까지도 여성들은 부모의 소유물처럼 취급되는 게 당연한 시절이었다. 영화 〈타이타닉〉에서 엄마가 정해 주는 자산가 신랑감과의 결혼을 딸이 거부하자 엄마가 "아버지 유산은 대저택 밖에 없는데 넌 내가 평생 남의 집 삯바느질이나 하며 살아가기를 원하냐?"고 화를 낸다. 본인의 안락을 위해 딸의 희생을 당연시하다니? 어떻게 본인을 위해 딸의 희생을 강요할 수 있나? 하지만 이것이 20세기 초까지도 여성들이 처한 가정 내의 냉엄한 현실이었을 것이다.

부모는 자신을 위해 자식을 낳아선 안 되고 자식을 위해 자식을 낳아야 하거늘…. 그리고 자식이 독립할 수 있게 되면 부모가 먼저 선을 지켜줘야 한다. 어떤 부모들은 자식이 어렸을 땐 마스코트로 키우고, 한창 자라는 자식은 자신의 한풀이 대상으로 삼고, 늙어서는 노후대책으로 삼으려 한다. 현대 사회에서조차도 얽혀진 가족 관계에선 아들보다 딸의 입지가 더 취약할 수 있다.

어두운 야만의 시절이었기에 가정 안에서만 연대 없이 혼자 머무른 여성들은 주어진 삶 외에는 사회적 삶을 추구할 힘이 없었고 여성 스스로도 자신을 찾으려는 노력을 기울이기가 어려웠다. 그 시대에는 여성에 대한 존중은 그녀들의 삶에서 전반적으로 누릴 수 있는 권리였다기보다는 기사도 정신에서 비롯된 포장된 가시적 예절 정도에 그쳤을 것이다. 억눌려 있었던 마누엘리타에겐 아빠의 실각이 좋은 기회였을까? 반란을 꿈꾸지 못하던 그녀가 드디어 자연스레 아버지의 굴레를 벗어나 독립된 생활을 누리게 된 것이다.

후안 마누엘 로사스가 의도한 붉은 색은 무엇을 선전하려 했을까? 강렬함, 힘, 핏빛 공포를 보여 줌으로써 국민들을 더 두려움에 떨게 하여 억압하려 했던 것이 아닐까? 그 자신조차도 붉은색에 몰입되면서 장기독재가 가능할 것이라는 착각과 상상에 빠진 것일까?

내가 마누엘리타였다면 영국에 가선 절대로 붉은 옷을 입지 않았고, 집은 푸른빛이 감도는 인테리어를 하고, 붉은 사과나 수박은 먹지 않았을 터이고, 토마토소스는 절대로 끓이지 않았을 것이다. 아듀! 아듀!!라고 외치며 신선하고 차가운 영국의 공기를 들이마셨을 것이다.

자주 산책하던 팔레르모 공원에 있던 후안 마누엘 로사스의 동상

3. 사랑을 위하여

1) 마누엘리타 로사스의 이야기

영국으로 이주한 후의 마누엘리타 로사스, 그녀의 노년의 하루를 상상해 적어 보았다.

1898년 1월 5일

런던의 날씨가 점점 추워진다. 정원 풍경도 쓸쓸하게 변해가는구나. 여름날 그 탐스럽던 장미들도 흔적을 찾아볼 수 없네. 하녀 마리나가 따뜻한 마테 차 한 잔을 가져다 놓고 장작에 불을 붙인다. 마리나는 나와 함께 늙어가고 있다. 저 아이도 1852년 어느 날 밤 신원을 감추기 위해 선원 복장을 하고 나를 따라 이곳으로 왔다. 나 때문에 자기 부모, 형제와 생이별을 한 마리나는 고향이 얼마나 사무치게 그리울까?

다 말라 버렸던 눈물이 내 무릎 위에 떨어진다. 나도 나이가 든 걸까? 아버지가 돌아가시고 남편과도 이별한 이후로 자꾸만 마음이 약해진다. 누구보다 강인한 부모님의 핏줄을 이어받은 내가 말이다. 내 고향 아르헨티나는 지금쯤 행복한 여름을 기다리겠구나. 행복하기만 했던 어린 시절…. 결핍이라고는 모르고 산 시절이었다.

농장(Estancia)에서 말을 타고 독일인 선생님에게 피아노를 배우던 그 시절, 달이 휘영청 나를 비추면 난 머나먼 나라에 대한 동경으로 가슴이 뛰었지. 불어를 가정교사에게 배우면서 그런 감정은 점점 더 자라나기만 했었어. 항상 우리 집은 초대 받은 손님들로 넘쳐났었어. 영국에 망명을 오신 후로 나의 아버지 로사스(Juan Manuel de Rosas)는 참 외로우셨을 거야. 그렇지만 난 진심 어린 위로를 해 드린 적이 없었던 것 같아. 나는 항상 아버지에 대해 이중적인 감정을 가지고 있었어. 아버진 나를 사랑하면서도 딸의 인생을 지배하시길 원하셨지.

난 그리 예쁘지도 않고 특별하지도 않은 여자아이였지만 부모님께는 항상 공손한 딸이었어. 하지만 나도 원하는 사랑을 할 자유는 있다고 생각했어. 원하지도 않는 사람과 인생을 보내고 싶진 않았거든. 손님들이 오면 아버지는 나에게 쇼팽의 야상곡을 연주하기를 부탁하셨어. 부끄러웠지만 아버지의 청이어서 거절할 수는 없었어. 나는 곡을 연주하면서도 사실은 내가 사랑하는 사람을 위해 그 곡을 바치고 있었어.

아르헨티나의 광활한 팜파스와 찬란한 햇빛이 오늘따라 너무나 그립게 느껴진다. 지금 겨울인 이곳 런던은 비가 부슬부슬 내리고 안개로 싸여 있다. 아버지가 1829년 부에노스아이레스 주지사가 되면서부터 어머니는 점점 더 바빠지셨지. 어머닌 항상 에너지가 넘치셨어. 그녀는 아버지의 정치적 동지였어. 하지만 참 허망하게 느껴져. 과연 우리 부모님들은 무엇을 위해서 그리 열정적으로 사셨나 하는 것이지. 엄청난 부를 소유하시고 많은 친구들을 가지셨는데 그런 삶이 의미가 있었을까?

'힘에 대한 광적인 집착'이라는 말 외에는 달리 설명할 수가 없는 것 같아. 나의 부모님 같은 경우는 뜨거운 욕망을 한껏 충족시키려는 분들이셨지. 욕망을 제어한다든지 욕망을 다스린다든지 하는 문장들을 모르는 분들이었어.

아버지는 아주 보수적이셨고 스페인 식민지 시대의 생활양식을 찬미하셨어. 그때가 균형이 잡히고 예의가 있었던 시대라고 생각하셨지. 아버지는 사람 간에는 위계질서가 있어야 한다고 생각하셨지. 하인들을 대할 때도 항상 권위적이셨어. 가부장 제도를 옹호하셨고 인종주의적인 면모도 가지셨어. 인디오들에 대한 진정한 존중심이랄까? 그런 것들이 결핍된 분이셨지. 1833년부터 1834년에는 아르헨티나 남쪽에서 저항하는 인디오들에 대해 섬멸 작전을 펼쳤어. 그런 회상들을 하면 너무 끔찍해! 내가 살면서 얻은 불운들은 다 아버지 탓일까?

아버지는 1833년의 아버지의 추종자들이 일으킨 반동적이고 복고적인 쿠데타 덕분에 다시 권력을 잡으셨지. 아버지의 집권 시절에는 아르헨티나에 투옥, 고문, 사형이 끊임없이 일어났었어. 아버지는 마소르카(Mazorca)라는 정치 경찰까지 창설하셨는걸…. 힘을 가지고 있었기에 아무것도 두려운 게 없었던 것 같아. 신이 항상 자기편이라고 하시며 밤마다 기도하셨어.

아버진 대지주의 아들로 태어난 건강하고 명석한 사람으로 어릴 적부터 전쟁터에서 잔뼈가 굳으신 분이지. 아버지는 정말 용감하셨던 걸까? 사람을 못 믿으셨기에 적들과 때로는 주변 사람들에게까지도 비정했던 것일까? 하지만 그런 아버지조차도 한때는 어머니를 정말로 사랑하셨어. 그 당시로써는 드물게 가문과 신분의 격차를 뛰어넘어 사랑하셨지. 1838년 어머니가 돌아가시자 아버지는 미친 사람처럼 울부짖으시고 몇 달 동안 방에서 나오시지 않으셨어.

우리 아버지 로사스는 멋진 면도 있었던 분이셨지. 강대국의 압력이라고 무조건 굽히지는 않으셨어. 1845년 오브리가도 회

항(Vuelta del Obligado) 전투에서 영불연합 함대와의 싸움을 승리로 이끄시고 그들에게 관세 혜택을 빼앗으셨지. 유럽의 강대국들에게 아르헨티나를 함부로 할 수 없는 나라라는 이미지를 심어주지 않았을까?

하지만 아버진 젊은이들의 사랑을 이해해 주지 않으셨어. 부모의 허락을 받아야지만 가능하다는 입장이셨지. 그러니 가톨릭 사제와 도망을 간 내 친구 카밀라(Camila O'Gorman)는 결국 사형을 당하게 되었어. 카밀라가 나에게 아버지께 사면을 부탁해 달라고 했어. 난 아버지께 그들의 목숨만은 살려 달라고 애원했지만 아버진 요지부동이셨어.

그렇다고 우리 아버지가 자신의 욕정에 대해 엄격한 분도 아니었어. 그는 혼외정사로 얻은 자식들도 있었어. 그 중의 아들 하나는 남미 해방의 영웅인 산 마르띤 장군의 딸과 결혼했지. 아버진 위선자야. 내 친구 카밀라가 죽고 나서 난 아버질 증오하게 되었어. 나를 진정으로 이해해 주지 못하는 아버지께 나의 애인 막시모(Máximo) 이야기는 끝까지 비밀로 했어.

1852년 모든 걸 다 잃고 몰락해 버린 아버지가 영국으로 망명 오고 나서 내가 그해 결혼을 해 버렸으니 아버진 노발대발하셨어. 아버지 생각엔 당신이 권력을 잃자 내가 당신을 무시하고 제멋대로 한다고 생각하셨나봐. 과연 그럴까? 그럴 수도 있고 아닐 수도 있을 거야….

아버지 전성기 시절의 나는 프에이레돈(Prilidiano Pueyrredón)의 그림에 잘 나타나 있어. 프에이레돈은 파리 유학을 하고 아르헨티나의 팜파스 풍경과 인물을 많이 그린 유명 화가지. 난 정치 선전의 희생물이었어. 빨간 드레스에다 빨간 의자, 빨간 꽃, 빨간 커튼이라니, 맙소사! 내 꼴이 어릿광대 같기만 해. 당시에 빨간색은 아버지가 속한 연방 정부당(Federalist)의 상징이었거든. 그나마 화가 프에이레돈이 다른 사람들의 지나친 반발을 걱정해서인지 아니면 내가 불쌍했던지 흰색 레이스를 치마 주름에다 달았지 뭐야….

영국으로 망명 가신 아버진 1877년에 돌아가실 때까지 힘도 돈도 가지시지 못하게 되셨지. 그때 영국은 화려한 빅토리아 여왕 시대였지. 아르헨티나에서 모든 걸 갖고 계시던 분이 여기서는 가난하게 살아야 했었어. 나도 영국에서 경제적으로 좀 불편한 면은 있었지만, 사랑하는 사람과 함께 한 이곳 생활이 참으로 행복했어! 결혼 후 아버지가 계시는 사우스햄튼을 떠나 우린 신혼살림을 런던 외곽에다 차렸지.

아르헨티나에서의 생활은 부모님 때문에 숨이 막히는 것 같았어. 꼭두각시였어. 하지만 난 그 생활에도 겉으론 적응을 잘 해서 아버지가 날 마음에 들어 하셨지. 그래…. 그리 불행하지 않았을 수도 있었을 거야. 어떤 이들은 그런 생활을 동경할 수도 있겠지만 난 아르헨티나에서 살았다면 불가능한 사랑을 이곳에서 사랑하는 사람과 이루었어. 여기서 새로운 문화를 접하며 호기심을 잃지 않고 살았어. 에밀리 브론테의 시처럼 살고 싶었어.

'부귀영화를 가볍게 여기네'

나는 부를 대수롭지 않게 생각하고
세속적 사랑을 비웃는다.
명성에 대한 소망은
아침이면 사라질 한낱 꿈에 불과하니

내가 기도한다면
내 입술을 움직이는 유일한 기도는
"내 마음을 그대로 두시고
나에게 자유를 달라는 것."

그래, 시간이 재빨리 죽음을 향할 때

이것이 내가 애원하는 전부

삶과 죽음을 통하여 견디어 낼 수 있는 용기를 지닌

쇠사슬의 속박에서 벗어난 영혼

- 에밀리 브론테

2) 카밀라 이야기

앞의 마누엘리타 로사스의 회고에서 등장했던 카밀라는 아일랜드계 스페인 상류층의 여성이었다. 그녀의 아버지가 후안 마누엘 로사스 장군과 정치적 노선이 같은 연방주의자이고 그녀 또한 장군의 딸인 마누엘리타 로사스와 친해서 통치자 후안 마누엘 로사스 장군 집에 자주 놀러 갔다. 카밀라와 사랑에 빠진 라디슬라오(Ladislao)는 예수회 신부이고 그녀와 그녀 가족의 고해 신부였다.

1847년 12월 라디슬라오의 예수회 신부라는 신분으로 인해 그들은 이룰 수 없는 사랑을 위해 아르헨티나의 코리엔테스 지방에서 가명을 쓰고 함께 사는 도피행각을 벌였다. 카밀라는 마누엘리타 로사스에게 도와 달라고 사정을 했다. 하지만 마누엘리타 로사스의 아버지 후안 마누엘 로사스는 그들의 목숨만을 부지해 달라는 딸의 간청을 거부하고 1848년 8월 18일 그들을 사형에 처한다. 이때 카밀라는 20살이었고 라디슬라오는 24살이었다. 카밀라는 임신 8개월이었다.

그들을 죽음으로 내몬 것은 통치자 후안 마누엘 로사스만은 아니었다. 도저히 이해할 수 없지만, 카밀라의 아버지 아돌프가 그들을 처벌해 줄 것을 후안 마누엘 로사스 장군에게 강력하게 권고했다. 지금도 인도에 명예살인이 있다. 가족이 원하는 상대와 결혼하지 않고 여자가 좋아하는 남자와 결혼할 경우 오빠가 여동생을 죽인 끔찍한 사례가 있다.

후안 마누엘 로사스의 반대자이자 문명 예찬론자인 아르헨티나 대통령직에 오르기도 했던 사르미엔토도 사형을 적극 주장했고 아일랜드 커뮤니티의 신부들까지 아일랜드 이민자들의 명예가 그들의 잘못된 사랑으로 훼손되었다며 사형을 주장했다. 순수한 사랑 때문에 공식적 사형에 처해졌다. 말도 안 되는 처벌이다.

하지만 인간이라는 존재는 항상 특정한 시공간에 갇혀서 살수밖에 없기에 이런 일이 일어난다. 수백 년 전의 죄가 지금은 죄가 안 되고 아마 지금의 어떤 죄들은 백 년 후에는 죄가 성립되지 않을 수도 있을 것이다. 그 반대로 지금은 대수롭지 않은 일이지만 백 년 후에는 사형에 처해질 수 있는 죄도 있을 것이다.

예를 들면 전염병이 자주 창궐하다 보면 10년 후에는 마스크를 안 끼면 1년 이상의 징역형에 처해질 수도 있지 않을까? 몇 년 전만 해도 한국 사회에서 죄였던 간통죄가 이젠 완전히 폐지된 예도 있다. 지금도 이슬람의 많은 국가들에서는 동성연애를 죄로 취급하고 있다. 이란, 나이지리아, 예멘 등의 국가에서는 동성애는 사형이다. 반면에 동성애 합법화 국가도 대만과 태국을 포함해 30여 개에 이른다.

알렉산데르 6세처럼 예전의 교황 중에는 정부를 거느리고 자식까지 둔 사람들이 꽤 있었는데 라디슬라오의 경우가 왜 죄가 되었는지 모르겠다. 신부를 그만두고 환속해서 사랑하고 결혼하겠다는데 뭐가 잘못된 걸까? 한 번 신부였기 때문에 결혼할 수 없다는 주장이 그 시대의 사회 통념이었던 것 같다. 그들은 시대의 희생양이고 독립 후 아르헨티나 사회의 희생물이었다. 남에게 피해를 준 일도 없고 국가에 피해를 준 일도 없고 사랑을 위해서 살았던 사람들인데 말이다. 사랑이 죄인가?

로미오와 줄리엣의 사랑보다 더 불행했던 그들의 사랑…. 카밀라와 라디슬라오의 사랑이 공권력에 의해 박해를 당했다면 수백 년 전 스페인의 테루엘에는 돈 때문에 이별해야 했던 슬픈 연인들이 있었다.

3) 테루엘의 연인

무데하르 건축 양식이 참으로 아름다운 도시 테루엘(Teruel)에는 슬픈 이야기가 전해진다. 때는 1212년, 가난한 귀족 디에고 후안(Don Diego Juan)은 부잣집 딸 이사벨을 사랑해서 청혼했다. 하지만 이사벨의 부모는 디에고 후안이 가난하다는 이유로 거절하며 5년의 기한을 주어 그 안으로 돈을 벌면 결혼을 허락하겠다고 했다. 디에고는 전사가 되어 많은 돈을 벌어 돌아오는데 안타깝게도 그날은 이사벨의 결혼식이었다. 디에고는 둘이서 도망치자고 애원하나 이사벨은 자기는 이미 다른 남자의 부인이 되었다며 거절한다. 디에고는 자결한다. 디에고의 장례식장에 온 이사벨은 너무 큰 슬픔에 휩싸여 죽게 된다.

Antonio Muñóz Degrain, 〈테루엘의 연인〉(1884), 프라도 미술관

위의 그림은 바로 그 장례식장이다. 여러 전쟁에서 승리하여 부자가 된 디에고의 장례식장은 월계수와 지중해의 빛에 감싸여 화려하다. 오랫동안 전해져 내려왔던 이 이야기는 전설인 줄 알았으나 둘의 무덤이 발견되고 사실로 확인되었다. 그들의 시신은 현재 테루엘의 산 페드로 교회에 묻혀 있다.

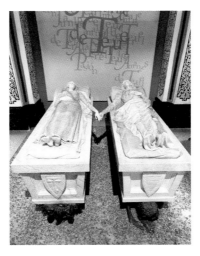

후안과 이사벨의 무덤

조각가 후안 데 아발로스(Juan de Ávalos y Taborda)는 이루어지지 못한 안타까운 그들의 사랑을 끝까지 손이 닿지 못한 슬픔으로 표현했다. 위의 사진으로 보면 잘 보이지 않지만, 조각상에 나타난 그들의 손은 닿으려고 애쓰고 있을 뿐 닿지 못한다. 시간과 돈의 악마들이 낄낄거리며 젊은 연인들을 상대로 장난을 쳤다.

4. 부에노스아이레스의 눈물의 날

지금 2020년 3월의 마지막 날 새벽 2시 37분 마드리드.

모차르트 레퀴엠의 〈분노의 날〉과 〈눈물의 날〉을 듣고 있다. 1791년의 여름날 폰 발제그 스투파흐(Von Walstegg Stuppach(1763-1827)) 백작이 모차르트에게 레퀴엠(진혼 미사곡)을 의뢰했다. 이 백작은 스무 살에 하늘나라로 떠난 자기 부인을 위해 모차르트에게 이 곡을 부탁했다. 모차르트도 죽음이 임박하게 되어 〈눈물의 날(Lacrimosa)〉을 완성하지 못했다.

모차르트의 상태가 위독할 때 이 곡을 부탁받은 것일까? 아니면 모차르트가 죽은 자를 위한 진혼곡인 레퀴엠에 너무 몰두해서 영혼까지 바치다 보니 병이 위중하게 된 것일까? 모차르트는 1791년 12월 5일 새벽 1시에 빈의 자기 집에서 죽었다.

지금의 상황을 이 음악보다 더 잘 대변해주고 있는 것은 없는 듯하다. 코로나바이러스 팬데믹으로 세계적으로 감염자가 78만 명이 넘었고 사망자가 3만 7천 명을 넘었다. 스페인의 상황은 너무 심각해서 확진자 87,956명, 사망자 7,716명으로 중국을 추월했고 마드리드는 통곡의 도시 우한을 넘어섰다. 10년 전

부에노스아이레스에 살 때 쓴 글을 찾아 옮겨본다.

아디오스 노니노(Adiós Nonino: 안녕, 영감)

이국에서 살면서 누군가의 외로움을 느끼게 되면 내 가슴 또한 시려진다. 요즘 나의 산책친구인 필리핀계 미국인 Evie를 보면서 동양인이 서양문화의 틀에서 산다는 것이 무엇이겠냐는 질문을 하게 된다. 어쩌면 시간의 흐름에 따라 적응해 살아가기 마련이라는 식의 시각은 너무나 안이하고 편협할지도 모른다. 교통수단이 발달하고 세계화가 됨으로써 세상이 좁아졌다. 수많은 이민자들의 물결로 넘쳐나지만 우리들의 마음은 얼마나 열려 있을까?

아르헨티나는 1850년대부터 유럽 이민자들을 대거 받아들인다. 그러니 대중들 뿐 아니라 대문호 보르헤스도 '아르헨티나 사람들은 배(Ship)에서 왔다.'고 이야기한다. 내가 아르헨티나를 처음 접한 것은 작곡가 아스토르 피아졸라의 탱고곡을 통해서다. 어떤 계기였는지는 잘 기억이 나지 않는데 아마 첼로 협주였던 것 같다. 멕시코에 있을 때 아르헨티나에서 근무하고 계신 남편 동료분께 부탁을 드려서 CD 3장을 선물로 받았었다. 이 가운데 1983년에 콜론극장에서 피아졸라가 직접 반도네온을 켜며 부에노스아이레스 교향악단과 협연한 곡인 〈아디오스 노니노(Adiós Nonino)〉가 들어있다. 추억이 가득 서린 우수 어린 멜로디의 반도네온이 크레셴도가 되면서 폭발할 듯한 격정적인 화음들로 변해간다.

〈아디오스 노니노〉의 초반부의 반도네온 연주를 들을 때면 이탈리아 남부에서 할아버지가 아르헨티나로 떠나는 배에 탄 아들과 손자를 배웅하는 아련한 장면이 떠오른다. 피아졸라의 부모도 이탈리아 이민자였다. 노니노는 할아버지라는 이탈리아어이다. 실제로는 〈아디오스 노니노〉, '안녕, 할아버지'는 피아졸라가 중앙아메리카로 연주 여행을 할 때 아버지의 부음 소식을 듣고 비탄에 빠져 지은 곡이라고 한다. 피아졸라는 그의 아버지를 '할배' 또는 '영감'이라는 애칭으로 불렀었다. 사랑하는 아버지를 떠나보내는 조용하고도 격렬한 슬픔과 함께 마지막 이별을 이해하고 받아들이는 작곡자의 따뜻함이 잘 드러나 있다.

〈아디오스 노니노〉는 피아졸라의 음악 중에서 일반인들에게 가장 친숙한 곡이므로 음악회에서 이 곡이 나오면 아르헨티나인들은 '브라보'를 외치며 환호한다. 피아졸라가 어린 시절과 청소년기를 뉴욕에서 보낸 덕분에 그의 음악을 '아르헨티나적'이라고 할 수 있느냐에 대한 논란도 있다. 여기에 대한 답은 '아르헨티나적'이란 단어 자체가 다문화의 융합을 의미하기에 그렇게 부를 수 있다는 것이다.

....

　아르헨티나는 그야말로 유럽 각국의 인종이 집대성된 나라이다. 이탈리아, 스페인, 스위스, 독일, 영국, 프랑스 등에서 건너온 이민자들로 이루어진 나라이다. 아르헨티나 이민의 역사에서 가장 많은 비율을 차지하고 있는 것이 이탈리아 사람이다. 이탈리아 출신이 2/5 정도이다. 멕시코에 있을 때 영국 친구가 이탈리아에서 먹은 뇨끼(gnocchi)보다 할머니의 손맛이 든 아르헨티나의 뇨끼가 더 맛있다고 할 정도였다.

　아르헨티나에 온 이탈리아 이민자들은 경제적으로 어려웠다. 그들을 이민 가도록 한 원동력은 가난이었을 것이다. 요즘처럼 교육을 위해서 온다고 하는 것은 그 사람들에게는 사치였을 뿐이었다. 큰 용기를 내고 온 이민이었지만 그들에게 타국에서의 삶이 녹록하지 않다는 것은 불을 보듯 뻔한 일이었다. 부에노스아이레스에는 1852년, 1858년, 1870년과 1871년 이렇게 4번의 황열병이 창궐했다.

　빈민촌에는 그 당시 상하수도 시설이 되지 않았고 주민들이 쓰레기를 대책 없이 길거리에 내버리는 등 위생 관념이 없어서 황열병이 발생하자 걷잡을 수 없었고 안타깝게 죽어간 사람 또한 무수했다. 하루에 부에노스아이레스 시민들이 500명 이상 죽어가는 때도 있었다. 이민 1세대의 타국에서의 죽음을 그들의 후손인 1.5세대, 2세대들은 어떻게 받아들이고 무엇으로 그 상처를 치유했을까?

후안 마누엘 블라네스(Juan Manuel Blanes)는 우루과이 화가인데 1871년 부에노스아이레스에 거주했을 당시 황열병을 목격하고 그 비참한 광경을 그림에 담았다.

그 당시 아르헨티나 남쪽 산텔모 지역에는 가난한 유럽 이민자들이 우후죽순으로 몰려들었다. 원래 19세기의 산텔모 지역은 대저택에서 사는 부유한 대토지 소유자들의 거주지였다. 하지만 황열병이 시작되자 그들은 산텔모를 버리고 부에노스아이레스 지역의 공기가 깨끗한 지역으로 이사하고 그들의 빈틈은 가난한 이탈리아 이민자들이 메꾸게 되었다. 부자들이 살던 산텔모의 맨션은 가난한 이민자들을 위해 조그맣게 조각조각 절단됐다. 이 비좁아 터진 집의 이름이 콘벤티요(Conventillo)이다.

1870년 이탈리아는 로마제국 이후 1500년 만에 다시 반도 전체를 통일하고 수도를 피렌체에서 로마로 옮겼다. 이 시기 이탈리아는 혼란스러운 상황이었고 경제적으로도 고통스러웠던 시기였기에 많은 하층민이 아르헨티나에 농사지을 풍부한 땅이 있다는 소문을 듣고 몰려왔다. 그들이 고향을 등지고 신대륙으로 건너온 이유는 이탈리아에서 퍼진 콜레라 때문이기도 하였다. 1854-55년과 1865-67년에 이탈리아에는 콜레라가 창궐했다.

시골로 가지 않고 부에노스아이레스에 온 이탈리아 이민자들은 무슨 일을 하며 생계를 꾸렸을까? 그들은 좁아빠지고 열악한 산텔모의 콘벤티요에 살았었다. 스페인어도 능숙하게 구사하지 못했었다. 상상해 보건대 그들은 육체노동으로 생계를 연명하는 방법밖에 없었을 것이다.

이탈리아 이민자들은 유럽에서 벼룩을 몰고 왔다는 소문으로 인한 비난과 멸시에서 자유롭지 못했다. 황열병을 전파했다는 음모와 멸시에서 벗어나기 위해 5,000여 명의 이탈리아인들은 고국으로 돌아가길 원했으나 배의 자리가 한정되어서 거의 타지 못했고 배를 탄 사람들조차도 망망대해에서 많이 죽었다고 한다.

다음 그림에는 그들이 거주하던 콘벤티요의 비참한 상황이 나타나 있다. 그림의 광경은 실제로 이 그림을 그린 화가 블라네스가 체험한 것이라고 한다. 왼쪽에 모자를 들고 있는 사람은 당대의 의사인 마누엘 아르헤리치(Manuel Argerich)이다. 그는 황열병 환자들을 치료하기 위해 헌신적으로 일하다 결국 목숨을 잃게 되었다. 그때의 이탈리아인들은 그런 어려움을 극복하면서 결국 부에노스아이레스의 주인이 되었다.

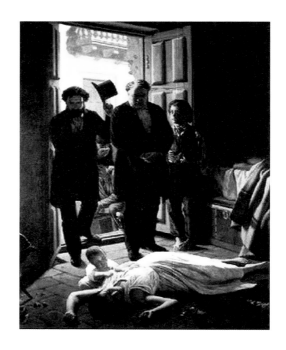

지성인들에 의해서도 이탈리아 이민자들이 문화적 배척을 당할 수 있다. 호르헤 루이스 보르헤스는 보카 지구에 몰려든 제노바 사람들 때문에 탱고의 질이 저하되었다고 생각한다. 원래

는 대담무쌍한 허세와 과시, 폭력성이 살아있는 사창가에서 남자들끼리의 춤으로 시작된 크리오요들의 탱고가 파리에서 호평을 받으면서 부에노스아이레스의 콘벤티요로 돌아와 이탈리아 이민자들의 지나간 세월에 대한 넋두리를 쏟아내는 서글픈 자기 연민에 빠진 음악으로 변질되었다고 본다. 보르헤스는 크리오요적인 탱고 음악을 소개한 작곡가로 아르투로 데 바시(Arturo de Bassi, 1890-1950) 등을 꼽는다.

이제 유럽 국가들은 점점 이민자에게 까다롭게 굴고 있다. 일자리 구하기가 힘들어지면서 핑계를 이민자들에게 떠넘기고 그들을 배척하는 분위기가 농후해지고 있다. 하지만 이민자들을 차별하는 그들의 선조들도 과거에는 이민자였을 것이다. 누가 빨리 정착했느냐는 시간 차이만 있을 뿐 구석기 시대부터 인류가 정착지를 찾기 위한 이동의 역사는 끊임없이 지속되어 왔다.

유럽 국가 중에서 난민이나 가난한 이민자들을 가장 환영하는 나라는 스페인이다. 스페인의 유력지 〈엘 파이스(El País)〉의 조사에 의하면 스페인인들의 86%가 난민을 환영한다는 것이다. 조셉 보렐 전 스페인 외무장관은 유럽 인구가 늙고 감소하고 있다며 이민자를 받아들여야 한다고 하였다.

로마가 2000년을 버틴 것은 이민자들에게 넓은 문을 열어두고 차별하지 않은 덕분이라고 한다. 미국 같은 경우도 앞으로 미국 사회의 앞날은 우수하고 재능 있는 이민자들에게 달려 있다고 본다. 한국도 탈북자들과 조선족들은 물론이고 동남아 이민자들을 껴안아야만 사회의 미래가 안정되고 발전해 나갈 수 있다. 어느 나라에서 태어났는가는 그 사람이 선택한 조건은 아니다. 다른 나라로 이민 간다는 것은 새로운 땅을 선택하고 제2의 조국으로 삼겠다는 의지일 것이다.

　　전 세계가 세계화 구호를 외치면서도 이민자들에게 우호적이지 않게 되어간다는 것은 정말 밥그릇 싸움에만 목숨 걸고 있는 것 같아 서글프다. 약자와 더불어 살 수 있는 세상이 되었으면 좋겠다. 지금은 아무 능력 없고 가난한 이민자들이 세월이 지남에 따라 국가 발전의 원동력이 되어줄 것이다. 미국 같은 경우는 부모가 가난한 중남미 노동자로 미국에 왔지만 자식 세대에서 미국의 주류사회로 진입하는 경우가 꽤 있다.

　　세월은 필연적으로 동화를 낳으므로 길게 보면 이민자냐 원주민이냐는 이분법적인 구별조차 불필요할지도 모른다. 부에노스아이레스에 정착한 이탈리아 후손들은 스페인어가 모국어가 되고 세월이 흐르면서 그 후손들의 후대들에게는 이탈리아는 먼 땅이 되고 이탈리아어는 외국어가 되었다. 그들에게 있어 아르헨티나가 진정한 조국인 것이다.

세월이 흐르니 많은 것들이 변했고 싫든 좋든 인류는 새로운 기록들을 써나가는 중이다. 그 당시 황열병의 비극을 겪은 산텔모는 이제는 골동품들을 파는 우아하고 재미있고 호기심을 불러일으키는 지역으로 변했다. 우린 부에노스아이레스에 살았을 적에 산텔모 지역에 있는 데펜사(Defensa) 거리의 Amici Miei(내 친구들)라는 상호를 가진 이탈리아 식당에 가서 알리오 올리오 파스타와 마르게리타 피자를 자주 먹었다. 이 글을 쓰다 보니 갑자기 부에노스아이레스가 그리워진다. 그곳으로 돌아갈 수 있을까?

부에노스아이레스에 살 때는 부에노스아이레스를 '카페들의 도시'로 유네스코에 등재하려고 시 정부에서 시도한다고 해서 비웃기만 했는데, 그곳을 떠나보니 이 세상에는 부에노스아이레스만큼 카페가 많은 곳은 없다는 것을 깨닫게 되었다. 그곳의 카페는 특유의 분위기와 향기를 머금고 있었다. 부에노스아이레스에 온 수많은 이민자들도 나처럼 카페에 가서 따뜻한 커피 한 잔으로 마음을 달래지 않았을까?

2013년 이탈리아 출신의 이민자 부모를 둔 부에노스아이레스의 대주교 베르고글리오는 교황에 선출되었다. 며칠 전 프란시스코 교황은 비를 맞으며 코로나로 고통받는 인류를 위해 성베드로 광장을 거닐며 미사를 올렸다. "폭풍우 속에서 배에 타고 있는 인류를 위해 잠을 깨십시오! 주님! 우리의 고통을 주님께 바치니 주님께서 우리를 인도해 주소서."라는 기도를 올렸다. 그는 의료인력, 슈퍼마켓 계산원 등 공포심을 무릅쓰고 인류를 위한 상생과 연대의 정신을 실천하고 있는 사람들에게 큰 감사를 표했다.

지금은 장례식마저 금지되어 위로마저 차단당한 스페인에서 코로나가 진정 단계로 접어들면 동양인에 대한 혐오감을 표출하는 일이 일어나지 않을까 걱정된다. 벌써 유럽의 어떤 나라들에서는 코로나로 인해 한국인에 대한 폭행 사건이 터진 적이 있다.

그리고 너무나 큰 트라우마를 겪은 스페인인들은 예전 같은 일상으로 돌아갈 수 있을까? 이제 가장 필요한 것은 사람들끼리의 사랑이고 위로다. 칠흑같이 어두운 밤엔 사랑만이 사막의 새벽별이 되어 비추리라….

5. 어떤 선택

　1967년 10월 9일 볼리비아의 산악마을에서 한 남자가 총알에 맞아 몸이 누더기가 되고 수 없는 날들을 굶주림과 싸우다가 비참하게 살해당했다. 그는 20세기 혁명의 아이콘인 아르헨티나 출신 체 게바라였다. 하늘의 별 하나가 떨어져 세상에서 체 게바라로 살았었고 그 별의 운명이 다하자 그는 다시 꿈의 세계로 날아갔다.

　샤르트르는 그를 20세기의 가장 완전한 인간이라 평했는데, 이상화된 세상을 실현하기 위해 그가 내디딘 발걸음들이 밟아나간 선택지들을 보면 경이롭다. 인간으로서의 개인적 안락함은 시궁창에 처넣고 먼 곳에 있는 타인의 고통을 함께하기 위해 살다 갔다. 소유하고 있는 모든 것들을 확실하게 버려가며 꿈만을 좇았다. 자기 모든 것을 가난한 자들에게 다 나눠주고 간 아시시의 성인 프란체스코와 체 게바라가 다른 점이 있다면 체 게바라는 십자가 앞에 무릎 꿇고 기도하는 대신 총으로 평등한 세상을 꿈꾸며 기도했다는 것이다.

　젊었을 때 체 게바라가 동경의 대상이었는데, 2001년 봄 어느 날 남편이 프랑스 기자 장 코르미에가 지은 『체 게바라』 평전을 사 와서 읽게 되었다. 체 게바라는 미국의 꼭두각시였던 쿠바의 바티스타 정권의 해방자였다는 게 나를 끌어당겼다. 누가 거대한 국가를 향해 싸움을 걸 수 있는가?

쿠바라는 공산주의 국가에 대한 궁금증이 날이 갈수록 강렬해졌기에 2004년 멕시코에 체류할 당시 우리 가족은 쿠바 여행을 갔다. 그때는 이미 소련, 동독과 동유럽 공산주의 국가가 다 무너졌던 때였다. 1959년 체 게바라가 피델 카스트로를 도와 중남미 최초이자 마지막으로 공산혁명을 성공시켰던 나라이자 북한과 중국을 제외한 지구상의 마지막 공산주의 국가 쿠바를 구경하고 확인해 보고 싶었다.

현재를 살고 있는 쿠바 사람들의 정체가 궁금했다. 그들은 공산주의 체제에 대해 자신만만하고 자긍심이 드높고 자본주의 체제에 갇힌 사람들을 가련하게 바라볼까? 그들은 가난하지만, 행복과 인정이 넘쳐나는 사회를 이루고 살고 있을까?

당시의 쿠바 여행기는 거의 쿠바의 문화 유적과 해변에 대한 찬양 일색이어서 기대감에 부풀게 만들었지만, 출입국 심사대의 공무원들은 딱딱했고 공항 분위기는 서방 국가들의 밝음이나 화사함과 같은 들뜬 분위기는 찾아볼 수 없이 무겁기만 했다.

아바나에 도착하니 도시는 불에 그을린 것처럼 곧 쓰러질 것 같이 흉물스러웠다. 적어도 새로 지어진 고층 빌딩이 즐비한 한국이라는 자본주의 체제에서 태어나 양육된 나의 눈에는 그렇게 비쳤다.

곳곳의 벽에 〈조국이 아니면 죽음을 달라〉와 〈체 게바라를 닮자〉라는 비장한 구호가 새겨져 있었다. 당시 거주하던 멕시코 시티만 보더라도 과거를 품고 있으면서도 미래를 향해 달려가는 느낌을 주는데, 아바나의 이미지는 과거로만 회귀하기를 염원하는 도시 같았다. 대한민국의 50년대를 걸어 다니는 시간 여행자가 된 느낌이랄까? 겉보기에도 퇴락해 보이는 5성 호텔엔 군데군데 떨어져 나간 수도꼭지 등의 수리가 필요했고 호텔 보이는 돈을 주면 시가를 구해준다는 딜을 투숙객을 상대로 열심히 하였다.

본격적인 관광을 위해 거리로 나오자 쿠바 전통 복장을 하고 약간의 돈을 주면 사진을 함께 찍어주는 흑인 할머니들이 있었다. 관광객들이 블로그 등에 많이 올린 전형적인 모습이었다. 관광 명소의 관리인들은 사진 금지 구역을 가리키며 선물을 주면 사진을 찍게 해 주겠다고 해서 미리 준비해 온 사탕을 주었더니, 손주들이 많다고 해서 사탕을 봉지째 안겨 주었다. 이 나라에선 다른 나라에선 거들떠보지도 않는 사탕까지도 챙기나?

　고급 슈퍼에는 채소, 고기 등도 적은 양으로 빈한하게 초라한 행색을 유지하고 있었고 공항 면세점에도 물건이 없으니 아이쇼핑조차 불가능했다. 가게에 쌓인 물건만 봐도 마음이 편해진다는 것을 그때 처음 알았다. 텅텅 빈 가게 자체가 스트레스였다. 근검절약이 몸에 배어 거의 소비 없이 살 수 있다고 자신하는 나조차도 공산주의 낙원의 실상을 쳐다본다는 것이 몹시 힘들었다. 쿠바 전체가 구멍 난 양말을 신고 다니며 청빈과 가난을 목표로 삼고 있는 거대한 봉쇄 수도원 같았다.

　눈 앞에 펼쳐진 쿠바의 현실이 쿠바에 대한 동경으로 가득 차 있던 낭만적인 성향의 나를 잘게 잘게 난도질한 느낌이랄까? 시내 햄버거집에 가면 케첩이 부족했다. 절대 빈곤율이 높은 멕시코지만 햄버거집에서 토마토케첩을 달라고 하면 뜯지도 않은 새 케첩 병 하나를 식탁에 가져다 놓는다. 자본주의 국가는 이렇듯 적어도 사치재가 아닌 다음에야 생활필수품을 시시각각 쏟아내면서 살아간다.

　저녁에는 호텔에서 3시간 정도 정전이 되었다. 익숙한 일인지 별 동요도 없었다. 아침에는 호텔 식당에 종이로 된 냅킨조차 부족했다. 시내 관광 안내원에게 한 달에 얼마로 사냐고 물으니 100달러로 산다고 했다. 그녀의 얼굴에서 국가에 대한 원망은 찾아볼 수 없었지만 자기 스스로의 생에 대한 체념은 엿볼 수 있었다. 어릴 때부터 근근하게 살아가는 삶이 일상이 되어버린 것이다. 한국인들은 쿠바의 해변이 너무 아름답다는 등의 매력적인 쿠바를 말하지만, 실상은 대부분의 쿠바인은 너무 가난해서 팥만 먹고 산다고 한다. 더 끔찍한 것은 북한과 비교하면 쿠바는 너무도 잘 사는 수준이라고 한다.

1959년 쿠바혁명 후 무상몰수와 무상분배에 기반을 둔 토지개혁을 하고, 미국 자본을 몰아내어 국유화하고 얻어낸 결과는 전 국민의 생활 수준의 하향 평준화였다. 피델 카스트로와 체 게바라가 가난한 나라를 꿈꾸진 않았을 테지만 결과는 이렇게 되었다.

체 게바라는 상공부 장관 시절 그를 만난 프랑스의 철학자이자 경제학자인 샤를르 베틀랭(Charles Bettelheim)이 "품질상승을 위해 임금상승이 필요하다."는 주장을 하자 체 게바라는 "임금은 자본주의적 자극제라 임금을 올리는 것을 받아들일 수 없다."고 했다. 체 게바라는 돈이라는 자극제 대신 윤리적 자극이 필요하다고 했다. 체 게바라는 이렇듯 속세의 인간에 대한 철저한 이해 없이 어쩌면 허무한 꿈을 좇아 살다 갔는지도 모르겠다. 도덕과 윤리로 한 나라의 경제 발전을 이룰 수 있다는 것은 개인의 몽상적 생각에 불과할 수 있고 한 나라의 산업부 장관이 그런 생각이 골수에 박혀 있다면 위험하기 짝이 없는 듯하다.

국가는 선의를 가진 수십 명, 수백 명이 서로에 대한 봉사와 사랑으로 똘똘 뭉친 집단이 아닌데 말이다. 그러기는커녕 재산 문제로 형제자매 사이에서까지도 분란이 생길 수 있다. 북한 인민들은 공산주의 사상이 철저하게 세뇌가 되어서 소유에 대한 욕심이 전혀 없을까 생각해 보면 전혀 그렇지 않을 듯싶다. 자본주의의 역사는 인류가 구석기 시대에 동굴에서 생존했을 때부터 생겨났다고 본다. 동굴을 먼저 점유한 사람이 동굴에 들어오고 싶다는 모든 후발주자를 다 받아들일 리가 만무하다. 수요와 공급의 법칙이 자본주의 경제의 기본일 것이다.

쿠바 여행을 마치고 멕시코에 와서 유럽인 친구들에게 "내가 그들에게 기득권 세력의 거주지가 어디냐고 물으니 쿠바인들은 그런 곳은 존재하지 않는다."고 답했다 하니, 외모와 성품이 다정하기 짝이 없던 독일인 변호사 친구인 Tiana sobl이 "세상에는 부자들의 주거단지가 없는 곳은 없다."며 웃었다. 비밀로 부쳐졌을 거라고 했다.

공산주의 국가의 '만인을 위한 경제적 평등'을 이야기하면 지나가는 소가 웃고 삼척동자도 웃을 것이다. 위선과 기만일 뿐이다. 시내 투어를 시켜 준 마부는 쿠바는 잘 살진 못하지만, 고교 교육까지 무상이고 의료도 무료라고 했다. 쿠바의 무료 의료체제는 '장사로서의 의료행위는 폐지되어야 한다.'고 생각한 체 게바라의 사상에 영향을 받았다.

젊은 날 그는 영국의 노동당 정부에서 추진하고 있는 의료 국영화에 지지를 보냈다. 하지만 지금의 코로나 시국에 비추어 영국 의료 시스템이 흔들리는 걸 보면 영국의 의료 국영화 병원인 엔에이치에스(NHS)도 응급 대응과 의료의 질적 수준에 대해 고민하지 않을 수 없을 것 같다.

체 게바라의 영향 때문인지 2020년 현재 깊은 경제적 수렁에 빠져 있는 아르헨티나조차도 무료 의료 국가라서 파라과이, 볼리비아 등의 주변 국가들의 암 환자들이 몰려들고, 아르헨티나 의사들은 버스 운전수들보다 월급이 적어서 한인 이민자들 중에는 전문의 자격증을 따고서도 더 수익성이 높다는 의류 판매업에 종사하기도 한다.

쿠바의 의료정책은 인간의 존엄성에 최고의 가치를 둔 인간적인 위대한 정책이다. 하지만 대한민국의 의료보험과 비교를 해 보면 누가 과연 진정한 승리자인가? 한국에선 대형 종합병원들은 로봇수술을 비롯한 최신식 의료 기기와 최첨단 설비를 갖추고 있고 동네 병원에서는 편안하고 빠르고 친절한 진료를 기대할 수 있지만, 쿠바는 의료설비가 어떤 수준일까? 무척 낙후되었을 게 뻔하다. 언제든지 내 집 안방처럼 드나들 수 있는 동네 병원이란 개념이 쿠바에 있기조차나 할까? 쿠바는 영아 사망률이 세계 최저라고 자랑하지만 언론의 자유가 박탈된 그곳 정보를 100% 믿을 수가 없고 쿠바의 의학은 주로 예방의학, 대체의학 중심이라고 한다.

헤밍웨이가 자주 왔다는 보데기타 델 메디오라는 유명 식당에 가 봐도 재료가 풍부하지 않다는 걸 눈치챌 수 있었다. 헤밍웨이는 좌파 사상이 농후한 작가지만 친미 독재인 바티스타 정권 아래 20년을 쿠바의 호화 별장에서 살며 『누구를 위하여 종은 울리나』와 노벨 문학상을 안겨 준 『노인과 바다』 등의 명작을 쓰고 낚시를 즐기며 모히또(Mojito)를 마시며 인생을 뜨겁게 누렸다.

하지만 1959년 피델 카스트로의 쿠바혁명이 성공하자 1년 뒤 미국으로 돌아가 2개월 뒤 자살로 생을 마감했다. 헤밍웨이는 쿠바를 무척 사랑했으나 혁명정부가 미국인들의 재산을 몰수하는 정책을 펴자 쿠바에 남아있을 수가 없었다. 자기의 터전이었던 쿠바에서의 삶을 빼앗기자 공황 상태에 빠져 견딜 수 없었을 것이다. 헤밍웨이의 자살 이유에 대해 건강 문제 등 여러가지 설이 있는데 갑작스러운 미국으로의 이주도 영향을 끼치지 않았을까 짐작해 본다.

영화 〈대부 2〉에서도 볼 수 있듯이 1959년 혁명 전의 아바나는 미국 관광객들이 몰려드는 흥청망청한 화려한 도시였다. 공산화가 된 후에 미국 자본은 다 철수해 버리고 미국의 제재에 시달리는 중이다. 있는 자들은 플로리다의 마이애미로 도망가 버리고 중류층들은 점점 더 가난하게만 되어갔다. 유력한 쿠바 일간지 〈그란마(Granma)〉를 읽어 보면 체제 선전뿐이고 경제적 문화적으로 고립되어 있다는 것을 알 수 있다. 쿠바는 그야말로 지형학적 특징 그대로 외로운 섬이 되어버렸다.

시내에 가면 50년대 클래식 차들이 번쩍번쩍 뽐내며 다니지만, 이 차들은 모조리 혁명 전의 차에 도색을 한 것들이고 이제차를 생산할 자본도 능력도 없으니 50년도 더 된 차를 몰고 다닌다. 공산주의자들의 기만과 실책들…. 쿠바의 위정자들은 의도치 않았다고 하더라도 결과적으로 인민을 기만했고 체 게바라의 황홀하고 원대한 꿈 때문에 쿠바의 인민들은 전 세계가 누리는 물질적 풍요로움에서 제외되었다.

일주일간의 쿠바 여행 뒤에 돌아온 멕시코시티가 얼마나 화려하게 느껴지고 편안했는지 모른다. 그 위험하다는 멕시코시티가 그리 안락하게 느껴질 정도로 나는 쿠바에서 긴장하고 있었고 즐거운 여행을 계속하느라 안간힘을 썼다. 자유가 박탈된 공산주의 사회의 안전함보다는 자본주의 사회에서의 위험함을 선택하고 싶다. 멕시코시티의 공항에서 집으로 돌아오는 택시 안에서 내 몸의 모든 힘이 다 빠져나가 버려 몸이 고꾸라지는 듯했다.

체 게바라….

체 게바라가 유년 시절을 보낸 자택

1928년에 태어난 그는 코르도바의 알타 그라시아(Alta Gracia)에서 어린 시절을 보냈다. 체 게바라는 고집 세고 강인한 기질의 아일랜드와 바스크(스페인 북부와 프랑스 남부에 위치한 지역) 혈통을 지니고 태어났다. 아르헨티나에 머물 당시 체 게바라의 추억을 따라가기 위해 그곳에 갔다. 넓고 큰 그의 집을 볼 수 있었는데 어렸을 적 동생들과 술래잡기를 하는 그의 행복한 모습을 상상할 수 있었다.

한쪽 벽에는 그의 집 가정부의 회고담이 쓰여 있다. 그 가정부는 체 게바라 집에서 몇 년간 일하다 떠났다. 그로부터 몇 년 후 우연히 체 게바라를 만났는데 체 게바라가 와락 달려들며 껴안았다고 한다. 어린 시절의 체 게바라는 다정하고 활달한 인물이었던 듯하다. 그의 어린 시절은 천식이라는 병 외엔 안락하고 평온했고 그 당시 아르헨티나가 프랑스를 앞질렀을 정도로 잘 살았기에 풍요로웠으리라.

성장해선 본인의 심한 천식에 관한 관심 때문인지 부에노스아이레스 의대에 입학해서 알레르기학을 전공하게 된다. 졸업을 앞두고 7개월간의 긴 여행을 하게 되는데 유럽행이냐, 라틴아메리카행이냐를 고민하다가 그는 선조의 나라들인 유럽 대신, 그가 태어난 라틴아메리카행을 감행한다. 아마 그의 마음속에는 그림엽서 식의 예쁜 여행 대신 생생한 라틴아메리카 민중의 삶을 체험하려는 의식이 깔려있었을 것이다.

이 여행이 시작된 지 얼마 안 되는 1952년 1월만 해도 그는 아르헨티나 북부의 산 마르틴 데 로스 안데스(San Martín de los Andes)에서 자연 풍경의 아름다움에 감탄하여 어머니에게 편지를 쓰기도 하고 후일에 호숫가에 연구소를 지어놓고 아름다운 호수가 내다보이는 커다란 창문을 상상했고 겨울에는 눈이 땅을 하얗게 덮는 곳에서 살아갈 달콤한 꿈을 꾸기도 한다.

하지만 가난 때문에 천막 하나로 살을 에는 추운 겨울을 호숫가에서 지내는 젊은 부부에게 담요와 마테차를 나누어 주며 그는 라틴아메리카 민중의 고달픈 현실에 눈을 뜨게 된다. 봄이 오자 그는 볼리비아에 있는 추키카마타(Chuquicamata) 광산에서 자본주의에 대항하는 미래의 전사로서의 싹을 틔우게 된다. 그 광산에서 보상금도 없이 일하다 죽은 만 명의 노동자의 묘지를 보았고, 광산에서 올린 막대한 이익금들은 미국 회사의 배를 불린다는 것을 깨닫고 체 게바라는 좌절과 깊은 분노에 빠진다.

광산 단지 안에는 미국인을 위한 학교나 집 등이 잘 지어져 있었고 원주민 노동자들에겐 바라크라는 형편없는 주거시설만이

배당되었다. 체 게바라에게 더 큰 아픔을 안겨준 것은 이런 크나큰 생활 조건의 격차보다 노동자들 스스로가 인간으로서의 최소한의 권리조차 무엇인지 모른다는 사실이었다.

이 일을 계기로 부에노스아이레스의 안정된 중산층의 삶을 누리던 체 게바라는 변하기 시작했다. 만약 그가 라틴아메리카 대신 그의 선조들이 살았던 스페인을 여행지로 택했으면 어떻게 되었을까?

1952년의 스페인은 아르헨티나보다 가난한 시절이었고 프랑코 우파 독재 시절이라 체 게바라가 스페인에 대해 격렬한 비판을 했겠지만 절대로 그의 삶을 송두리째 바꾸진 못했을 것이고, 유럽 여행을 끝내고 부에노스아이레스에서 알레르기학의 권위자가 되어 안정된 의사의 삶을 누리며 그 당시 사귀었던 코르도바 대농장주의 딸인 치치나의 남편이 되었을 것이다.

하지만 그는 가깝고 도달하기 쉬운 현실의 길을 걷기보다 먼 꿈을 좇는 몽상가였다. 이 여행이 끝난 2년 뒤 그는 멕시코에서 피델 카스트로를 만나서 쿠바를 침공하는 조직에 합류하게 된다. 혁명이 성공하자 그는 쿠바에서 31살에 국립은행 총재를 역임하고 33살에 산업부 장관이 되고 북한에 가서 김일성 주석을 접견하고 중국에 가서 마오쩌둥을 만나는 등 쿠바의 대사 역할도 한다. 거기다 5자녀의 아버지가 된다.

그때는 아마 체 게바라 자신도 쿠바에서 평생 살 줄 알았을 것이다. 하지만 그는 소련에 대한 독립적이고 강경한 자세를 취하게 됨으로써 소련의 영향권에 들어가고자 하는 피델 카스트로와 이견이 생겨 결국 1965년 쿠바를 떠나서 콩고로 향한다. 체 게바라는 사회주의자였고 라틴아메리카 민중들의 강대국들로부터의 종속상태를 해방시키려고 한 투사였지 공산주의자가 아니었다. 혁명 후에도 그는 이렇게 썼다.

"민중을 헐벗게 하는 자본주의와 먹고사는 문제는 해결할지 몰라도 자유를 억압하는 공산주의 중에서 택일해야 한다. 자본주의는 인간을 제물로 삼고 공산국가는 인간의 권리를 희생시킨다. 그래서 우리가 이 둘 중의 어느 것도 받아들일 수 없다. 우리의 혁명은 쿠바만의 주체적 혁명이어야 한다."

피델 카스트로와 갈등이 있었다 할지라도 왜 그는 카스트로의 압력대로 모든 공직에서 은퇴하고 가족들과 행복하고 유유자적하게 지내는 아바나 교외에서의 삶을 선택하지 않았을까? 체 게바라의 비판론자에 따르면 체 게바라는 혁명 성공 후 인공

폭포까지 갖춘 럭셔리한 집에서 거주했다고 한다. 그런 집을 헌신짝처럼 버리고 그는 왜 해충들이 우글대는 정글에서의 삶을 택했을까? 체 게바라는 골프광, 독서광이었고 체스 챔피언이라 평생 골프를 벗 삼고 체스를 두며 책만 읽고 살아도 재미있게 살았을 텐데 말이다. 왜 그 험한 콩고로, 볼리비아로 가야 했나? 전투광이었나? 극소수 병사를 데리고 질 게 뻔한 왜 그런 위험천만한 투쟁을 택했나?

1966년의 어느 날 스페인 마드리드에 망명 중이던 아르헨티나 전직 대통령인 페론의 집에 체 게바라가 찾아갔다. 체 게바라가 볼리비아로 떠나기 직전 볼리비아의 군사, 정치 상황 등의 정보를 얻기 위해 찾아간 것이다. 페론은 체 게바라가 천식 환자임을 알았기에 고산지대인 볼리비아에서의 투쟁은 불가능하다며 극구 만류했다. 하지만 체 게바라는 길을 나서고야 만다. 체 게바라가 죽은 뒤 페론은 체 게바라의 볼리비아에서의 게릴라 작전은 무모했고 자살행위에 가까웠다며 애도했다.

게릴라전을 펼치던 그의 조그마한 낙은 아버지가 부쳐준 쓴 마테(Mate) 차를 마시는 일이었다. 그는 어렸을 땐 설탕을 듬뿍 넣고 마셨는데 나이 들어 취향이 변해서 쓴 마테차를 즐겼다. 친구들에게 쓴 편지에는 함께 아르헨티나식 고기만두인 엠파나다

(Empanada)를 먹고 싶다고 했다. 하지만 친구들과 엠파나다를 먹는 소박한 즐거움도 게릴라전을 펼치러 정글에 있는 그에겐 먼 나라에서 벌어지는 별세계의 일이 되어버렸다.

그가 젊은 시절 쓴 라틴 여행 일기에서 그는 "여행하도록 운명 지어졌지만 방랑에 지쳤을 땐 아르헨티나의 호숫가에서 연구소를 짓고 보트 위에서 낚시도 하고 처녀림 숲속으로의 끝없는 소풍을 꿈꾼다."고 했다. 하지만 여행을 통해 라틴아메리카 민중의 고난에 찬 삶을 생생히 접하고서는 소박하고 예쁜 꿈과는 작별을 고하고 죽음이 기다리는 길을 선택해야 했다.

체 게바라는 이루어질 수 없는 꿈으로 나아가고 싶어 했고 장애물 따위는 전혀 개의치 않고 멈춤 없이 끈질기고 끈기 있게 '라틴아메리카 민중의 진정한 해방'이라는 꿈을 향해 나아갔다.

쿠바를 떠나며 그는 이미 죽음을 결심했을지도 모르겠다. 체 게바라는 의대 시절 라틴아메리카 여행에서 애인 치치나와 이별을 했고, 혁명을 위해 쿠바로 가며 첫 번째 부인 일다 가데아(Hilda Gadea)를 떠나게 되고, 콩고에서 게릴라전을 치르기 위해 쿠바를 떠날 때는 5자녀에게 편지 한 장을 남겼다. 자기보다 국가가 너희들을 더 잘 보살펴 줄 것을 믿는다며….

체 게바라에게 왜, 계속 정글 속의 게릴라 활동을 지속했냐고 묻는다면 그는 인간에 대한 멈출 수 없는 사랑과 버릴 수 없는 양심 때문이었다고 대답했으리라. 그는 끝까지 자기가 믿는 정의와 신념에 충실하고 싶어 했다.

가슴 속에 깊은 인류애를 지니고 진실을 외면할 수 없었기에 사지인 콩고로, 볼리비아로 향했으리라. 실패를 예감한다고 하더라도….

'선택'

적의 급습을 받은 동지 하나가
상황이 위급하다며 지고 가던
상자 두 개를 버리고
사탕수수밭 속으로 도망가 버렸다
하나는 탄약 상자였고
또 하나는 구급약 상자였다

그런데,
총탄에 중상을 입은 지금의 나는
그 두 개의 상자 가운데
하나밖에 옮길 수 없는 상황이었다.

과연,

의사로서의 의무와

혁명가로서의 의무 중에

어느 것을 선택해야 할 것인가?

나는

내 생애 처음으로 깊은 갈등에 빠졌다.

너는 진정 누구인가?

의사인가?

아니면,

혁명가인가?

지금

내 발 앞에 있는

두 개의 상자가 그것을 묻고 있다

나는

결국, 구급약 상자 대신

탄약 상자를 등에 짊어졌다.

- 체 게바라

6. 마더

더운 크리스마스 이브에 얼음처럼 차가운 소설을 읽었다. 이곳 아르헨티나는 한국과 대척점에 있기에 계절도 정반대이다.

『스밀라의 눈에 대한 감각』, 매력적인 제목이지만 그 책을 처음 접했을 때, 자연 과학적인 기본지식을 요구하는 책 같아 멕시코에 있을 때는 포기하게 되었다. 그런데 왜일까? 어떤 소설들은 장소를 바꾸어 버리면 어렵게 느껴졌던 내용이 친근하게 내 몸 안으로 흡수가 되어 버린다.

대학교 때 지겹게 느껴졌던 그레이엄 그린의 『권력과 영광』이 멕시코에서는 스펀지가 물을 빨아들이듯이 읽혔고, 부에노스아이레스에서는 보르헤스의 『셰익스피어의 기억』이 그랬다. 아마 소설 속의 장소가 내가 있는 도시라서 내 몸에서 느끼고자 하는 욕구가 강렬해서인지, 아니면 이 도시의 공기 속에 떠도는 작가들의 정령 때문일까?

하지만 이번 소설은 예외다. 난 지금 덴마크에 있지도, 그린란드에 있지도 않다. 어쨌든 스밀라가 나를 찾아 왔고, 난 문을 열어 주었다. 37살의 그녀는 닮고 싶은 충동을 불러일으킨다.

그 나이가 되도록 세상과 타협하지 않고 용감하고 정의롭다. 대충 산다는 것에는 문외한이다. 덴마크의 물질적인 세계를 진심으로 비웃고 있다. 덴마크 최고의 마취과 의사로서 그녀의 아버지가 누리는 세계에 대충이라도 편입되지 않는다.

그녀는 이누이트(에스키모) 어머니를 두었다. 그녀는 덴마크인과 그린란드인 사이에서 태어난 혼혈아다. 덴마크는 올덴버그(Oldenburg) 왕조 시대의 프레드릭 3세 시대인 1720년에 그린란드를 식민지로 합병했다.

스밀라는 명예, 부 따위에 코웃음을 친다. 사회 저명인사들의 사교는 그녀에게 멸시의 대상일 뿐이다. 그녀가 진정으로 갈망하는 것은 사랑이다. 그것도 유아기적인 집착으로 인해 보통 사람들의 지병이 된 '사랑받기'에 매달리지 않는다. 독신인 그녀는 남의 아이지만 이사야를 너무나 사랑했었다. 밥을 먹이고 목욕을 시켜 주고 책을 읽어 주고.

이사야의 엄마인 율리아네는 알코올 중독자이고 이사야와 실업급여로 살았다. 율리아네는 술을 계속 먹을 돈은 있었지만, 이사야에게 프렌치 프라이를 사줄 돈은 없었다.

이사야는 어느 날 7층 높이에서 떨어져 죽었다. 스밀라는 집요하게 범인을 추적한다. 그녀는 그린란드의 빙하가 덮인 바다 한가운데서 빙석을 채취해서 기생충을 키워 전쟁 등의 목적에 쓰고자 하는 잔인한 인간들의 음모와 마주치게 된다.

범인은 이사야가 가지고 있었던 문제의 테이프를 빼앗으려고 그를 죽음으로 내몰게 되었다. 그들이 원했던 것은 명성과 황금이었다. 그녀는 이 거대한 사건에 홀로 맞선다.

스밀라의 언어를 빌리자면 난 기생충일까? 세상에 갇혀서 세상을 잘 보지 못하고 아니 정확하게 보기를 거부한다. 내가 진정으로 정의를 위해 분노할 줄이나 알까?

스밀라의 이사야에 대한 사랑은 에콰도르의 화가인 오스왈도 과야사민(Oswaldo Guayasamín, 1919-1999)의 작품 〈테르누라(Ternura)〉를 떠올리게 한다. 'Ternura'는 지극한 사랑이라는 뜻을 가지고 있는 스페인어다. 과야사민은 멕시코 벽화 운동의 영향을 받아 라틴아메리카에서 흔히 부딪치게 되는 차별, 가난과 정치적 핍박 등을 슬프고 서늘하게 표현했다.

〈테르누라(Ternura)〉 모사 작품

　　스밀라가 이사야의 생물학적인 엄마는 아니지만 그녀의 마음은 이 그림과 같다. 지구상의 어디서든지 다르기 때문에 힘에 의해 괄시받는 사람이 있을 것이다. 덴마크에서는 이누이트가 그랬었고, 중남미에서는 인디오들이 그렇다. 그들은 열등한 종족으로 쉽게 취급받게 된다. 인종주의에서 비롯된 현대 사회에 존재하는 계급차별인 것이다.

　　이런 상황에서 어머니란 존재는 얼마나 뼈아프게 자식을 지켜 나가야 하는지 모른다. 세상의 적의에 대해 여린 존재를 무한한 사랑으로 보호해야만 하는 것이다.

처음 에콰도르의 수도 키토(Quito)에서 출생한 화가 과야사민의 〈테르누라〉를 보았을 때 참혹하다고 느꼈다. 가난이 뼛속까지 넘쳐 오는 모자의 상은 쳐다보기조차도 고통스러웠다. 하지만 이 그림을 보면 볼수록 위안을 느낀다. 누군가에 의해서 따뜻하게 꼭 안기는 느낌이 들어 마음이 포근해진다. 신은 모든 인간과 항상 같이 할 수가 없어서 어머니를 대신 주셨다고 한다. 하지만 신과 어머니는 힘에서 큰 차이가 있다. 가난한 어머니들은 자식들에게 자기들의 뼈와 살을 준다.

세상의 폭력으로부터 자식을 지키기 위하여, 세상에서 자식들이 어울릴 공간을 마련하기 위해서, 자기들보다는 자식들이 좀 더 나은 환경에서 살아야 하기에 그녀들은 혼신의 힘을 다하여 살고 있다.

스밀라가 이사야한테 보여 준 애정이 그랬었고 뼈만 앙상하게 남은 등을 가진 이 그림의 어머니가 자식을 한이 없는 애정으로 고통스럽게 꽉 껴안은 모습이 그러하다. 슈베르트의 현악 4중주 〈죽음과 소녀〉의 2악장을 들으며 이 글을 썼다. 죽음의 세계로 소녀를 데려가려는 죽음의 신과 소녀가 하는 대화를 소녀의 어머니가 엿들었다면 어떻게 되었을까?

7. 아스토르 피아졸라의
'겨울의 부에노스아이레스'에 녹아 버린 나의 우울

지난 초여름날 원치 않던 일이 겉보기에 무난하게 끝났을 때 퍼즐에 잘못 맞춰진 조각이 된 나를 발견하게 되었다. 내가 선택하지 않은 퍼즐에 억지로 끼워 넣어진 나 자신이 보기 흉하게 느껴지고 진정한 나를 찾고 싶어서 일상적인 관계를 단절시키고 아르헨티나의 폐부 속으로 빠져들어 보려고 노력했었다.

단편으로나마 호르헤 루이스 보르헤스의 작품을 여러 번 반복해 읽음으로써 바늘로 심장을 찌르는 듯한 느낌을 받았고 인간의 어두운 내면을 이렇게 표현하는 작가가 과연 신인가, 인간인가 구분이 되지 않았다. 살아생전 텔레비전에 나온, 눈이 보이지 않는 그는 정말 당당함이나 도도함이라는 단어와는 거리가 멀어 보였다. 원숭이처럼 생긴 늙어 버린 모습에다 보이지 않은 눈으로 끝도 없이 보려고 하는 의지를 가진 듯 소리가 나는 쪽으로 몸을 끊임없이 기울임으로써 너무 생소하고 비현실적인 느낌이 나서 추하게 보이기까지 하였다.

캔버스를 찢음으로써 당시에는 상당히 혁신적인, 한국에서 미술사 수업시간에 도판으로만 보던 루치오 폰타나의 그림을 국립미술관에서 직접 보는 호강을 누리기도 하고. 와인롯의 〈카르미나 부라나〉를 보고 현대 발레의 위대함에 놀라고… 속 물적이면서도 살아 있는 영혼을 지닌 나의 부에노스아이레 스….

2010년 노벨문학상 수상자 바르가스 요사가 전 세계에서 파 리와 함께 가장 문학적인 두 개의 도시로 꼽은 곳. 하지만 나는 여전히 부에노스아이레스를 받아들일 수 없었고 포르테뇨(부에 노스아이레스 사람)들에게 별다른 정을 느끼지 못하였다. 나와 친 하게 지낸 멕시코 친구들은 전화로 묻는다. 살기가 괜찮냐고 걱 정스럽게 묻는다. 그들은 포르테뇨들을 '잘난 체 하는 사람'쯤으 로 여긴다. 무의식적으로 멕시코 친구들의 영향을 내가 받아서 그들에게 마음의 거리를 두었던 걸까?

이 도시에서 남편은 대통령이었던 후안 도밍고 페론의 부인 이자 빈민들의 성녀인 에비타가 철저하게 노동자 위주로 만든 노동법으로 인해 황당한 일들을 겪기도 하고 일 할 의욕을 상실 한 적도 있었다. 나는 남편 때문에 이 나라의 노동법규까지 눈에 불을 켜고 읽기도 했다.

이 삭막함…. 망망대해 속에 끝없이 항해하는 구명보트가 없는 우리 가족이 탄 돛단배…. 내 발목을 꽁꽁 묶어 들어가는 우울에서 난 쉽게 빠져 나올 수가 없었다. 사람들을 만나는 것조차 버거운 임무처럼 느끼게 되었다. 그러나 그 고립무원 중에도 난 한 사람을 한결같이, 깊이 좋아하고 있었다. 그를 알게 된 것은 10년 전쯤 한국에서 한 첼로 앙상블의 연주를 통해서였다. 그 때 들은 곡이 〈리베르 탱고〉였던 것 같다. 그 참에 첼리스트 요요마의 CD를 구입해서 듣기도 하고 멕시코에 와서는 아르헨티나에 사시는 분께 부탁드려서 콜론극장에서 그가 반도네온을 직접 연주한 음반을 구했었다.

그의 이름을 고백하자면 아스토르 피아졸라(1921-1992)이다. 카바레에서 공연되던 눈으로 보는 탱고를 예술적인 듣는 탱고로 격상시킨 음악가…. 세계의 유명 솔리스트와 오케스트라를 탱고에 흠뻑 빠져들게 하여 연주하게 만든 장본인….

나는 점점 피아졸라의 음악과 사랑에 빠져들기 시작했다. 그와의 사랑이 우리 가족을 부에노스아이레스에 살게 한 것인지도 모르겠다. 하지만 막상 부에노스아이레스의 탱고 바에서 들은 탱고는 독창성을 바탕으로 재즈와 바하와 스트라빈스키가 혼합된 피아졸라의 음악과는 많이 달랐다. 피아졸라보다는 대중적인 가수 카를로스 가르델류의 탱고에 더 가까웠다.

피아졸라의 CD는 카를로스 프리에토의 첼로 연주부터 여러 장의 피아졸라 자신의 연주까지 넘치게 들었지만 공연장에서 공연하는 그의 음악에 목말랐었다. 그러던 차에 첼리스트 우지연씨가 우수아이아 국제 페스티벌에 초대를 받아서 부에노스아이레스에서 독주회를 가지게 되었다. 독주회 프로그램을 놓고 고민하던 차에 "이 곳은 부에노스아이레스이니 아르헨티나인 관중들을 고려해서 피아졸라와 히나스테라는 포함되어야 할 것 같다."는 나의 의견을 그녀는 흔쾌히 받아들였다.

나는 리허설을 할 때 반주자 페르난도 페레스(Fernando Pérez)의 미로처럼 길게 생긴 복도가 있는 집에 함께 가서 피아졸라의 사계 모음곡 중의 〈겨울의 부에노스아이레스〉를 단 하나의 청중이 되어 듣는 행운을 얻게 되었다. 라 플라타 강으로 아스라이 사라져 가는 동경, 우울과 불안이 스며 있는 앙상한 가지로 남은 부에노스아이레스의 겨울이 손에 잡힐 것 같았다. 그들의 연주에는 포르테뇨들의 어두운 면과 기대치 않았던 다정함, 어느 정도는 내성적인 성격으로 인한 배타성, 때로는 폭발하듯이 그어 대는 시끄러운 듯한 열정이 있었다. 바로크적인 클래식함과 현대적인 불협화음이 묘하게 공존하고 있고 성스러운 그레고리안 성가에서 내가 관능적인 느낌을 받았다면 관능적인 피아졸라의 음악에서는 종교성을 느꼈다. 피아졸라의 음악을 그들의 리허설로 듣는 순간 '살고 싶다!'는 내 안에 잠들어 있던 동물적인 욕망과 충동이 깨어나고, '지금 내가 살아있다!'는 사실에 희열을 느꼈다.

아침마다 1970년에 피아졸라가 직접 반도네온을 연주하며 녹음한 〈겨울의 부에노스아이레스〉를 들으며 뼛속까지 시리다는 느낌이 들 수도 있다는 겨울의 부에노스아이레스를 기다린다. 세상이 극적으로 삶의 해결책을 나에게 제시해 줄 리는 절대 없지만, 일상의 행복뿐 아니라 생의 근원적인 허무까지 사랑해야 한다고 피아졸라는 나에게 이야기해 준다. 실수투성이라 할지라도 나는 나의 생을 사랑할 준비를 마쳤다. 와인과 아사도(Asado)를 즐기며 기존의 지겨운 탱고에 혁신을 불러일으켰던 피아졸라와 함께라면 말이다.

8. 이번엔 K-클래식으로 유혹하는 거야!

마테차를 마시며 아스토르 피아졸라(Astor Piazzolla)의 반도네온 연주로 〈아디오스 노니노(Adiós Nonino)〉를 듣는다. 이곳, 아르헨티나의 부에노스아이레스에 도착한 지도 3년이 다 되어 간다. 피아졸라의 탱고곡은 나의 마음속에 숨겨 둔 이 나라에 대한 애증을 대변해 주기라도 하듯 미친 듯이 격렬하게 날뛰다가 어느 순간 애잔하게 흐느낀다.

남편은 한류의 불모지라 알려진 이곳에 터전을 잡기 전에 어떻게 한류의 불씨를 지필 것인가 하는 문제에 대해 많이 고민했었다. 고민에 대한 남편 나름의 해결책은 인터넷에 많이 노출되어 있고, 유행을 타는 속도가 빠른 젊은이들을 겨냥해서 중남미 전체를 대상으로 하는 K-팝 경연대회를 열어 그들 사이로 비집고 들어가는 것이었다.

2010년 10월 K-팝 경연대회는 만족스러운 결과를 얻었지만 마음속의 어떤 미진한 느낌은 감출 수가 없었다. 남편의 욕심은 좀 더 다양한 연령층과 사회계층을 한류에 끌어들이고 싶어했고 아르헨티나인들의 유럽 지향적이고 편향적인 의식 속에 '대한민국은 세련되고 뛰어난 문화 강국이다.'라는 것을 새겨 넣어

주는 것이었다.

라틴아메리카의 나라들은 16세기 초반에서 19세기 초반까지의 300여 년의 긴 시간 동안 스페인의 식민지로 스페인 왕의 대리인인 부왕(副王)이 다스렸다. 땅덩어리는 크고 인구는 부족한 아르헨티나는 한술 더 떠서 독립 후인 1870년부터 1930년까지 '우수한 인종을 심는다.'라는 우생학적 법칙에 따라 유럽 이민자들을 적극적으로 유치했다.

포스트 모더니즘, 후기 구조주의 등의 20세기 중후반의 모든 인문과학 사조가 그로부터 출발했다고 평가받는 아르헨티나가 낳은 문학의 거장인 호르헤 루이스 보르헤스(Jorge Luis Borges)는 1982년의 한 인터뷰에서 이렇게 이야기한다.

"나는 나 스스로를 망명 중인 유럽인이라고 생각합니다…. 우리는 국외로 추방당했지요."

이 언급은 자신을 '남미에 사는 유럽인'이라 여기는 그들의 정체성을 분명하게 보여주고 있다. 부에노스아이레스의 별명인 '남미의 파리'는 그냥 얻어진 것은 아니다. 그들은 이 도시를 '부에노스아이레스'가 아닌 '파리'로 만들고 싶어 했다. 프랑스, 이탈리아의 전문가들에게 건축부터 공원 조경까지의 도시 디자인을 맡기고, 파리의 공원을 모방하고 아름다운 장미 숲으로 유명한 팔레르모 공원(Parque Palermo)에 완벽한 파리의 분위기를 재현했다.

비단 이런 동경심은 아르헨티나 사람들에게만 국한된 것은 아니다. 라틴아메리카의 저명한 작가인 멕시코 출신의 카를로스 푸엔테스(Carlos Fuentes)는 그의 저서 『묻혀진 거울』에서 "19세기 라틴아메리카 사람들은 프랑스 사람이 되기를 원했다."고 한다. 지금도 이런 정서적인 기류들을 라틴아메리카 사람들이 무의식적으로나 의식적으로 가지고 있다고 판단하기에, 이런 그들을 대상으로 뭔가를 보여 줄 카드가 절실했다.

그런 차에 첼리스트 우지연 씨가 '우수아이아 국제 페스티벌'의 초청을 받아 아르헨티나에 오게 되었다. 그 페스티벌에서 아르헨티나 사람들의 클래식 음악에 대한 열기를 느낄 수 있었다. 원화로 환산하면 6-7만 원의 입장료를 받는 객석은 만석이 되어 청중은 생상스의 〈첼로 협주곡〉에 빠져들어 갔고 연주는 생방송으로 중계되고 있었다.

이 연주회를 지켜본 남편은 K-팝과 함께 K-클래식으로 아르헨티나에 바람을 일으켜 보겠다는 꿈을 품게 되었다. 우수아이아에서 꽃집을 운영하는 어떤 교민 한 분은 "이런 말씀 드리면 뭣하지만, 오늘 이 연주회는 저를 위한 연주회 같아요. 30년 동안 아르헨티나에 살면서 이렇게 감격스러운 순간은 없었어요. 오늘 연주회에 꽃집의 손님들이 많이 왔어요. 그 사람들이 부유층인데 한국에 대해 모르다가 한국인의 수준 높은 연주를 듣고 놀라워하며 저를 다시 보는 것 같아요!" 하며 흐느꼈다.

그 잊을 수 없는 장면이 한류의 목적에 대해서도 곰곰이 생각해 보게 했다. 국익을 위해 한류를 일으켜야 한다고 생각했는데 교민 분들을 위해서는 그런 성장 논리, 경제 논리가 다가 아니라는 생각이 들었다. 단 한 명의 우리 교민의 마음을 따뜻하게 어루만지고, 한국에 대한 자부심을 느끼며 살아가게 해 주는 일도 한류의 큰 역할이고 정말 중요한 일임을 깨달았다.

부에노스아이레스로 돌아오니 뜻밖에 이 나라의 유명 일간지 〈클라린(Clarín)〉을 비롯한 주요 일간지에서 한국인 첼리스트라고 소개하는 대형사진과 함께 아주 긍정적인 평이 실렸다. 만약에 이런 내용을 광고로 올리려면 엄청난 돈을 지불해야 하는데 돈 한 푼 안 들이고 한국 이미지가 올라갔다고 생각하니 저절로 신이 나고 남편은 흥이 났다. K-클래식 확산에 대한 자신감도 얻게 되었다.

며칠 후에는 전설적인 피아니스트 아르투르 루빈스타인이 연주했던 국립장식박물관에서 첼리스트 우지연의 독주회가 열렸다. '일만 열심히 하는 심각한 표정의 한국인'이라는 통념을 깨고, 즐길 줄 알고 행복한 한국인'이라는 이미지를 전달한다는 것이 연주회의 중심 컨셉으로 잡혔고, 제목도 달콤한 인생이라는 의미의 '돌체 비타(La Dolce Vita)'가 되었다.

이 부정확하고 자기중심적인 나라에서 독주회를 연다는 것은 모험에 가까웠다. 독주회 하루 전날, 이미 몇 개월 전에 예약한 피아노가 망가져서 못 가져온다는 갑작스러운 통보를 받고 부랴부랴 아르헨티나인 피아노 반주자에게 연락하고 도움을 청했다. 이런 당황스러운 경험 가운데 연주 당일 가져온 피아노는 다리가 부서져 있었다. 그 피아노를 들고 오후가 지나도록 만지작거리며 수리를 하고 있어 사람의 가슴을 조마조마하게 만들었다. 기술자에게 어떻게 되어 가냐고 물으니 "참을성을 가지고 기다려야 한다."고 이야기한다. 허허허….

이런 과정을 지나서 연주회가 시작되고 청중이 가득 차자 16세기 플랑드르 테피스트리가 걸려 있는 무대는 조명을 받아 더

없이 아름다워졌다. 후반부에 아르헨티나의 대표 작곡가인 알베르토 히나스테라(Alberto Ginastera)와 피아졸라의 곡을 연주하자 청중은 후끈 달아올랐고 그들은 초가을 밤의 달콤한 인생을 만끽하고 돌아갔다. 공연이 끝나고 며칠 후에 '한국은 수준 높은 문화를 가진 나라'라는 지인들의 감탄을 접하고 남편은 회심의 미소를 지었다. "바로 그거야. 당신네는 한국이 첨단산업만 보유한 나라인 걸로 알았겠지만 천만의 말씀, 사실은 보여줄게 무궁무진하다고요!"

아르헨티나에서의 K-클래식 제2탄은 유명 바이올리니스트 슐로모 민츠(Shlomo Mintz)가 심사위원장을 한 제1회 부에노스아이레스 국제 바이올린 콩쿠르에서 1등을 차지한 조진주였다.

콩쿠르 측의 초대를 받아 이곳에 온 그녀는 문화원에서 여론 주도층을 대상으로 무반주 바이올린 독주회를 열게 되었다. 한국이 처음으로 국제무대에 모습을 드러내던 서울 올림픽이 열린 88년에 태어난 젊은 그녀는 완벽한 영어로 곡목을 해설하며 프로다운 매너로 독주회를 이끌어 나갔다. 독주회가 진행되는 내내 소설가 루이사 발렌수엘라(Luisa Valensuela)는 상기된 표정을 짓고 있다가 연주회가 끝난 뒤 메일을 보내어 "뛰어난 기량을 가진 진주의 연주, 상냥한 마음씨, 예쁜 외모가 자기를 행복하게 했다."고 이야기했다.

문화원에서의 하우스 콘서트가 주류를 대상으로 했다면 '더불어 살아가는 따뜻한 이웃인 한국인'이 되기 위해 소외계층을 대상으로도 뭔가를 하고 싶었다. 소외계층 가운데서도 미래의 희망으로 자라날 어린이들과 청소년들을 대상으로 삼았다. 부에노스아이레스 인근의 시골 마을인 차스코무스의 음악학교를 찾아 무료 마스터 클래스를 열었다. 아이들은 열심히 배웠고 처음에는 부끄러워하다가 나중에는 자기 악기를 주며 바이올리니스트 조진주에게 어서 연주해 보라고까지 했다. 어린아이들은 서로들 자기를 안아 달라고 하며 그녀를 빙 둘러싸기도 했다. 행사가 끝나고 어떻게 아이들의 마음을 그렇게 끌어당기냐고 물으니 "아이들은 자기를 예뻐해 주고 관심을 보여주면 무조건 좋아하죠!"라고 대답한다.

K-클래식의 3번째 주자는 피아니스트 길예진이었다. 그녀가 아르헨티나에서 가진 4번의 연주회 중에서 어떨 때는 그랜드 피아노의 중간 페달 기능이 제대로 되지 않은 적이 있었다. 연주자가 속상해하자 담당자는 "여긴 유럽도 아니고 아시아도 아닌 아르헨티나야, 남미야. 그러니 이런 일이 일어날 수 있는 거야. 중간 페달 때문에 너의 인생이 불행해질 필요는 없어."라는 이상

하고 황당한 해결책 아닌 해결책을 내놓기도 했다. 정말 아르헨티나에서 피아노에 대해서는 더 이상 기대할 것이 없다는 생각이 들었다.

이런 난관에도 불구하고 길예진은 진은숙의 〈피아노 에튀드〉 전곡을 비루투오소적인 기량을 선보이며 신들린 듯 연주했다. 세계적인 한국 작곡가의 작품을 아르헨티나에서 소개하는 뜻깊은 귀한 자리였다.

한류는 일방적이어서는 안 되고 소통이 중요하다고 본다. 공연계획을 세우기 전에 주재국가의 역사적, 심리적인 배경에 대해 철저한 고찰을 해서 공연 후의 반응을 예상할 수 있어야 한다. 그들에 대한 깊은 이해가 선행되어야 한류도 성공할 수 있고 투자를 훨씬 뛰어넘는 효과를 창출해 낼 수 있다. 각 대륙, 각 나라에 맞추어진 문화교류가 필요한 것이다. '맞춤 한류'로 나가야 한다.

아르헨티나에서는 K-팝뿐 아니라 K-클래식도 성공할 수 있다고 본다. 왜냐고 그 이유를 묻는다면 이 나라는 남녀노소 할 것 없이 클래식 애호층이 다른 나라에 비해 두껍다.

통영국제음악제 예술감독 알렉산드 리브라이히는 '잘츠부르크 페스티벌의 부자 관객들은 자신의 좋은 코트를 쇼오프(show-off)하는 데 더 관심을 가지는 늙고 경직된 청중'이라고 한다. 그는 통영국제음악제의 힘이 '젊고 열정적인 관객'이라고 칭찬했다. 하지만 내게는 아르헨티나 관중의 집중력과 열기가 한국 못지않게 느껴진다.

그리고 아르헨티나는 세계적인 연주자들을 배출해 왔다. 8월에 서동시집(WestEastern Divan) 오케스트라를 이끌고 임진각에서 베토벤 교향곡 〈합창〉을 연주한 다니엘 바렌보임(Daniel Barenboim)도 이 나라 출신이고, 현존하는 세계 최고의 피아니스트 마르타 아르헤리치(Marta Argerich)도 그렇고, 요즘 뜨는 신예 첼리스트 솔 가베타(Sol Gabetta)도 아르헨티나 출신이다. 아르헨티나의 지방 교향악단도 탄탄한 연주 기량을 가지고 있을 정도고 전국 각지에 음향시설이 훌륭한 연주 홀을 많이 확보하고 있다.

이런 그들이 자기들이 동경하는 고향이라고 믿는 유럽에서 온 연주자보다 더 완벽한 테크닉과 뛰어난 음악성으로 연주하는 한국인의 연주를 듣는다면 '분단국가'라는 정도에 머물렀던 한국에 대한 단편적인 이미지는 많이 바뀔 것이다. 한국은 어느 나라보다 뛰어난 젊은 클래식 연주자가 많이 있는데 그냥 내버려 두지 말고 그들에게 세계 각지의 연주 무대를 마련해 주자. 국제 콩쿠르에서 1등을 하고서도 연주 기회를 많이 얻지 못한다면 그것만큼 안타까운 일도 없을 것 같다. 그들이 그만큼 성장하기까지 부모와 자신의 헌신과 노력이 있었는데 그런 재목들을 사장하지 말고 적극적으로 잘 활용하면 좋겠다.

앞으로 아르헨티나뿐 아니라 다른 라틴아메리카 국가에까지 K-클래식 무대를 마련해서 한국인의 수준 높은 클래식 음악을 보여주고 시골 음악학교를 지속적으로 후원해서 현지인들이 한국인들의 '사랑과 배려의 마음'을 느끼게 되었으면 하는 소망을 지니고 있다. 그리고 한국이 문화적으로 얼마나 자랑스럽고 대단한 나라인지도 우리 동포들이 몸소 체험했으면 좋겠다.

1960년 9월 안익태 선생님은 한국과 아르헨티나가 수교도 되기 전에 조국 코리아를 소개할 기회라고 생각해서 박한 출연료에도 불구하고 아르헨티나에서 국립교향악단을 지휘하여 〈코리아 판타지〉를 연주하였다. 그 당시와는 비교할 수도 없을 만큼 대한민국의 국제적 위상이 높아진 이 시점에서 문화 외교를 위해 일할 수 있다는 것에 남편은 더없는 행복감을 느끼며 살아가고 있다.

지금까지 이뤄왔던 것들에는 젊은 문화원 직원들의 땀과 정성이 베어 있다. 일 욕심만 가득한 남편을 믿고 따라 준 그들에게 깊이 감사드린다. 브라질 작가 파울로 코엘료의 『연금술사』에 나오는 멜키제덱(Melchizedek)의 말(言)로 마음을 대신해 본다.

　"세상에는 위대한 진실이 하나 있어. 무언가를 온 마음을 다해 원한다면, 반드시 그렇게 된다는 거야. 무언가를 바라는 마음은 곧 우주의 마음으로부터 비롯된 때문이지. 그리고 그것을 실현하는 게 이 땅에서 자네가 맡은 임무라네. 자아의 신화를 이루어내는 것이야말로 이 세상 모든 사람들에게 부과된 유일한 의무지. 세상 만물은 모두 한가지라네. 자네가 무언가를 간절히 원할 때 온 우주는 자네의 소망이 실현되도록 도와준다네."

9. 자기 자신이 된다는 것

이제는 아득한 옛일이 되었지만, 초등학교 1학년 된 어린 딸아이가 숙제하다 말고 갑자기 울음을 터뜨리며 말한다. "나도 멕시코 사람으로 태어났으면 좋겠다. 나도 엄마처럼 진정한 친구가 있었으면 좋겠다."고 하면서⋯. 아빠가 장기 출장을 가 버려서 아이가 너무나 외로웠었나 보다.

돌이켜 보니 그때 엄마라는 나는 아이에게 진정한 위로가 되어주지 못했었고 마음을 다 열어 아이를 이해하려는 노력을 기울이지 못했다. 학교에 가면 몇 명의 미국인과 유럽인들이 있을 뿐 대다수를 이루는 멕시코 아이들 사이에서 내 아이는 얼마나 주류인 멕시코인이 되기를 갈망했을까? 정체성 혼란을 느낀다는 것은 내 아이에게는 나이에 맞지 않는 사치였을 뿐 그 당시 아이는 멕시코 아이들이 부러워 죽을 지경이었는가 보다. 난 학업성적이 좋으면 괜찮다는 단순한 생각뿐이었지 그 당시 어린 내 딸이 겪어야 하는 힘겨움과 외로움을 외면했었다.

세월이 흐르고 흘러 아이는 자기 나름의 삶을 이해하고 살아가고 누구처럼 되고 싶어서 못 견디지 않고 흉내 내며 살지도 않는다. 25살의 우리 딸. 한국에서 산 세월은 채 7년도 되지 않는 아이. 스페인서 4년 넘게 살았고 멕시코서 5년, 아르헨티나서 5년 반을 살고 영국에서 4년을 산 아이. 이리저리 떠돌아다니면서 산 아이….

외국에서 오래 살다 보니 분위기에 맞춰 지내려는 성향이 강한, 사랑스럽지만 측은하기도 한 내 딸. 자기가 장점과 능력이 많다는 걸 모르는 아이. 딸이 어렸을 때 남들처럼 엄마가 튼튼한 방어벽이 되어서 아이를 정서적으로 지지해 주었더라면 하는 후회와 아쉬움이 많이 든다.

불멸로 남은 탱고 작곡가 아스토르 피아졸라(Astor Piazzolla)는 아르헨티나에서 아르헨티나적인 특성이 강한 작곡가 알베르토 히나스테라(Alberto Ginastera)에게 사사하고 난 후 프랑스로 건너간다. 피아졸라는 현대음악, 재즈 등 여러 가지 혁신적이고 실험적인 음악들을 계속해 나갔다. 하지만 현대음악의 주류에 편입되기 위해 작곡에 골몰하면 골몰할수록 그의 가슴은 비 맞은 가을낙엽처럼 생기 없이 허전해만 갔다. 그는 열정과 노력으로 돌파하면 된다고 믿고 현대 클래식 음악의 주류의 범주에 들어가는 음악가가 되기 위해 밑도 끝도 없는 노력을 퍼부었다.

파리 음악원의 훌륭한 음악 교육자인 나디아 블랑제(Nadia

Boulanger)에게 자기가 작곡한 작품을 보여 주자, 블랑제 선생님은 고개를 갸우뚱거리며 "매우 잘 썼군. 스트라빈스키 같기도 하고, 바르톡도 닮았고, 라벨과 비슷하네. 근데 피아졸라는 나타나지 않는 곡이네!"라며 피아졸라에게 자신을 보여 달라고 주문했다. 그리고 블랑제 선생님은 피아졸라에게 어떻게 생계를 꾸려 가는지, 어떤 악기를 연주할 수 있는지, 독신인지, 기혼인지, 누군가와 함께 사는지에 관해 FBI 요원처럼 질문을 퍼부었다고 피아졸라는 회고했다.

피아졸라는 바에서 자신이 만든 탱고(Tango)를 연주했었다는 것을 털어놓는다. 나디아 블랑제가 피아졸라에게 작곡한 탱고를 들려 달라고 해서, 피아졸라는 그의 〈트리운팔(Triunfal)〉을 연주했다. 연주를 들은 선생은 "여기에 피아졸라가 있네!" 하며 피아졸라의 손을 잡았다. 그때부터 피아졸라의 고뇌가 시작되었다.

나는 누구인가? 나의 뿌리는 무엇일까? 내가 가장 잘할 수 있는 음악은 무엇이란 말인가? 내 몸 안에 내재된 음악은 무엇인가? 나디아 블랑제 선생님의 격려에 힘입은 그는 자연스럽게 탱고 향기가 가득한 클래식 음악을 써나가기 시작했다. 20세기 클래식 음악 작곡가인 안톤 베베른, 프로코피에프, 스트라빈스키, 쇤베르크, 거슈윈과는 또 다른 자기만의 음악을 써나갔던 것이다.

그는 사실 어릴 때부터 반도네온을 오랫동안 배워 탱고의 전통 악기인 반도네온의 명인이기도 해서, 13살의 나이에 전설적인 탱고 가수 카를로스 가르델(Carlos Gardel)의 반주를 해 주기도 했었다. 이 사실만 보아도 그는 탱고와 떼려야 뗄 수 없는 운명이었는데도 그는 주어진 운명을 사랑하지 못하고 저항했었다.

그에게는 탱고가 부끄러운 음악이었다. 탱고의 기원이 가난한 이민자들이 항구와 사창가에서 춤추는 데서 출발했음을 아는 33살의 지적인 피아졸라는 클래식 음악 악기에 끼지도 못하는 반도네온을 잘 다룬다는 사실조차도 선생님께 숨기고 싶다. 클래식 음악과는 한참 거리가 먼 가난한 이탈리아 이민자의 후손이라는 것도 그의 정통 클래식 음악에 대한 동경과는 위배되는 실수로 가득 찬 핏줄로 여겨졌을 것이고 카바레에서 반도네온 연주자로 일했던 것은 스승 블랑제에게 꼭꼭 숨겨두고 싶은 수치스러운 비밀이었다. 아! 탱고, 탱고 음악, 탱고 춤!

정열적이면서도 마음 한구석을 텅 비게 하는 탱고처럼 아르헨티나 사람들을 잘 대변해주는 것도 없을 것이다. 나에겐 너무나 부럽게만 느껴질 뿐이기도 하다. 아르헨티나 하면 탱고, 스페인의 플라멩코, 멕시코의 마리아치, 일본의 노, 중국의 경극 등 각기 자기 나라를 상징적으로 대표하는 세계인이 주목하는 음악과 춤이 있다. 한국의 국악은 아직 세계적으로 확고하게 자리 매김하여 주목을 받지 못해 너무나 안타깝다. 국악이 세계화되지 못한 것은 한국인들의 서구의 음악에 대한 뿌리 깊은 사대주의와 관련이 있다고 본다. 동족상잔의 6.25 전쟁 이후 서양문화가 급격하게 수입되어 우리 고유의 문화의 소중함을 일깨우는 것을 놓쳐버린 감이 있다.

산텔모 지역 'La Ventana'의 탱고 쇼 모습(2012)

대한민국의 작곡 전공자들은 적어도 서양음악과 함께 국악을 철저히 공부한 다음 작곡의 세계로 진입하는 것이 옳다는 생각이 든다. 그래야지 우리도 세계에 내세울 수 있는 그야말로

'우리 것'을 만들어 낼 수 있는 것이다.

나디아 블랑제 선생님을 만난 후 피아졸라는 변했다. 자기 자신을 찾기 시작했다. 그가 태어나고 자라났던 이민자들의 특별한 정서가 가득 담긴 아르헨티나의 탱고를 보는 음악에서 듣는 음악으로 승화시키며 그는 작곡 활동을 이어갔다. 그의 음악은 그리움으로 가득 차 우수에 가득 젖어 있으며 쓸쓸함과 불같은 정열을 품고 있다.

피아졸라는 1955년 프랑스에서의 학업과 연주 활동을 끝내고 부에노스아이레스로 돌아왔다. 당시 카를로스 가르델 류의 노래와 춤을 위한 탱고 음악에 익숙한 대중들은 피아졸라의 고급스러운 듣는 탱고 음악에 대해 호불호가 갈렸다. 지금도 부에노스아이레스의 전통 있는 탱고 바에 가면 피아졸라의 음악은 한두 곡 정도가 연주될 뿐이다.

부에노스아이레스에서 관중들의 냉담한 반응에 상처를 받은 피아졸라는 어린 시절을 보냈던 뉴욕으로 돌아갔다. 하지만 미국 관객들의 반응도 썩 좋지는 못해 낙담하던 차에 아버지가 돌아가셨다는 부음 소식을 듣고 〈아디오스 노니노(Adiós Nonino)〉를 작곡하게 된다. '노니노'는 이탈리아어로 '할아버지'를 의미하는데, 아버지를 '영감' 정도의 뉘앙스로 부르는 것이라 보면 된다. 이 격렬하며 신비스러운 곡 안에는 거친 불협화음을 보여주는 스트라빈스키적인 색채로 가득한 화음과 재즈의 리듬과 탱고의 음악이 복합되어 있다.

네덜란드로 시집가서 왕비로서의 삶을 사는 아르헨티나 출신의 막시마(Máxima)의 결혼식에서 이 곡이 연주되었다. 유튜브로 보니 막시마가 이 곡을 들으며 눈물을 짓는데 아마 자기 고국을 멀리 떠나 네덜란드에서 결혼식이 열려 만감이 교차하는가 보다. 우리말로 〈안녕, 영감〉이란 제목처럼 아르헨티나와의 이별이 슬펐을까. 피아졸라의 음악에는 생의 공허가 깔려 있어 이런 음악이 축가로 적절한가 싶지만, 네덜란드 왕실 측에서는 아르헨티나 출신 세자빈을 따뜻이 맞아주고 싶어 가장 아르헨티나적인 이 곡을 골랐을 것이다. 2014년 소치 올림픽 때 김연아가 〈아디오스 노니노〉에 맞춰 환상적인 프리 스케이팅을 선보이기도 했다.

피아졸라는 1960년 부에노스아이레스로 돌아와서 본격적인 듣는 음악으로서의 '누에보 탱고(Nuevo Tango)'를 시작한다. 이 시기에 그는 〈부에노스아이레스의 사계, 1964-1970〉 등을 작곡한다.

해 질 무렵 탱고의 발상지로 불리는 보카(Boca)의 모습

피아졸라는 활발한 활동을 하다 1973년에 심장마비로 쓰러진 후 그의 조부가 살았던 이탈리아로 간다. 피아졸라의 탱고 음악 자체가 하나의 근원에서 출발한 음악이 아니라 다국적인 여러 종류의 음악들이 결합하여 나왔기 때문에 고향을 떠난 쓸쓸한 이민자들을 달래 주었으리라. 피아졸라의 삶 자체도 음악이라는 조각배의 노를 힘겹게 저으며 여기저기 떠돌아다닌 삶이었다.

건강을 회복한 그는 '누에보 탱고 5중주단(Quinteto Nuevo Tango)'을 만들어 유럽과 미국에서 큰 인기를 얻게 되어 이때까지 그에게 그리 열렬하지 않았던 아르헨티나의 대중들로부터도 뜨겁게 사랑받게 되었다. 활발한 활동이 계속되다 1990년 파리에서 뇌출혈로 쓰러져 2년 후 아르헨티나에서 생을 마감하게 된다.

이민자의 후손으로 태어나 세상을 떠돌아다니며 탱고 음악을 위해 살았던 피아졸라가 죽는 순간까지 추구했던 것은 자신을 찾는 일이었다. 피아졸라가 원했던 대로 이제 피아졸라의 음악은 전 세계인이 사랑하는 음악이 되었다.

지금 2020년 7월 29일 저녁 7시 7분 마드리드의 온도는 37도다. 이 더위에서 도망치기 위해 피아졸라의 〈사계〉 중 〈여름의 부에노스아이레스〉를 유튜브로 들어본다. 1984년 네덜란드의 유트레히트에서 '누에보 탱고 5중주단'과 함께 피아졸라가 반도네온을 직접 연주했던 곡이다. 부에노스아이레스의 나른하면서도 노스탤지어 가득한 뜨거운 여름이 느껴진다.

러시아의 중요한 현대음악 작곡가 데샤트니코프(L. Desyatnikov)는 피아졸라의 〈여름의 부에노스아이레스〉를 그 자신의 버전으로 새롭게 썼다. 데샤트니코프는 피아졸라의 〈사계〉가 비발디로부터 영감을 받았다는 것에 아이디어를 얻은 것 같다. 피아졸라의 여름에 비발디의 사계 중 겨울을 양념처럼 뿌려 놓았다. 피아졸라의 무더운 여름날에 비발디의 쨍그랑 부서지는 고드름을 던져 놓은 것이다. 작곡 연도 상으로 200년의 차이를 뛰어넘어 비발디의 바로크 음악과 피아졸라의 탱고 음악은 합쳐지고 영혼의 대화를 나눈다. 너무나 매력적이다. 이 곡을 클라라 주미강과 세종 솔로이스트의 연주로 유튜브에서 들으니 나의 여름도 덩달아 시원해진다.

북반구인 한국과는 계절이 반대인 부에노스아이레스에서는 7년 동안 여름이면 크리스마스가 어김없이 찾아왔다. 난 한겨울의 크리스마스를 꿈꾸며 푹푹 찌는 크리스마스가 영 마땅치 않았다. 하루는 이런 불평을 생일파티를 함께 해서 친하게 된 네덜란드로 간 딸아이 친구의 엄마에게 이메일로 보냈다.

"눈 내리는 화이트 크리스마스를 맞이해 보는 것이 소원이다. 북구의 어느 나라에서 크리스마스를 보내고 싶다."고 하니 그 친구가 답장에 "크리스마스 시즌에 추운 암스테르담에서 지내기 싫다. 야외 수영장에서 보낸 부에노스아이레스의 로맨틱한 크리스마스가 너무 그립다."고 했다. 그 이메일을 받고부터 아파트의 수영장에서 12월을 보내는 것이 마음에 들기 시작했다. 한국의 겨울인 2월에 도착해 보니 여름이었던 그곳…. 내 딸이 사춘기를 힘겹게 지낸 그곳.

피아졸라가 젊었을 때 클래식 음악 세계의 중심에 서고 싶어 노심초사했지만 역사는 증명하고 있다. 중심은 움직이지 않으려고 몸부림을 치지만 변방에서의 움직임들이 중심을 결국 무너뜨려 중심의 기준점이 이동하게 된다는 것과 인류는 모든 면에서 변방으로부터 움직여서 대변혁과 혁명을 거듭해 온 것을….

내 딸도 자신을 찾게 되기를…. 자신이 가진 배경을 부끄러워하지 말고 활짝 드러내기를 빈다. 우리 딸, 태어나서 만 4개월부터 엄마, 아빠 따라 여기저기 다니며 학교 다니느라 정말 고생 많았다.

사랑해! 널 끝까지 응원할게!

10. 빈집

맨해튼 시내 집값이 낙폭을 키우고 있는데도 한국은 서울 집값 때문에 국민들이 분열되어 싸움 난 집이 되어버렸다. 나는 작년 12월 31일에 잔금을 처리하고 19년 동안 보유했던 서울의 집을 팔았다. 팔고 나서 다른 집을 사야 할지 아니면 서울에 아파트를 보유하지 않은 채로 지켜봐야 할지 고민하고 있다. 내 집에 대한 소유욕과 탐욕 때문에 불안해질 때도 많다.

지금 거주하고 있는 마드리드의 부촌인 살라망카 지역의 집값도 만만찮다. 자국의 정치 경제적 상황이 불안한 베네수엘라를 비롯한 중남미 부자들이 정치적인 좌파, 우파를 가리지 않고 살라망카 지역에 집을 사들인 덕택이다. 거기다 러시아 부호, 미국 부자들도 가세 중이다. 살라망카 지역은 명품 쇼핑샵으로 차 있고 길거리는 명품을 휘감은 멋쟁이들이 넘쳐나는 곳이다. 이곳의 70% 정도는 우파 정당인 국민당(PP)을 지지한다. 살라망카의 신문 가판대에는 항상 보수 성향의 일간지 〈아베세(ABC)〉가 진보 성향의 〈엘 파이스(El País)〉보다 우선 전시되어 있다.

소설가 Manuel Longares는 살라망카 지역을 "아직도 부르주아 정신이 남아있는 곳으로 프랑코 독재 시대엔 비밀을 담아

두는 저수지였다."라고 한다. 돈과 문화의 부르주아적 힘이 결
집된 도시가 절대왕정에서 벗어나 입헌 군주제로 갈 수 있는 촉
매제 역할을 했다고 본다.

마드리드 중심에 있고 깨끗하고 좋은 거주환경을 갖추고 있
어 각국의 대사관들이 자리 잡고 미술관, 박물관들이 즐비한 곳
이기도 하다. 옛 왕들의 사냥터였던 아름다운 레티로 공원까지
가까이 있어 매일 산책을 즐길 수도 있다. 오랫동안 명사와 예
술가들도 애호하는 주거지역이 되어서 철학자 호세 오르테가
이 가셋(José Ortega y Gasset), 노벨 문학상 수상 작가 카밀로 호
세 셀라(Camilo José Cela), 니카
라과 출신의 시인 루벤 다리오
(Rubén Darío), 작곡가 마누엘
데 파야(Manuel de Falla)의 혼이
서린 곳이기도 하다.

국립역사박물관의 살라망카 백작 동상

이 지역이 무대가 되는 소설,
훌리아 나바로(Julia Navarro)
의 『내가 누구인지 말해줘』를
읽고 나는 살라망카 지역을 더
욱 사랑하게 되었다. 18개국에

서 백만 부 이상 팔린 이 베스트셀러 소설에는 스페인의 내전 시대인 1930년대의 살라망카 지역에 있는 '마요르카'라는 빵집이 나오는데 지금도 마드리드 곳곳에서 체인점으로 존재하고 있어서 가끔 아침을 먹기 위해 그곳에 가서 크루아상을 사 오기도 한다. 세월이 가도 변하지 않고 지탱해 주는 것들에 대한 고마움과 따뜻함 그리고 사랑스러움이 느껴진다.

살라망카 지역은 1860년 여왕 이사벨 2세의 도시 확장 계획에 따라 살라망카 백작이 실무를 담당하고 1927년 도시화가 완성되었다.

살라망카 백작은 처음부터 이곳에 살 사람들을 마드리드 부르주아지들로 규정하고 도시를 재개발하였다. 그래서 이곳의 건물들은 100년이 넘어도 멀쩡하고 너무나 아름답기까지 하다. 이곳의 아름다운 100년이 넘은 아파트를 보면 한국의 재건축 정책에 깊은 회의가 든다. 30년밖에 안 된 아파트들이 재건축 대상에 든다는 것이 참으로 의아하다. 멀쩡한 아파트를 부수고 새집을 만들어 집값을 올린다.

서울은 재건축보다는 도시 재생에 초점을 맞추어야 할 것 같다. 도시 재생에 목표를 두어야지 도심 공동화도 막을 수 있다는 생각이 든다. 유럽 선진국들도 소도시들이 도시 공동화가 진행됨에 따라 슬럼화가 되고 그러다 보면 범죄로 이어질 수 있어 고통을 받고 있다. 작년 프랑스 남부 여행 때 따하스콩이라는 도시를 갔는데 프랑스의 민낯에 너무나 충격을 받았다. 그곳은 프랑스가 아니었다. 아랍 이민자들이 많이 살다 보니 토박이 프랑스인들은 사라져 버렸다. 도심 한복판에 프랑스 하면 으레 연상 되는 빵 굽는 냄새는 나지 않고 덩그러니 케밥 집만 들어서 있어 케밥 냄새를 풍겼다. 성에 가 보고 싶었지만 어둑어둑해지니 무서워 호텔에만 있었다. 두려움이 나를 지배하니, 아무것도 먹기도 싫어졌다.

따하스콩 호텔 테라스에서 본 어두운 시내

건물들은 제대로 관리가 안 되어 너무나 낡고 어둡다. 낮에도 왔다 갔다 배회하는 사람들은 실업 상태처럼 보였다. 도시가 활기를 잃어버렸다. 국가의 부가 프랑스 전국에 걸쳐 있지 않고 몇몇 도시에만 집중된 결과다. 나중에 인터넷에 검색해 보니 따하스콩에는 감옥도 있다. 이런 요소들이 합쳐 따하스콩은 프랑스인들에겐 매력을 잃어버리고 가난한 이민자들의 터전이 되어버렸다. 이 도시에서 머물며 내 머릿속을 지배하는 단어는 '소외'였다. 프랑스 정·재계의 엘리트를 양성해온 국립행정학교 출신들은 따하스콩 같은 소외된 도시에 와 보기나 했을까?

주스페인 한국문화원에서는 정기 사업의 일환으로 2019년 4월 주스페인 아르헨티나 대사관과 공동으로 한-아 영화제를 개최했는데, 첫 번째 작품으로 아르헨티나 영화 〈솔레달 로사스(Soledad Rosas)〉를 상영하게 되었다. 감독은 아르헨티나의 직전 대통령인 마우리시오 마크리(M. Macri)의 첫째 딸 아구스티나이다. 마크리 전 대통령은 백만장자 기업가 출신인데, 생전에 그와 지독히 사이가 나빴던 그의 아버지는 이탈리아에서 가난하게 살다 아르헨티나로 건너와 막대한 부를 일구었다. 가난 때문에 아르헨티나로 온 이탈리아 이민자의 아들이 기적처럼 대통령이란 지위까지 올라갔다.

아구스티나 마크리 감독은 이 영화를 아르헨티나의 유명 언론인인 마르틴 카파로스(Martín Caparrós)의 『사랑과 무정부주의』를 토대로 만들었는데 소설가 카파로스도 우리와 인연이 깊다. 그는 한국에 대한 사진 에세이를 『빨리 빨리』란 제목으로 출간한 적이 있다. 인연이 그분이 아니다. 얼마 전까지 10년 이상의 기간 동안 주아르헨티나 중남미한국문화원은 마크리 대통령의 전 부인의 건물을 임차해 쓰고 있었다.

이 영화는 실제 인물인 솔레닫 로사스의 실화를 다뤘는데 부에노스아이레스에서 대학을 졸업한 아르헨티나 중산층 출신의 그녀는 1997년 대학 졸업 기념으로 이탈리아 여행을 떠나게 된다. 하룻밤 쉴 곳을 찾다 우연히 빈집 점거 스콰팅(Squatting, 스페인이나 아르헨티나선 Okupa) 운동가들을 만나고 에두아르도(Edoardo Massari)와 사랑에 빠져 결혼하게 된다.

하지만 그의 남편은 주소가 없는 홈리스라 혼인신고를 할 수 없어 솔레닫은 이탈리아 국적을 얻기 위해 같은 빈집 점거 운동을 하는 다른 남성과 위장 결혼을 해야만 했다. 점점 열렬한 운동가가 된 솔레닫은 투옥을 거쳐 가택 연금 기간에 남편 에두아르도가 죽었다는 소식을 접하고 목욕탕서 자살하게 된다. 정확한 자살 이유는 밝혀지지 않았다.

작년에 이 영화가 이탈리아의 36개 극장에서 상영되었을 때 빈집 점거 운동가들이 상영관 앞에 몰려와 "왜 무정부주의자들을 상업적으로 이용하느냐?"며 항의했다고 한다. 빈집 점거는 무정부주의자들의 사상에 뿌리를 두고 있다. 한국의 열렬한 독립운동가로 〈조선 혁명 선언서〉를 작성하신 단재 신채호 선생도 무정부주의자로 분류된다. 아나키즘 사상을 통해 일본 제국을 인정하지 않고 무장투쟁을 통한 세계평화를 꿈꾸셨다.

빈집 점거는 산업혁명 시기에 농촌에서 도시로 거주지를 옮긴 도시 빈민들에 의해 많이 행해졌다. 빈집 약탈이라고 명명하긴 힘든, 그야말로 '잠, 수면, 휴식'이라는 기초 생존권을 보장받기 위한 행위였다. 20세기의 도시엔 신구석기 인류가 살던 동굴도 없으니 무일푼인 사람들은 빈집이나 길거리에서 하루 잠을 청하는 것이 사회복지 단체나 정부가 잠자리를 제공하지 않는 한 자본주의 사회에서의 유일한 대안이다. 유목 시대에는 자가 소유의 집이라는 의미가 거의 생겨나지 않았겠지만 집을 돈이라는 재화로 교환할 수 있게 된 농경 시대의 정착이 시작되면서 홈리스라는 개념이 생겨났을 것이고 인류의 불행, 아니 가지지 못한 자들의 불행이 시작되었을 것이다.

전 세계의 런던, 파리, 뉴욕 같은 주요 도시에는 특히 부촌이 밀집된 곳에는 빈집이 넘쳐나고 있다. 부자들은 자기들의 고국

외에 다른 나라에도 집을 가지고 있고 굳이 월세에 목맬 필요도 없이 언제든지 자기들이 사용하기 위해 세입자를 들이지 않아도 된다. 또한, 투자용이기도 해 대부분 되팔 때 차익을 보려는 것이지 세입자를 들이려는 계획은 애초에 없을 수도 있다.

빈집은 많은데 살 곳은 없다. 2016년 기준 런던에만 6개월 이상 아무도 살지 않는 빈집이 1만 9,845채에 달했다고 한다. 매년 백 명의 노숙자가 죽어가는 파리 시내의 고급 주택 중 비어 있는 집이 20만 채에 달했다고 한다. 이 집들은 대부분 중국이나 중동 국가의 부호들이 사들였다고 한다.

빈집은 넘쳐나는데 홈리스의 숫자는 줄어들지 않는다. 물론 빈집의 개념부터 정리가 필요하겠다. 하나는 관리가 잘 된 빈집이고 다른 하나는 방치된 빈집이다. 빈집 점거 운동가(Okupa)들이 사용한 빈집은 물론 때에 따라 럭셔리한 집을 점거한 예도 있지만 대부분 방치되고 낡아 빠진 빈집을 사용했다. 이곳 마드리드도 하루 만 원 정도의 숙소를 구하기 위해 종일 구걸하는 거지들이 많다. 내가 거주하는 살라망카 지역도 해외의 부자들이 아파트를 워낙 많이 구입해 살지 않고 비워둔 빈집들이 정말 많다. 5가구가 사는 우리 아파트 건물에는 우리 집만 불이 켜진 날들이 많고 남편이 출장 갔을 때는 건물 전체에 사람이 나만 홀로여서 무서웠던 밤들이 있다.

방치된 빈집 중의 1%만 열어도 겨울 동사의 확률이 확 떨어질 것이다. 하지만 이건 공상이고 내 머릿속의 망상일 뿐이다. 세상은 슬프고 차가운 곳이고 나누지 않으니 말이다. 서울시의 '빈집 살리기 프로젝트'는 어려움에 봉착해 중단된 상황이다.

영화감독 김기덕은 "내가 사는 집이 내 집이라는 보장은 없고 또한 누군가가 내가 살고 있는 집에 몰래 와서 머무른다면 그 것은 그의 집이고 그의 공간입니다."라고 인터뷰서 말하기도 했다. 그의 영화 〈빈집〉에는 빈집들을 돌아다니며 사는 청년이 등장한다. 그 청년은 빈집에서 고장 난 물건도 고쳐 주고 빨래도 해 주고 깨끗이 사용하다가 주인이 돌아올 때 즈음 평화롭게 홀연히 사라져 준다.

몇 해 전 읽은 책에서는 아프리카의 기아는 분배의 잘못이지 식량의 양이 절대 부족해 생긴 게 아니라고 한다. 집 없는 사람들 또한 세상의 수학적인 집의 숫자가 부족해 생겨난 것이 아니라는 생각이 든다. 분배의 잘못이고 시스템의 잘못이다.

완전히 실패한, 자기모순에 빠지고 인민을 착취하기만 하는 공산주의 시스템을 찬성하는 것이 아니다. 자본주의의 우수함에 무한한 찬사와 감사와 지지를 보내지만, 부자와 빈자가 같이 살아갈 수 있는 제3의 길을 찾아야만 한다는 생각이 든다. 빈집을 방치하는 것보다 그 집을 홈리스에게 제공하고 사회적으로 그들에게 집을 관리하는 교육을 제공함으로써 그 집의 관리를 맡기는 방식 같은 대안들이 없을까? 누이 좋고 매부 좋은 일일 것이다.

하지만 어떤 집 소유자가 이 귀찮은 일을 시작하려 할까? 세상 사람들은 허황하다고 말할 것이다. 하지만 정부와 사회가 확실한 신원보증을 서고 체계적 시스템을 만들어 준다면 헛된 꿈만은 아닐 것이다. 솔레닫 로사스 같은 무정부주의자들로 이루어진 특정 세력의 빈집 점거 운동이 아닌 사회 전반으로 퍼질 수 있는 집의 공유 시스템이 탄생해야 할 시점이다.

바르셀로나에서는 "건물이 방치되는 것이 그 건물을 무단으로 사용하는 것보다 더한 범법행위"라고 말한 좌파 정당 포데모스당(Podemos, 스페인어로 '우리는 할 수 있다'는 의미)의 아다 콜라우(Ada Colau) 시장이 2019년 재선에 성공했다. 그녀는 본인 스스로도 2008년에 주택 대출금을 못 갚아 집에서 쫓겨난 경험이 있다. 콜라우 시장은 무주택자 서민들의 권리를 찾아주기 위해 빈집을 공공 임대주택으로 전환하는 정책을 펴고 있고 바르셀로나의 도시 재생 정책을 성공적으로 펼치고 있다. 그녀는 바르셀로나 최초의 여성 시장이기도 하다.

바르셀로나에서 주거 불안을 해결하기 위한 조그마한 변화의 징표들이 새벽 별빛처럼 나타나기 시작했다. 대한민국의 부동산 공유제는 어떤 것일까? 일본의 경우는 빈집 특별조치법을 만들어 빈집 은행 운영 등을 통해 청년이나 신혼부부 등을 위한 임대주택 등에 빈집을 활용한다. 세상과 빈민들에게 희망을 던질 수 있는 정책들이 전 세계에 걸쳐 현실화가 되어서 시행되었으면 좋겠다. 현대 세계가 승자독식의 역사로 점철되었다면 이젠 그 역사를 끝내고 서로 공생해야 한다. 함께 살아남을 수 있는 길을 찾아야 한다.

공존하는 사회로의 전환은 선택이 아니고 필수이다. 인류의 미래에는 집이 닫힌 소유와 투자의 개념이 아니라 따뜻한 열린 연대의 공간이 되었으면 좋겠다. 베토벤은 합창 교향곡 〈환희의 송가〉에서 사람들에게 신신당부하며 이 우주를 떠났다.

"인류여 서로 사랑하라! 서로 부둥켜안아라!"

11. 이해 불가한 한국인 수녀님
아르헨티나의 한줄기 불빛, 세실리아 이 수녀

나는 2013년 1월 빈민들을 위해 '봉사의 삶'을 살고 계시는 세실리아(Cecilia) 수녀를 인터뷰하기 위해 두려움과 설렘이 뒤섞인 채 킬메스(Quilmes)의 비야 이타티(Villa Itati)로 향했다. 이타티의 초입은 마약과 범죄로 뒤덮인 비야(Villa, 원뜻은 마을이라는 뜻이나 아르헨티나에선 빈민촌의 의미로 쓰임)라기 보다는 가난한 시골 마을처럼 평화스럽게만 느껴졌다. 수녀님을 만나기 전에 육체적으로도 강한 분일 거라고 상상했는데 실제로 보니 아주 가녀렸다. 인터뷰는 조그만 마당에서 진행되었다.

[나] : 어릴 적 많은 소녀들은 막연하게나마 수도자의 생활을 동경합니다. 그러나 자신의 미래에 대해 진심 어린 성찰을 해보기도 전에 일반적인 남들의 삶을 쫓다 보니 자신의 비밀스러운 꿈을 따라가는 길을 잃어버리게 됩니다. 수녀님께서는 언제부터 '수도자의 길'을 소망하셨고, 입문하셨는지요? 수녀님이 되기를 결심하신 동기는 무엇입니까?

[Cecilia Lee] : 저는 가톨릭 가정에서 태어나서 자연스럽게 어머니의 기도하시는 모습을 보며 자랐습니다. 1976년 21살의 나이에 아르헨티나에 이민 와서 번민에 빠지게 되었습니

다. 참된 인간으로 거듭나고 싶었습니다. '홀로, 따로' 사는 것보다는 '함께, 같이'하고 싶었습니다. 78년에 프란체스코 수녀원에 들어왔습니다. 81년까지 교육을 받고 10년 동안 트렐레우(Trelew, 아르헨티나의 남쪽 추붓 주의 지방)에서 일하였습니다. 그 후 산골 마을인 간간(Gangan) 지역에서 일하다가 2000년부터 이곳 이타티(Itati)에서 일하게 되었습니다. 그런데 가톨릭 신자이신가요?

[나] : 아닙니다. 저는 종교를 가지지 못하고 있습니다. 수녀님은 수녀복을 입지 않으셨네요?

[Cecilia Lee] : 저는 프란체스코 수도회의 마리아 수녀회 소속입니다. 이 수도회는 부유한 가정에서 태어났지만 모든 것을 버린 아시시의 성인 프란체스코의 정신을 이어 나가기 위해 설립된 수도회입니다. 가난한 이웃들과 진정으로 하나가 되어 사랑하기 위해서는 수도복이 위화감을 불러일으킬 수도 있다는 염려 차원에서 입지 않습니다.

[나] : 이곳의 형편은 어떻습니까?

[Cecilia Lee] : 저는 물질적인 측면보다 정신적인 면을 이야기하고 싶습니다. 여기서 태어나고 자란 아이들은 자존감(self-respect)을 가지기가 어렵습니다. 현실의 상황이 너무나 열

악합니다. 마약 중독자인 임산부에게서 태어난 아이들은 태내에서 마약을 계속 흡입한 대가로 마약 중독자로 태어납니다. 비야 이타티에는 초, 중등학교가 없습니다. 학교를 아예 다니지 않는 아이들도 있고 옆 동네 학교에 다니던 아이들도 3, 4년 다니다가 그만두는 경우가 허다합니다. 보통 1인당 5명에서 10명을 낳죠. 그러다가 자라서 취직이라도 할라치면 사회의 편견과 냉대에 부딪히게 되죠. 이곳 주소를 적으면 고용주가 그 사람을 쓰기를 꺼립니다. 이런 과정을 거치며 자연스럽게 '자기의 삶은 쓸모없다.'라는 패배감이 본인 자신에게 체득이 되어버리는 거죠. (수녀님은 이 대목을 이야기하면서 울먹였다.)

[나] : 왜 하필 이런 힘든 곳에 지원하셨습니까?

[Cecilia Lee] : 이곳이 내 자리니깐요. 내가 있어야 할 곳이라고 믿어요. 그리고 연세 든 어머니가 부에노스아이레스에 사셔서 찾아뵙기도 편리하고요.

[나] : 수녀님은 이곳에서 어떤 활동을 하셨습니까?

[Cecilia Lee] : **폐지 재활용협회**(Asociación de Cartonera)를 조직해서 폐지와 플라스틱을 모아서 재생산하고 있습니다. 가진 게 없는 그들이 자립할 수 있도록 도와주고 있습니다. 안

타까운 것은 차를 살 수 있는 금전적 형편이 안 되는 그들은 '말'을 사용할 수밖에 없는데 '동물보호협회'에서 이를 반대하고 있습니다.

[나] : 동물보호도 중요하지만 말보다는 '인간의 생존'이 중요하지 않습니까? 넝마주이(Cartonera)들은 취미생활을 위해 말을 이용하는 사람들이 아니지 않습니까?

[Cecilia Lee] : 그렇습니다. '동물보호협회'에서는 관광 마차를 끄는 말에 대해서는 묵인하고 있습니다.

[나] : 정말 모순입니다.

[Cecilia Lee] : 이곳에서는 학교에 다닌다손 치더라도 아이가 숙제하거나 책을 펴 놓고 읽을 수 있는 장소가 없습니다. 장소가 없을뿐더러 이곳의 태반인 문맹자를 부모로 둔 아이들은 적절한 도움을 받을 수가 없습니다. 공부방에서는 그런 아이들을 위해 밥을 해 먹이고 대화도 합니다. 아이들은 책을 읽고 게임도 하며 시간을 보내지요. 미혼모를 위한 방은 2005년부터 생겨서 현재 10여 명 정도가 보호받고 있습니다. 강간을 비롯한 사회경제적인 열악한 환경으로 인해 이곳에는 10대 출산이 빈번합니다. 가난 때문에 교육을 제대로 받지 못해 18살밖에 안 된 어떤 여성은 벌써 3명을 출산

한 경우도 있습니다.

[나] : 공부방에 다니는 아이나 미혼모의 방에서 보호받은 경험을 가지게 된 여성에게는 어떤 변화가 일어납니까?

[Cecilia Lee] : 가장 감사한 것은 본인들이 소중한 사람이라는 의식이 생기고 '꿈'을 가지게 된다는 것입니다. 이렇게 어려운 환경에도 어떤 아이들은 커서 '공동식당'을 하고 싶다고 합니다. 자기 자신만을 위한 삶이 아니라 여러 사람을 위한 삶을 살고 싶어 하는 것이지요.

[나] : 요즘 무더위에 정전으로 고생하는 분들이 많은데 이곳의 사정은 어떻습니까?

[Cecilia Lee] : 너무 오랫동안 정전 사태가 지속되면 이곳 주민들은 도로를 차단해 버립니다. 이곳의 사람들에게는 아무도 관심을 두지 않기 때문에 최후의 수단을 쓸 수밖에 없죠.

[나] : 그런 것이었군요. (이때 나는 너무나 부끄러웠다. 신문에서 도로를 차단해 버리고 데모를 한다는 기사를 접했을 때 공공질서를 지킬 줄 모르는 시민 정신의 부재라고 밖에 생각하지 못했다.) 우리 보통 사람들이 비야 이타티 주민들에게 본받을 점은 무엇입니까?

[Cecilia Lee] : 그들은 콩 한 쪽이 있어도 나누어 먹을 줄 아는 사람들입니다. 그들은 유머 감각이 뛰어나서 그들의 삶 한편에는 웃음소리가 끊이지 않습니다.

[나] : 나눔이라고요? 유머 감각이라고요? 이 어려운 삶 속에서요?

[Cecilia Lee] : 그럼요. 그들에게 유머는 어려움을 극복해 나가는 수단인걸요. 있는 자들은 자기들 것을 빼앗길까봐 의심하고 두려워하며 꽉 움켜쥐죠. 이곳의 사람들은 그러지 않는답니다.

[나] : 수녀님은 이곳 주민들에게서 예수님을 매일매일 발견하시겠네요. 예수님은 가장 가난하고 핍박받는 자의 모습으로 오실 테니까요.

[Cecilia Lee] : 그들을 통해 예수님을 만나는 기적을 체험하고 있습니다. 실상은 제가 그들을 돕고 있는 게 아니라 그들이 저를 도와주고 있죠. 그들의 따뜻한 인간애에 존경을 표합니다. 예수님께서는 "가난한 자는 복이 있나니 천국이 저들의 것이니라."라고 말씀하시지 않으셨습니까?

[나] : 이 글을 읽는 분들께 좋은 말씀, 한 말씀 부탁드립니다.

[Cecilia Lee] : 있는 자들이 마음을 열고 가난한 자들과 물질을 나누는 것이 옳은 길이라는 생각이 듭니다. 오히려 부를 축적해서 닫고만 사는 것이 위험하지요. 철옹성을 쌓고 자기 것을 철두철미하게 지키면 겉으로는 안전하게 보이지만 실상은 위험하죠.

[나] : 이곳에서 사역하시면서 어떤 점이 가장 힘드십니까?
[Cecilia Lee] : 세상 사람들의 잘못된 시선이죠. 이곳의 사람들을 불신한답니다.

[나] : 최근에 아프리카 남수단에서 봉사의 삶을 살다 가신 이태석 신부의 삶을 다룬 '울지 마 톤즈'를 보고 많이 놀랐습니다. 흔히 가난의 원인을 태만에 두는 데 오히려 가난의 문제는 구조적 원인에 있다는 것을 일깨워준 다큐멘터리였습니다. 톤즈의 청소년들은 영민하고 부지런하고 의욕에 가득 찬 아이들이었습니다. 사실 이곳 비야 이타티의 아이들도 조금만 뒷받침해 준다면 훌륭한 직업인으로 성장할 아이들이 많을 것 같습니다. 안타깝습니다.

수녀님은 이 일은 혼자 하는 게 아니고 다른 수녀님들과 여러 분들이 도와주신다며 이 인터뷰가 힘든 곳에서 본인 혼자서 열심히 일한 것으로 왜곡되지 않기를 바라신다고 하며 인터뷰를 끝맺으셨다. 인터뷰가 끝나자 수녀님께서 마을 구경을 시켜 주셨다. 수녀님은 마을 주민 누구에게든지 웃으며 먼저 인사를 하셨다. 수녀님이 소개를 해 주셔서 폐지 활용협회의 사람들과 인사도 나누었다.

마을 모습은 너무나 충격적이었다. 하수도 시설이 없었다. 고인 물은 시궁창이 되어서 쓰레기가 둥둥 떠다니고 있었다. 그 안에 수도관 시설을 임시로 해 놓은 걸 보고 할 말을 잃어버렸다. 죽은 쥐 한 마리도 보았는데 그곳 주민들은 대수롭지 않게 여겼다. 어떤 집은 화장실 시설도 없다고 했다. 포장이 되지 않아서 길은 온통 흙탕물투성이였다.

2013년 인류의 한 편에서의 삶이 이래야만 하는가? 2000년 전 로마에도 로마의 속주였던 스페인의 도시들에도 도로는 포장이 되어있고 거대한 하수도 시설이 있었다. 무엇이 인류의 진보이고, 과학의 발전이며, 첨단 기술의 시대란 말인가?

가장 슬펐던 것은 내 눈으로 마약에 취한 청소년들을 본 것이다. 사실 그곳은 부에노스아이레스에서 가장 위험한 지역이었고 수녀님과 동행하지 않고 혼자 갔다면 무슨 일을 당했을 지 알

수 없다. 이곳 주민들이 이런 상황 속에서도 살아간다는 것 자체가 기적이고 존경스러웠다.

더 큰 기적은 숭고한 마음으로 그런 삶을 선택하신 세실리아 이(Cecilia Lee) 수녀님이다. 하루 이틀도 아니고 30년 넘게 어려운 이웃과 함께 생활하신 수녀님은 깊은 인내심, 인간 정신의 고결함 같은 미사여구로서도 설명할 수 없는 분이다. 기적은 살아 있는 것이다.

사실 나는 인터뷰를 준비할 때 한 가지 꼭 묻고 싶은 것이 있었다. "사람은 때로는 남에게 인정도 받고 싶고 낯도 내고 싶은 허영심이 있고 그것이 인간의 본능이라고도 생각되는데 수녀님은 아무도 알아주지 않는 고생뿐인 이 봉사를 어떻게 지속하시냐?"고….

하지만 수녀님의 삶을 내 두 눈으로 직접 보고 그런 질문이 너무나 어리석고 공허하게 느껴져 하지 않았다. 그날 저녁 나는 시내의 한 식당에서 식사를 하였다. 그날의 고기와 샐러드는 짰다. 밥을 먹으면서 내내 시궁창이 떠올랐다. 시궁창과 식탁 위에 올려진 새끼 돼지 구이는 내 마음의 더러움과 궁색함을 한껏 비웃는 듯했다. 짠 음식들이 나의 죄책감을 조금이라도 희석하는 듯한 착각도 들었다.

2020년 5월 28일 오늘 마드리드에서 7년 전에 쓴 원고를 보며 이타티 마을의 현재를 알기 위해 아르헨티나 뉴스를 찾았다. 쓰레기 더미가 마을 면적의 30%를 차지하는 이타티 마을에는 4,500가구가 사는데 그중의 15%는 집 안에 물이 없어서 공동 수도시설에서 물을 구해야 한다고 한다. 그마저도 수압이 낮아서 어떤 이들은 새벽 5시에 물을 받는다고 한다.

그들에게는 2001년 경제 위기보다 보건 위기가 더해진 지금의 현실이 더 힘들다고 한다. 코로나 바이러스뿐 아니라 뎅기와 결핵의 위험도 크다고 한다. 지병을 앓는 경우도 많다. 코로나 바이러스로 아르헨티나도 외출 금지령이 내려졌지만, 집이 너무 비좁고 사는 사람 숫자는 많아 집에만 있기는 불가능하다고 한다.

2010년에 인구가 5천 명이었는데 10년 만에 3배로 불어나 지금은 인구가 1만 5천 명을 넘는다고 한다. 7년 전 이타티 마을을 다녀온 날 저녁 노부부와 식사를 했는데 그분들은 70년대에 아르헨티나서 유학했다. 그때만 해도 아르헨티나가 한국과 비교해 경제적으로도 훨씬 잘 살고 대학교에서의 연구 수준이 훨씬 높았다고 했다.

그날 내가 비야를 보고 충격받은 이야기를 하자 그분들이 70년대는 비야에 가면 아사도(불의 온기로 굽는 아르헨티나 고유의 바비큐)를 굽고 기타 치며 노래를 부르는 흥겨움에 젖은 분위기가 물씬 났다고 한다. 와! 그때의 비야는 정말 낭만적이고 신나는 곳이었구나. 그때의 가난은 쿨한 가난이었고 지금의 가난은 심각하게 비친다. 점점 세상이 빈익빈 부익부로 가나? 가난한 사람들이 점점 가난해져 이제 비야는 범죄의 온상이 되었다.

'가난 구제는 나라님도 못 한다.'는 말이 있다. 하지만 그 말은 조선 시대 속담일 뿐 현대에 와선 사회 복지망을 튼튼히 함으로써 경제적 약자들을 보호할 수 있다고 생각한다. 아르헨티나는 코로나 위기를 겪으며 300만 불 이상의 자산가들을 대상으로 부유세 2%를 매기는 것을 검토하고 있다고 한다. 남미 국가들은 스웨덴, 프랑스, 독일과 같은 유럽 선진국과 비교해 부자에 대한 증세가 희박해 부의 대물림이 콘크리트 벽처럼 단단해져 버렸다.

복지는 정말 중요하며 21세기에 걸맞게 누구나가 누릴 수 있는 삶이 되었으면 좋겠다. 특히 출발선에 선 젊은이들이 피해를 보아서는 안 된다. 국가가 합리적인 증여세를 거두고 훌륭한 일자리 정책을 펴서 저소득층 부모를 둔 젊은이들이 박탈감을 느끼지 않는 함께 사는 세상을 오늘도 꿈꿔 본다.

부록

1. 아르헨티나 국민 대상 한국 여론조사 결과

주아르헨티나 중남미한국문화원은 2014년 8월 3일 중남미 K-팝 경연대회의 관람객 199명을 대상으로 한국 국가 이미지에 대한 대면 설문조사를 시행했다. 이들은 '한국'하면 연상되는 이미지가 무엇이냐는 질문에 △K-팝, 한국 드라마와 영화 등 한류(33%)를 가장 높은 비율로 선택하였고, 그 뒤로 △예의, 규율, 노력, 일(26%), △선진 기술(19%), △서울(10%)의 순서로 꼽았다.

<표 1> 한국 하면 연상되는 이미지는?

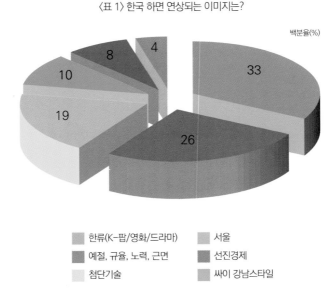

출처: 주아르헨티나 중남미한국문화원 자체 설문조사

'한국'이라는 국가를 알게 된 경로를 묻는 질문에는 △K-팝, 한국 드라마와 영화 등 한류(31%), △친구와 가족(20%), △아시아에 대한 관심(17%), △SNS(16%) 순서로 나타났다.

〈표 2〉 한국을 알게된 경로

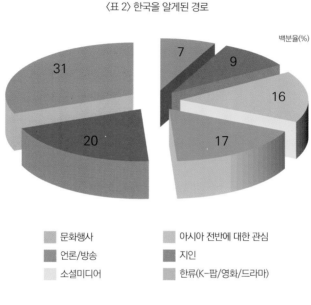

출처: 주아르헨티나 중남미한국문화원 자체 설문조사

한국을 방문할 경우 주요 동기를 묻는 질문에는 △역사와 전통(26.80%), △한류(25.90%)가 가장 많았으며, △경치(16.50%), △공부(15.60%), △음식(10.60%), △쇼핑(4.40%)으로 나타났다.

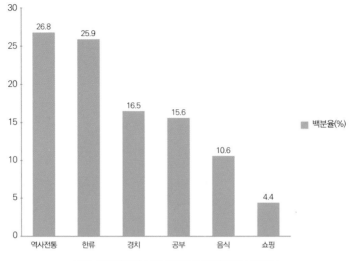

〈표 3〉 한국을 방문하는 주요 동기

출처: 주아르헨티나 중남미한국문화원 자체 설문조사

마지막으로 '한국'을 대표하는 기업을 묻는 질문에는 △삼성(61.60%)이라고 대답한 경우가 압도적으로 많았으며, △LG(22.50%), △현대(6.80%), △기아(4.80%), △빙그레 메로나(2.80%) 순으로 나타났다. 언론 보도로 알려진 바에 의하면 삼성은 한국의 기업이라기보다는 다국적 기업으로 알려지기를 원하고 있고, 가능하면 한국과의 연관성을 드러내지 않으려 하는데도 불구하고, 대다수 아르헨티나 사람들은 삼성을 확실한 한국 기업으로 인식하고 있다는 점을 확인할 수 있다. 또 아르헨티나와 브라질 등 메르코수르 국가들에 진출해서 큰 인기를 얻고 있는 우리의 아이스크림 빙그레 '메로나'가 다섯 번째로 언급된 것은 이채롭다.

〈표 4〉 한국을 대표하는 기업

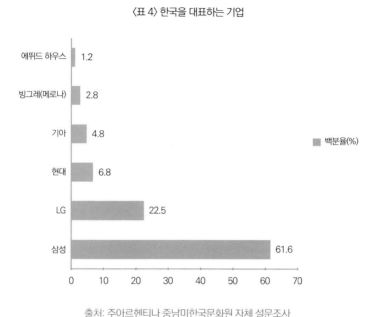

출처: 주아르헨티나 중남미한국문화원 자체 설문조사

　이번 여론조사 결과로 보면, K-팝 등 한류를 통해 한국을 알게 되었다는 경우가 31%를 차지해서 가장 비율이 높았다. 이것은 한류가 아르헨티나 중류층들에게 한국에 대한 관심으로 이끄는 가장 중요한 동기로 나타났다는 것을 의미한다.

2. 아르헨티나 관련 주요 문화예술기관과 국제 페스티벌 현황

1) UNASUR(Unión de Naciones Suramericanas)

기관/ 단체명	(국) 남미국가연합-남미문화위원회 (영) UNASUR-South American Council of Culture (서) UNASUR-Consejo Suramericano de Cultura		
유형	국제기구	장르	문화예술
소재지	에콰도르, 키토	설립년도	2008
홈페이지	http://www.unasursg.org		

남미국가연합(UNASUR: Unión de Naciones Suramericanas)은 2008년에 조직된 국제기구이다. 이는 에너지, 교육, 보건, 환경, 인프라, 보안과 민주주의 차원에서의 지역의 통합을 목적으로 하고 있으며, 각 지역의 목표 및 사회적 자산과 에너지 자원에 대한 공유를 통하여 남미 국가들 사이의 연결을 심화하고자 한다. 2008년 5월 브라질리아에서 열린 남미 12개국 정상회담에서 조약을 체결하여 설립되었으며, 2011년 3월에 국제기구로서 공식 출범하였다. 현재 아르헨티나, 볼리비아, 브라질, 콜롬비아, 칠레, 에콰도르, 가이아나, 파라과이,

페루, 수리남, 우루과이, 베네수엘라까지 12개국을 회원국으로 두고 있으며 파나마와 멕시코가 참관한다. 회원국의 다양성을 감안하여 공식 언어는 영어, 스페인어, 포르투갈어, 네덜란드어로 구성되어 있으며 회원국들은 역사의 공유와 다국 간 상호자유무역 원칙, 국제관계법, 인권과 민주적 과정에 대한 철저한 존중을 밑바탕으로 지역의 일체성을 수립하려는 노력에 동의하고 있다. 남미국가연합의 의장국은 회원국의 영문명의 알파벳순으로 순환하며 1년 임기를 원칙으로 회의를 주재, 대외적으로 남미국가연합을 대표한다. 사무국은 에콰도르 키토에 있다.

남미국가연합은 산하에 12개의 분과를 두고 있는데, 그 중 남미 국가 간의 문화예술 교류를 위해 설립된 것이 남미문화위원회(CSC: Consejo Suramericano de Cultura)이다. 지역의 문화 다양성 보존, 지역을 위한 통합 공간 구축, 문화를 통한 남미의 통합, 다양한 문화 활동의 보급과 상호존중을 지향하는 남미문화위원회는 남미국가연합 위원회의 승인을 받아 2012년 11월 페루 리마에서 창립되어 2013년 2월에 첫 회의를 개최하였다. 아르헨티나에서는 연방문화부 문화정책 및 국제협력국장인 Monica Guariglio가 대표로 참석하였으며 위원회의 정관 준비와 연간사업계획 승인, 문화장관회의 개최 등이 논의되었다. 2013년 6월에는 남미문화위원회의 중기 활동계획이 발표되었는데 이는 문화산업과 창조경제, 문화의 다양성, 문화유산의 보존 및 등록, 공동 문화 콘텐츠 생산 및 보급, 예술창작 관련 문화정책 추진의 5가지 분야에 중점을 두고 있다. 이 활동계획에는 항목별로 주관국과 협력국이 나뉘어 있는데, 이중 아르헨티나가 주관하는 사업은 아래와 같다.

- 회원국의 영화 산업 경쟁력에 관한 연구 · 회의
- 문화산업과 창조경제의 진흥을 위한 남미 문화산업마켓(MICSUR) 개최
- TV 문화콘텐츠의 제작 및 공유를 위한 문화콘텐츠 데이터베이스(Proyecto de Banco de Contenidos Culturales)의 착수와 보급
- 현대예술의 교류와 협력 촉진을 위한 이론가, 예술가, 행정가를 포괄하는 지역 회의

> ※ TIP
>
> 　남미문화위원회의 사업은 주관/협력 국가가 나뉘어 있는 만큼, 협력하고자 하는 사업이 있다면 해당 사업의 주관 국가 파악이 제일 중요하다.
>
> 　2015년 5월, 남미국가연합은 아르헨티나의 '네스토르 키르치네르 문화센터'의 개관을 기념하며 남미국가연합 미술 비엔날레(Bienal UNASUR, 2017년 제 1회 개최)를 개최하였다.

2) INT(Instituto Nacional del Teatro de Argentina)

기관/ 단체명	(국) 아르헨티나 국립공연예술협회 (영) National Institute of Theater of Argentina (서) Instituto Nacional del Teatro de Argentina		
유형	협회	장르	연극
소재지	Av. Santa Fe 1243 — 7° Piso, C.A.B.A	설립년도	2008
홈페이지	http://www.inteatro.gob.ar/		

아르헨티나 국립공연예술 협회(INT: Instituto Nacional del Teatro de Argentina)는 1997년 아르헨티나 법제정으로 창설된 공공 지원 기관으로, 아르헨티나의 공연예술 활성화와 해외 공동 작업을 도모하는 역할을 수행한다. 국가 공연예술기본법(la Ley Nacional del Teatro)에 의해 아르헨티나 공연 예술의 진흥 및 지원 주구 기관으로 설립되었으며 관련 정책의 수립, 집행 및 해당 정책에 대한 후속 조치 수행을 담당한다. 연방 기구의 성격을 지니고 있으며, 공연 예술 관련 정책 수행의 최대 수혜자는 각 자치단체가 될 수 있도록 국내 예술가들에 의한 아르헨티나의 국가적 정체성을 잘 표현할 수 있는 작품을 우선적으로 지원하고 있다.

국립공연예술협회는 콩쿠르, 전시회, 페스티벌 등 다양한 경로를 통해 공연 예술 활동을 장려하며 장학금 지원, 각종 시상 등을 통해 창작 활동을 후원한다. 또한, 일반 국민들의 공연 예술에 대한 의식 함양을 위해 관련 교육 활동도 활발히 펼치고 있다. 2015년 12월, 신임 대통령 취임에 따라 라파엘라 시 문화청장을 역임한 Marcelo Allasino가 신임 감독으로 임명되었고, 각 지역 본부 별로 따로 대표를 두고 있는데, 홈페이지에는 이사회 의사록이 모두 공개되어 있다. 주요 사업은 아래와 같다.

① **연극 콩쿠르 개최** : Concursos anuales de obras de teatro

국립공연예술협회는 설립 초기부터 매해 자체적으로 전국 규모의 희곡 콩쿠르를 개최해 왔다. 입상자에게는 상금과 함께 프로덕션을 위한 지원금이 수여되며, 우승 작품은 협회의 편집국을 통해 출판된다. 주제나 아이디어에 대한 제한은 없으나 반드시 출간되거나 상연되지 않은 신작이어야 한다.

② **연극 진흥 프로젝트** : INT Presenta

국립공연예술협회는 연극의 진흥 및 보급 전파를 위해 비정부기구 및 각 주정부와 손잡고 국내 혹은 해외 공연의 초청 및 공동제작을 진행한다.

③ **출판 업무** : Editorial Policy

1998년부터 중요한 연극 서적의 출판을 지원해 온 국립공연예술협회는 2002

년, INTeatro라는 자체 출판사를 만들었다. INTeatro는 연극, 에세이, 교육 연극, 연극이론과 역사, 제작기술 등 여러 분야의 편집 라인을 가지고 있으며 배급은 각 지역의 공공 도서관을 통해 이루어진다. 최근에는 이 자료들을 디지털 라이브러리로 전환하고 있다.

④ 올해의 연극인상 시상 : Trajectory Awards
국립공연예술협회는 1999년부터 매년 아르헨티나 연극 발전에 이바지한 인물을 선정하여 올해의 연극인상을 시상한다. 시상 내역은 전국과 지역 공로상 등으로 나뉘어져 있다.

⑤ 연극 축제 개최 : Fiesta Nacional del Teatro
국립공연예술협회는 아르헨티나 전국을 순회하며 매년 전국 규모의 국내 연극제를 개최하고 있다.

⑥ 전국 순회공연 : Circuito Nacional de Teatro
2006년에 개발된 프로젝트로 매년 6만 명 이상이 참여하는 가장 지역적이면서도 포괄적인 사업이다. 2012년에 진행된 순회공연에는 40개의 국내작과 8개의 해외 작품이 포함이 41일 간 전국 30개의 축제에 참여하였다.

⑦ 지원사업 : Subsidios y Becas
공모를 통해 독립극단, 프로덕션, 국내 및 해외 투어, 공간운영, 기술지원, 독립

행사, 출판, 공간마련, 연구사업 등 다양한 분야에 지원금을 할당하고 있다.

3) CCK(Centro Cultural Kirchner)

기관/단체명	(국) 키르치네르 문화센터 (영) Nestor Kirchner Cultural Center (서) Centro Cultural Néstor Kirchner		
유형	복합문화공간	장르	공연예술, 시각예술 外
소재지	Sarmiento 151, C.A.B.A	설립년도	2015
운영주체	아르헨티나 연방 문화부		
공간현황	심포니홀(1,750석), 다목적홀 6개, 전시실 40개 外		
홈페이지	http://www.culturalkirchner.gob.ar		

키르치네르 문화센터(CCK: Centro Cultural Kirchner)는 2015년 5월에 신설된 복합 문화공간으로, 전(前) 대통령 인 Néstor Carlos Kirchner 의 발의로 전(前) 우정국(Correo Central) 건물을 개조하여 연방문화부에서 설립하였다. 이 문화 센터의 건립 사업은 2010년부터 2016년까지 진행하는 5월 혁 명 200주년 기념 계획의 주요 사업 중 하나로 진행되었으며, 2015년 완공된 공간은 5월 24일, 아르헨티나 독립기념 공연과 함께 개관하였다.

이 문화센터는 총 5,000명의 방문객을 동시 수용 가능하며

15,000㎡의 전시공간과 6개의 다목적 홀, 40개의 전시관, 6개의 오디오홀(각 100명 이상 수용 가능), 2개의 전망대, 18개의 로비와 16개의 연습실을 포함하는 총 면적 10만㎡ 규모의 건물로, 본격적으로 가동되면 연간 500만 명이 방문할 것을 예상하고 있다. 가장 중심이 되는 홀은 1,750석의 심포니홀인 La ballena azul 홀과 가장 상층의 La cúpula 돔, La gran lámpara 홀 및 Eva Perón 관과 Nestor Kirchner 관이다.

개관식에서 연방 정부는 '아르헨티나가 그 문화 수준에 맞는, 라틴아메리카 내 최대 규모의 다목적 문화센터'를 갖게 되었다고 발표하며, 이 공간을 통해 국내외의 다양한 예술적 표현들을 수용하겠다는 비전을 내비쳤다. 이후 키르치네르 문화센터는 분야별 자문을 두고 프로그램을 구성해 나가고 있으며 이는 공연, 시각예술, 교육, 음악 총 4가지 카테고리로 구성되어 있다.

※ TIP

단순 전시 및 공연 외 다양한 형태의 문화예술 프로그램이 가능한 공간이며 신설된 만큼 새로운 형태의 프로그램과 협력 관계에 관심을 가질 것으로 보인다. 2015년 8월에는 체험예술 공간 '꽃밭'의 〈종이창문〉을 초청하였다.

4) TNC(Teatro Nacional Cervantes)

기관/단체명	(국) 세르반테스 국립극장 (영) Cervantes National Theater (서) Teatro Nacional Cervantes		
유형	공연장	장르	공연예술
소재지	Av. Córdoba 1155, C.A.B.A	설립년도	1968
공간현황	공연장 2관(860석, 150석), 다목적홀(120명 수용)		
홈페이지	http://www.teatrocervantes.gov.ar		

세르반테스 국립극장(TNC: Teatro Nacional Cervantes)은 1921년 9월에 개관하였으나 1961년에 발생한 대형 화재로 대부분의 시설이 유실되었으며, 그 손해는 5천만 페소에 달했다. 이후 정부에 의해 재건된 이 극장은 1968년에 재개관하였고 1995년, 관련 법령에 의해 국립역사기념물로 지정되었다.

극장에는 3개의 공간이 있다. 메인 공연장인 María Guerrero관은 860명의 관객을 수용할 수 있으며, 전통 스페인 양식으로 디자인되었다. 이 공연장의 이름은 극장 건립을 위해 기부금을 헌정한 스페인 배우 María Guerrero의 이름을 따라 지어졌다. 프로시니엄 무대로, 본 무대의 크기는 16×28.5m

이며, 무대 앞에는 12×2.7m의 오케스트라 피트가 있어 무대를 확장하여 사용할 수 있다. 이 외 2개의 공간은 150명을 수용할 수 있는 Orestes Caviglia관과 120명을 수용할 수 있는 다목적 홀인 Luisa Vehil관이다.

세르반테스 국립극장의 홈페이지에서는 2003년부터의 운영 보고서, 대차대조표, 계약직원의 명단 및 체결기간 등의 목록까지 확인할 수 있다. 또한 1921년부터 현재까지의 상연 공연 목록을 살펴볼 수 있는데, 2014년에는 12개(304회)의 연극공연과 1개(17회)의 아동극, 19회의 가이드 프로그램을 진행하였으며 국립공연예술협회(INT)와의 협력으로 13개(25회)의 해외 공연/프로그램을 선보였다. 특별 프로그램으로는 아르헨티나 신진 극작가를 소개하기 위한 시즌 프로그램과 음악 및 영화 프로그램, 출판기념행사 등이 진행된다. 극장의 연간 프로그램 중에는 지역공연예술제(Ciclo Teatro del País)를 특징적으로 꼽을 수 있는데, 이는 아르헨티나 각 지역에서 공연을 선정하여 국립극장에서 페스티벌 형식으로 선보이는 프로그램으로, 공모를 통해 각 지역에서 선정된 10여 개의 작품이 무대에 오른다.

극장은 연방 문화부와 Asociación Amigos del Teatro Nacional Cervantes(Association of Friends of Cervantes National

Theatre)와의 협력관계를 바탕으로 운영되고 있다. 1984년 7월 19일에 설립된 Asociación Amigos del Teatro Nacional Cervantes는 비영리기관으로, 배우 Lyde De Luca Mirelman과 Norberto Uman 등의 후원자들이 주축이 되어 설립한 기관이다. 이 기관은 극장의 문화예술 활동을 촉진하고 콘퍼런스, 워크숍, 강연, 전시, 출판 등을 통해 예술 교육에 이바지하며, 국내외 투어공연을 활성화하는 등의 목적을 갖고 있다. 연례적으로 다양한 문화 활동 분야(특히 공연과 저널리즘)에서 심사위원을 선정하여 Premios María Guerrero(Maria Guerrero Award)를 시상하기도 하는데 수상자는 배우, 연출, 극작, 무대미술, 의상, 조명 등의 세부 분야에서 선정된다. Asociación Amigos del Teatro Nacional Cervantes는 수년간 스페인 대사관의 후원을 받고 있으며, Norma Duek이 감독을 맡고 있다.

※ TIP

세르반테스 국립극장은 주로 연극 공연을 상연한다. 연방 문화부 소속 공간이니 국립공연예술협회(INT) 등 국립기관과의 협력을 통해 프로그램을 제안할 수 있을 것이다. 2015년에는 문화원의 주관으로 한국 안무가 김재덕이 창작한 〈공간적 장력〉 공연이 TNC에서 상연된 바 있다.

Asociación Amigos del Teatro Nacional Cervantes의 회

장인 Norma Duek은 한국문화원과 친밀한 협력관계를 가지고
있다. 2015년에는 Norma Duek의 주선으로 아르헨티나 유명 팝
아티스트인 Milo Lockett의 전시가 문화원 내에서 진행되었다.

5) CTBA(Theatre Complex of Buenos Aires)

기관/ 단체명	(국) 부에노스아이레스 복합문화공간 (영) Theater Complex of Buenos Aires (서) Complejo Teatral de Buenos Aires		
유형	복합 문화공간	장르	공연예술, 시각예술 外
소재지	Av. Corrientes 1530, C.A.B.A (Teatro San Martín)	설립년도	2000
공간현황	5개 극장 보유. 메인 산마르틴 극장은 3개 공연장(1,049석, 566석, 200석) 외 전시실, 다목적 홀 운영		
홈페이지	http://complejoteatral.gob.ar		

부에노스아이레스 복합문화
공간(CTBA: Theatre Complex of
Buenos Aires)은 2000년에 만
들어진 부에노스아이레스 시
문화부 소속의 복합 문화공간이다. 산마르틴 극장(Teatro San
Martín), 라리베라 극장(Teatro de la Ribera), 알베아르 극장(Teatro
Presidente Alvear), 레히오 극장(Teatro Regio), 사르미엔토 극장
(Teatro Sarmiento) 총 5개의 공간으로 이루어져 있으며 연극, 무

용, 음악, 인형극 등 다양한 장르의 공연과 영화 상영, 사진 전시에 이르기까지 여러 용도로 활용되고 있다. 연간 50만 명 이상의 관객이 방문하는 아르헨티나의 주요 문화공간이며 이곳에서일하는 1,000명 이상의 종사자는 부에노스아이레스 시에서 임금을 받는다.

부에노스아이레스 복합문화공간은 비영리 문화기관으로서지역 문화향유 기회 확산과 이의 질적 향상에 그 목적을 두고 있으며 이에 따라 다양한 할인 정책, 교육 프로그램 및 가이드 투어 등을 선보이고 있다. 5개의 극장은 통합된 티켓 판매 시스템을 구축하고 있어 오프라인 및 홈페이지(http://ctba.globalticket.com.ar)를 통해서도 예매가 가능하다. 자체 홍보 부서를 두고 있는 한편, 공연예술 관련 자료 아카이브 및 도서관 운영, 방송 방영, TEATRO 잡지 발행, 레코드 및 도서 발간, 캐릭터 상품 판매등 다양한 분야에 접점을 두고 있다.

시 문화부 축제 및 행사의 주요 공간으로 활용되고 있는 부에노스아이레스 복합문화공간은 총 7개의 공연장과 영화 상영관, 뮤직홀, 전시장 등을 보유하고 있으며 이는 대부분 같은 건물에 위치하고 있다. 이는 5개의 공연장 중 가장 크고 오랜 역사를 자랑하는 산마르틴 극장으로, 부에노스아이레스 공연예술의 메카라 할 수 있는 코리엔테스 거리에 위치하고 있다. 이 극장은 1,049석(sala Martín Coronado), 566석(sala Casacuberta), 200석(sala Cunill Cabanellas) 규모의 3개의 공연장과 1개의 영상물 상영관(sala Leopoldo Lugones)을 보유하고 있으며, 현대발레단(el Ballet Contemporáneo del Teatro San Martín)과 인형극단(el Grupo de Titiriteros del Teatro San Martín)을 상주단체로 두고 있다. 그 외의 극장들은 부에노스아이레스 내 각기 다른 행정구역에 위치하고 있는데, 라 보카 지구에 위치한 라리베라 극장은 643석의 규모, 치카리타에 위치한 레히오 극장은 661석 규모의 공연장을 보유하고 있으며 팔레르모에 위치한 사르미엔토 극장은 가장 작은 규모이지만 극적 실험과 연구에 특성화되어 있다.

※ TIP

　2015년까지 총감독을 맡았던 Alberto Ligaluppi는 2008년과 2014년 서울아트마켓에 참가하였으며 2009년 부에노스아이레스 국제페스티벌(FIBA) 예술감독 역임 당시 극단 초인을 초청한 바 있다. 2014년에는 리갈루피의 초청으로 김복희 무용단의 공연이 산마르틴 극장에서 진행되었다.

　해당 공간은 비(非) 공연 장르의 비중이 크기 때문에 '공연장 콤플렉스'가 아닌 '복합문화공간'으로 번역하였다.

6) Centro Cultural Recoleta

기관/ 단체명	(국) 레콜레타 문화센터 (영) Recoleta Cultural Center (서) Centro Cultural Recoleta		
유형	복합 문화공간	장르	공연예술, 시각예술
소재지	Junín 1930, C.A.B.A	설립년도	1979
공간현황	27개 전시실, 영화상영관, 공연장 등		
홈페이지	http://www.centroculturalrecoleta.org		

레콜레타 문화센터(Centro Cultural Recoleta)는 부에노스아이레스 시 문화부 소속의 문화공간이다. 이는 부에노스아이레스에서 가장 오래된 건물 중 하나로, 휴양시설 등 여러 가지 용도로 쓰이다가 부에노스아이레스 설립 400주년을 기념하던 1979년에 문화부로 귀속, 복합 미술관으로 디자인되었다. 1980년에 부에노스아이레스 시 문화공간으로 발족 후 1990년에 지금의 이름을 갖게 되었으며 공연장은 1995년에 개관하였다.

27개의 전시실과 영화상영관, 공연장 등이 있으며 미술전시, 리사이틀, 콘서트, 연극, 교육 프로그램 등 다양한 이벤트 장소로 활용되고 있다. 공연, 전시 공간 외 눈여겨볼 공간은 문서보관실과 음악작업실이다. 문서보관실(CeDIP)은 Banco Galicia의 후원으로 문서작업, 연구 및 출판 등 상호 연관된 세 가지 작업을 동시에 할 수 있는 공간으로 설계되었고, 지난 행사의 모든 서류를 아카이브에 보관하고 있다. 음악작업실(LIPM)에서는 컨템포러리 음악을 배포하고 기술과의 연결을 도모한다. 기술적 가능성을 실험하고자 하는 작곡가들, 새로운 교육 방식을 개발하고자 하는 연구가 및 교사들이 시설을 이용할 수 있도록 하며 다양한 워크숍과 콘퍼런스 등을 진행, 일렉트로-어쿠스틱 공연을 선보이기도 한다.

레콜레타 문화센터는 부에노스아이레스 재즈 페스티벌(Buenos Aires Jazz), 셰익스피어 페스티벌 등 부에노스아이레스 시에서 주최하는 다양한 축제 및 각종 영화제의 주요 공간으로도 사용되고 있다. 우리나라에도 잘 알려진 푸에르자 부르타(Fuerza Bruta) 전용관이 장기간 운영되었으며, 상시적으로 가이드 투어, 교육 프로그램, 워크숍, 공연, 전시, 영화 상영 등 20여 개의 프로그램이 동시에 진행된다.

문화센터는 후원 회원을 운영하며 후원금에 따라 다양한 혜택을 제공하고 있다. 한편 이 문화센터에서는 1년간 진행된 모든 예술 활동을 모아 트랜스비주얼(Transbisual) 잡지를 편찬하기도 하는데, 이를 위해 다양한 큐레이터, 저널리스트, 예술가들이 이 저널에 리뷰를 기고하고 있다. 해당 잡지는 온라인에서 무료로 다운로드할 수 있다.

※ TIP

이곳은 셰익스피어 페스티벌 등 다양한 공연예술제에 활용되기도 하지만 공연시설이 좋은 편은 아니다. 그러나 시각예술 공간으로서는 시에서 손꼽히는 활용도를 보인다. 2015년에는 (재)예술경영지원센터의 '트래블링 코리안 아츠' 사업을 통해 문화원이 주최한 〈텅빈충만〉 전시를 주관하였으며 이는 유명 미술비평가 Alicia de Arteaga의 적극적인 주선으로 이루어졌다.

매년 연말에는 CCR에서 진행된 모든 프로그램을 담은 애뉴얼 북을 발간한다.

---

7) Centro Cultural Borges

기관/ 단체명	(국) 보르헤스 문화센터 (영) Borges Cultural Center (서) Centro Cultural Borges		
유형	복합 문화공간	장르	공연예술, 시각예술
소재지	Viamonte 525, C.A.B.A	설립년도	1995
운영주체	Fundación para las Artes		
공간현황	5개 전시실, 공연장(260석) 등		
홈페이지	http://www.ccborges.org.ar		

centro cultural
;Borges

Viamonte esq. San Martín

부에노스아이레스 중심에 위치한 보르헤스 문화센터 (Centro Cultural Borges)는 민간 비영리 단체인 Fundación para las Artes에 의해 만들어진 문화 시설이다. 이는 쇼핑센터인 Galerías Pacífico 건물 내에 1995년 10월에 개관하였으며, 총 10,000㎡의 규모로 이루어져 있다. 이 건물은 1891년에 건립되어 1989년에 국립역사기념물로 지정되었다.

이 공간에 현대적 세팅의 문화공간이 들어선 것은 스페인의 국왕인 Juan Carlos I(후안 카를로스 1세)에 의해서이다. 아르헨티나 화가인 Jorge de la Vega의 전시와 함께 개관한 Centro Cultural Borges는 이후 다양한 기획 전시들을 꾸준히 선보이며 도시의 주요 문화공간으로 자리매김하였다. 모든 문화예술 활동을 촉진시키고 역사와 문화예술 유산을 홍보하고 보급, 우수한 문화적 경험을 제공하려는 미션을 가지고 있는 이 문화센터는 3개의 강당과 전시실, 다목적 공간들을 보유하고 있으며, 이를 통해 시각예술, 공연, 영화, 세미나, 콘퍼런스, 교육 프로그램, 워크숍 등 다양한 장르의 프로젝트를 주관/지원한다. 165㎡부터 800㎡까지 다양한 크기의 5개의 전시실이 있고, 메인 홀은 2,000㎡규모이며, 공연장은 260석의 객석과 82석의 보조석으로 총 342명의 관객을 수용할 수 있다.

보르헤스 문화센터 프로덕션은 문학, 예술, 과학, 역사 등의 분야를 관장하는 다양한 구성의 팀으로 이루어져 있다. 미술 전시는 상시 진행되고 있으며, 문학, 영상, 사진, 시각예술, 연극, 철학, 무용 등의 유료 워크숍/강좌와 가이드 투어도 마련되어 있다. 또한 FM 97.9 MHZ를 통해 La voz del laberinto(미로의 목소리)라는 제목의 라디오 프로그램을 제작하고 있는데, 이는 문화프로그램 및 문화센터의 소식을 전하는 용도로 활용되며, 센터의 공식 홈페이지 내에서도 청취할 수 있다.

※ TIP
보르헤스 문화센터에서 진행되는 공연 프로그램은 주로 탱

고와 플라멩코 등이 무용공연이 주를 이룬다. 2015년 말에는 인
도 전통무용 프로그램을 선보이기도 했다.

8) Usina del Arte

기관/단체명	(국) 우시나 델 아르떼 (서) Usina del Arte		
유형	복합 문화공간	장르	공연예술, 시각예술
소재지	Agustín R. Caffarena 1, C.A.B.A	설립년도	2012
운영주체	부에노스아이레스 시 문화부		
공간현황	심포니홀(1,200석), 챔버홀(400석), 도서관, 다목적홀, 전시실 등		
홈페이지	http://www.usinadelarte.org		

우시나 델 아르떼(Usina
del Arte)는 부에노스아이레
스 내 라 보카 지역에 위치
한 복합 문화공간이다. 부
에노스아이레스 시 정부에서 운영하는 공공시설이며 1,200석
규모의 심포니 홀과 400석의 챔버홀, 250명이 수용 가능한 리
허설 룸, 다목적 홀, 전시실 등을 보유하고 있다.

'예술 공장'이라는 뜻의 'Usina del Arte'라는 명칭은 이 건물

의 유래에서 비롯되었다. 이 건물은 원래 전력회사인 Compañía Ítalo-Argentina de Electricidad를 위해 디자인 되어 1916년에 오픈되었으나, 전력사업이 국유화 되며 1990년에 완전히 버려진 건물이 되었던 것이 용도 변경을 통해 지금의 문화공간으로 재탄생한 것이다. 2000년 8월, 아르헨티나 정부(Fernando de la Rúa)와 부에노스아이레스 시 정부에 의해 시작된 건물의 재건은 Néstor Kirchner 정부로 이어졌고, 추후 Mauricio Macri 부에노스아이레스 시장에 의해 2011년 7월부터 순차적으로 개관, 현재의 복합 문화공간으로서 자리 잡았다. 개관 당시의 명칭은 Usina de las Ideas였으나 2012년 5월에 Usina del Arte로 명칭을 개정하고 대중에게 메인 홀을 오픈했다.

Usina del Arte에서는 시 문화부에서 개최하는 부에노스아이레스 탱고 페스티벌(BA Tango Festival) 및 각종 장르의 음악공연과 강연·세미나 등이 주요 프로그램으로 진행되어 왔으며, 그외 시정부 주최의 페스티벌 등에 활용되고 있다.

※ TIP

우시나 델 아르떼는 공식적으로는 관광지인 라 보카 지역에 위치하지만 중심가와는 꽤 동떨어진 곳에 있다. 인근지역이 황량한 느낌이라 우범지대처럼 보일 수 있지만 공간 자체도 꽤 규

모가 있고 프로그래밍도 수준이 있는 편이다. 미술과 음악, 무
용 장르의 프로그램이 주를 이룬다.

9) Fundación Proa

기관/ 단체명	(국) 프로아 미술관 (서) Fundación Proa		
유형	미술관	장르	시각예술, 영상
소재지	Av. Don Pedro de Mendoza 1929, C.A.B.A	설립년도	2008
공간현황	4개 전시실, 멀티미디어실, 도서관 등		
홈페이지	http://www.proa.org		

PROA

프로아 미술관(Fundación Proa)은 1996년에 부에노스 아이레스 라 보카 지구에 세
워진 컨템퍼러리 아트센터이다. 19세기의 건물을 재건하여 만
들어진 이 공간은 개관 10년 만에 리노베이션에 돌입, 2008년
에 재개관 되었다. 동명의 사설 재단에 의해 운영되며 Techinkt
계열사인 Tenaris로부터 후원을 받고 있는 이곳은 총 3층의 공
간에 4개의 전시실, 예술서점, 멀티미디어실, 카페테리아 등을
가지고 있다.

영구 전시품을 보유하고 있지 않으나 그렇기에 더욱 다양한 컬렉션으로 4개의 전시실을 프로그래밍 하고 있는 프로아 미술관은 2008년 재개관 당시 마르셀 뒤샹(Marcel Duchamp) 전을 열어 130점에 달하는 작품을 전시하였는데 이는 라틴아메리카 내 뒤샹의 첫 개인전이었다. 프로아 미술관은 회화뿐 아니라 사진, 비디오/미디어 아트, 디자인, 심지어 전자음악에 이르기까지 다양한 장르를 선보이고 있다. 100명의 관람객을 수용할 수 있는 멀티미디어실에서는 영상 상영회, 콘서트, 교육 프로그램, 세미나 등이 진행되며 최근에는 Proa Radio 채널을 신설하여 팟 캐스트를 통해 작가 인터뷰 및 작품해설 등을 제공하고 있다.

※ TIP

　　프로아 미술관은 라 보카 지구 내 대표적인 문화시설이며 컨템퍼러리 미술을 선보이는 공간으로서는 부에노스아이레스 안에서도 손꼽히는 곳이다. MALBA만큼 규모 있는 전시/행사를 선보이고 있다. 해외 아티스트를 많이 선보이는 곳이기도 하다.

10) MICA(Mercado de Industrias Culturales Argentinas)

축제/ 행사명	(국) 아르헨티나 문화산업마켓 (서) Mercado de Industrias Culturales Argentinas (MICA)		
유형	아트마켓	장르	공연(복합), 디자인, 출판, 게임 등
개최도시	부에노스아이레스 外	시작년도	2011
운영주체	아르헨티나 연방 문화부		
개최시기	격년–홀수년도 (시기는 일정치 않으나 2015년 행사는 9월 개최)		
참가규모	(1회 기준) 31개국, 초청인사 231명, 1,700개 단체 등록		
홈페이지	http://www.mica.gob.ar		

아르헨티나 문화산업마켓 (MICA; Mercado de Industrias Culturales Argentinas)은 2011년 첫 개최 이후 격년제로 시행되고 있는 아트마켓이다. 아르헨티나 연방 문화부, 산업부, 외교부, 노동부, 관광부 등 주요 국가 기관들이 협력하여 주최하는 이 마켓은 공연예술, 시청각 서비스, 디자인, 출판, 음악, 게임에 이르는 6개 산업을 포괄적으로 다루고 있으며, 다양한 문화산업 종사자들이 모여 정보를 교류하고 네트워킹 하는 데에 그 의의를 두고 있다.

아르헨티나 연방 문화부 문화산업국에서 주관하는 이 행사는 다양한 장르를 포괄하는 만큼 분야별/장르별 코디네이터를 따로 두어 전문성을 지향하며, 장르별로 워크숍, 공연, 쇼케이스, 콘퍼런스, 비즈니스 미팅을 진행한다.

2011년에 마련되었던 첫 행사에서는 4,500여 건의 비즈니스 미팅과 106건의 강연, 30건의 음악 공연과 10건의 연극 공연이 진행되었고, 31개국에서 231명의 해외 인사가 방문, 1,700여 개의 기관/단체가 등록, 34,600여 명의 방문객이 몰려들며 성황리에 막을 내렸다. 2012년에는 아르헨티나 각 지역에서 총 6회의 Pre MICA 행사가 이루어졌으며, 2013년 행사는 부에노스아이레스 내 Tecnópolis에서 4월에, 2015년 행사는 신설된 네스토르 키르치네르 문화센터에서 9월에 개최되었다.

한편 2014년에는 아르헨티나 문화산업마켓을 모델로 한 남미 문화산업마켓(MICSUR; Mercado de Industrias Culturales del Sur)이 신설되었는데 이 역시 아르헨티나 연방 문화부 내 문화산업국의 주관으로 6개 분야에 대한 비즈니스 라운드, 포럼 및 세미나, 공연 등으로 꾸려졌다. 남미 문화산업의 진흥을 위해 마켓을 공유하고 협력관계를 구축하고자 개최된 이 행사에는 아르헨티나, 볼리비아, 브라질, 칠레, 콜롬비아, 에콰도르, 파라과이, 페루, 우루과이, 베네수엘라 등 10개국이 참가하였다.

11) girart, Mercado de las Artes Escénicas y la Música

축제/ 행사명	(국) 코르도바 공연예술마켓 (서) Mercado de las Artes Escénicas y la Música		
유형	아트마켓	장르	연극
개최도시	코르도바	시작년도	2010
운영주체	La Asociación Teatro La Cochera		
개최시기	격년-홀수년도 (시기는 일정치 않으나 주로 7월 개최)		
참가규모	(3회 기준) 초청인사 30명, 쇼케이스 45개, 미팅 1,500건		
홈페이지	http://www.girart.org		

　코르도바 공연예술마켓(girart, Mercado de las Artes Escenicas
y la Música)은 아르헨티나 코르도바에서 열리는 공연예술마
켓으로, 아르헨티나와 국제 공연예술 시장과의 교류를 목적

으로 창설되었다. La Asociación Teatro La Cochera와 중남미 문화 프로모터 네트워크인 라레드(La Red)가 주관, 아르헨티나 연방문화부, 코르도바 주 정부 등이 후원하며 NPN(National Performance Network), (재)예술경영지원센터, CAPACC(Cámara Argentina de Productores Artísticos y Culturales) 등과 협력관계를 맺고 있다.

연극, 무용, 서커스, 인형극, 마임 등 모든 공연예술 장르와 대중음악, 전통음악, 클래식음악, 월드뮤직 등 모든 음악장르를 포괄하는 이 마켓은 아티스트와 공연단체 등으로 하여금 자신의 예술상품을 프로모션 할 기회를 제공하며, 국내외 프로그래머들과의 교류 및 비즈니스 협약을 통해 해외 축제, 순회공연, 문화행사에 참가할 수 있도록 독려한다. 국내외 작품개발자, 국제 네트워크 대표, 특히 아르헨티나 프로덕션의 전략시장이라 할 수 있는 브라질, 멕시코, 칠레, 콜롬비아, 베네수엘라, 에콰도르, 페루, 스페인 등을 연결하는 역할을 주로 하고 있으며 '공공과 민간의 협력 촉진'과 '국내외 공연예술 전문가들의 지식과 혁신의 공유'를 지향한다.

이 마켓은 2010년 7월에 1회가 개최된 이후, 2회와 3회는 2011년/13년도 11월에, 4회 행사는 2015년도 7월에 개최되었다. 공모는 온라인 접수를 통해 진행되며 선정된 아티스트와 단체들은 비즈니스 라운드 테이블에 무료로 참가할 수 있다. 행사에는 비즈니스 라운드 테이블과 쇼케이스, 라이브 공연, 포럼 및 콘퍼런스 등이 준비되어 있으며, 홈페이지 내 '게이트웨이 (Gateway to world)'는 작품의 포트폴리오를 공유하고 버추얼 교섭이 가능한 웹 플랫폼으로 이용된다.

3회 행사에는 멕시코, 파나마, 코스타리카, 니카라과, 에콰도르, 콜롬비아, 페루, 볼리비아, 칠레, 브라질, 우루과이, 미국 등지에서 30명의 프로그래머와 프로듀서들이 참여하였으며, 전국에서 300여 건의 공연이 등록신청을 하였다. 큐레이터를 통해 45개의 작품/단체가 비즈니스 콘퍼런스와 쇼케이스에 선정되었으며 비즈니스 미팅에서는 약 1,500건의 미팅이 진행되었다. 개막 공연, 비즈니스 콘퍼런스, 쇼케이스 등의 프로그램에 약 500명의 국내외 전문가, 아티스트, 프로그래머들이 참여하였고, 2010년 이후 본 행사를 통해 진행된 교섭 및 계약 등의 누적 건수는 235건에 달하고 있다.

2011년에는 (재)예술경영지원센터의 지원으로 국제공연예술프로젝트(IPAP), 문화예술기획 이오공감, 아시아 나우, 연희집단 더 광대, Creative Group 노니 등 5개 공연예술단체가 마켓에 참가한 바 있다.

이 마켓을 주관하는 라 코체라 극장(Teatro la Cochera)은 코르도바 시(市)의 구에메스 지역에 위치한 민간 공연장으로, 1984년에 코르도바 출신의 배우 겸 연출가인 Paco Giménez에 의해 설립된 100석 규모의 블랙박스 공연장(9×7.4㎡)이다. 이 극장은 독립연극 프로덕션의 제작과 연구를 진행하고 있으며 프로그램은 주로 연극에 집중되어 있다. 극장 내 창작파트에는 총 28명의 아티스트가 소속되어 교육 및 공연을 진행한다. 연간 대략 2-3개의 제작공연과 25개의 대관 공연이 진행된다. 설립 이래 현재까지 50여 개의 공연을 제작하였으며 이 프로덕션들은 중남미 및 유럽 등지에서 20회 이상의 투어/초청 공연을 진행하기도 하였다.

※ TIP

마켓의 명칭인 girart는 '투어'를 뜻하는 girar와 '예술(art)'의 합성어이며, 국문명은 이해를 돕기 위해 직역하지 않고 지역적 특성을 살려 '코르도바 공연예술마켓'으로 번역하였다.

라 코체라 극장과 공연예술마켓의 감독인 Marcelo Castillo 는 아르헨티나 공연예술 국제교류 분야의 주요인물 중 하나로,

라레드 회원이며, 2010년 서울공연예술마켓에 참가하였다. 협력사업에 대해 큰 의지를 갖고 있으나 해당 행사의 최종 목적은 자국 공연의 해외 진출이다.

12) FIBA(Festival Internacional de Buenos Aires)

축제/ 행사명	(국) 부에노스아이레스 국제페스티벌 (영) Buenos Aires International Festival (서) Festival Internacional de Buenos Aires (FIBA)		
유형	축제	장르	공연예술
개최도시	부에노스아이레스	시작년도	1997
운영주체	부에노스아이레스 시 문화부		
개최시기	격년-홀수년도/10월 경		
참가규모	(9회 기준) 워크숍, 공연 포함 103개 행사 74,000 여 명 관람		
홈페이지	https://www.buenosaires.gob.ar/fiba		

부에노스아이레스 국제페스티벌(FIBA: Festival Internacional de Buenos Aires)은 1997년에 창설되어 격년제로 개최되는 아르헨티나의 대표적인 국제 공연예술 축제이다. 부에노스아이레스 시(市) 문화부 산하 '페스티벌 및 주요 축제 사무총국(Dirección General de Festivales y Eventos Centrales)이 주관하는 이 축제는 국내외

수준 높은 공연을 선보이며 라틴아메리카 내 주요 축제로 빠르게 자리매김 하였고, 2013년 10월 4일-20일에는 부에노스아이레스 전역의 27개 공간에서 9회 행사를 개최하였다.

2015년 담당 예술감독은 Darío Lopérfido로, 콜론극장의 예술감독을 겸임하고 있으며, 이 축제가 처음 창설된 1997년과 1999년에 감독을 역임한 후, 2011년, 8회 축제부터 다시 예술감독 직을 수행하고 있다. 한편 부에노스아이레스 국제페스티벌이 지금의 형태를 갖출 수 있도록 변화를 모색한 것은 7회 축제의 공동 예술감독이었던 Alberto Ligaluppi와 Rubén Szuchmacher였는데, 이들은 ①행사 기간을 3주에서 2주로 줄여 프로그램을 집중화하고, ②북미, 유럽권의 의존/집중도를 낮추기 위해 아시아, 아프리카 등 신흥 지역의 초청을 늘리는 한편, ③아르헨티나 국내 작품의 편성도 2편에서 10편으로 대폭 강화하는 등 행사의 질적 향상에 주력하며 프로그래밍의 기준을 바꾸어 놓았다.

부에노스아이레스 국제페스티벌은 연극, 무용, 음악 등 다양한 공연예술 분야의 트렌드를 보여주고 있으며, 공연뿐 아니라 워크숍, 강연회, 아트마켓, 신작 희곡상 시상, 전시, 영상 상영 등 다양한 형태의 행사들을 구축하고 있다. 2013년 진행된 9회

행사에는 〈햄릿〉 공연으로 히트를 했던 토마스 오스터마이어의 샤우뷔네가 입센의 〈민중의 적(Ein Volksfeind)〉을 선보였으며 벨기에, 프랑스 등 유럽의 작품과 멕시코, 우루과이 등 중남미 공연, 심지어 호주와 콩고의 작품이 초청되어 다양성을 더했다.

부에노스아이레스 국제페스티벌의 프로그래밍에서 눈길을 끄는 것은 다양한 협력 프로그램이다. 2013년의 경우 부에노스아이레스의 복합문화공간(CTBA), 산마르틴 문화센터, 칠레의 테아트로아밀 재단(FITAM: Fundación Teatro a Mil) 등과의 협력으로 진행되었으며, 부에노스아이레스 국제 독립영화제(Buenos Aires Festival Internacional de Cine Independiente, BAFICI)와 협력하여 공연예술을 기반으로 한 영상 작품을 상영하거나 프랑스의 TransArte, 스페인의 EÑE 희곡 페스티벌(Festival EÑE)과의 협력으로 세부 프로그램을 구성한 것이 돋보인다. 기존의 메르코수르[1] 포커스 프로그램이나 다양한 이민자 층을 포용하기 위해 각 국 대사관과 공조 하에 진행한 공연 텍스트의 해당 언어 번역 프로젝트인 '도서관 프로젝트' 등도 이러한 협력 프로그램의 일환으로 볼 수 있다. 또한 부에노스아이레스 국제페스티벌은 아르헨티나 내 지역 투어 연계를 위해 국립공연예술협회

---

1) 아르헨티나, 브라질, 파라과이, 우루과이 4개국의 자유무역 지대. 1995년 설립. Mercado Common Sur

(INT)와도 협약을 체결하고 있는데, 이는 해외와의 공동제작 시 불필요한 관료적 절차를 없애기 위함이다.

부에노스아이레스 국제페스티벌은 워크숍, 강연회, 미팅 등의 프로그램에 있어 아티스트 및 기획자와 국가주도 운영 극장의 감독들과의 만남을 초 목적으로 표명하고 있으며 2013년의 마켓 섹션에는 중남미, 북미, 유럽, 오세아니아, 아시아 등지로부터 58인의 해외 큐레이터 및 지역 예술가들이 참가하였다.

※ TIP

이 축제는 부에노스아이레스 시 문화부에서 주최하는 행사이므로 산마르틴 극장을 주 무대로 하고 있으며 2008년 서울아트마켓(PAMS)을 통해 2009년 FIBA에 초청되었던 극단 초인의 〈특급호텔〉이 한국 참가작으로 상연된 바 있다. 그 외 아시아 지역 중에서도 일본이 2회 초청받은 것이 전부이다. 아르헨티나 내 최대 공연예술제임은 분명하다.

13) Festival Latinoamericano de Teatro Mercosur

축제/ 행사명	(국) 메르코수르 국제연극제 (서) Festival Internacional de Teatro Mercosur		
유형	축제	장르	공연예술
개최도시	코르도바	시작년도	2000
운영주체	코르도바 주 문화부		
개최시기	격년-홀수년도/10월		
참가규모	(9회 기준) 15개국 183개 공연 상연, 90,000명 관람		
홈페이지	http://www.festivaldeteatroCórdoba.com		

아르헨티나 내 첫 국제공연예술제(Festival Latinoamericano de Teatro)는 코르도바에서 시작되었다. 경제난이 오며 해당 축제는 폐지되었지만 이후 2000년에 새로 생긴 페스티벌이 바로 메르코수르 국제연극제(Festival Internacional de Teatro Mercosur)이다. 코르도바 주(州) 정부 문화부인 Agencia Córdoba Cultura 주최, 문화부 소속의 레알극장(Teatro Real)의 주관으로 2003년까지 연례 개최된 이 축제는 이후 국제아동청소년연극제(Festival Internacional de Teatro para Niños y Jóvenes)와 교차로 격년 개최되고 있다.

메르코수르 국제공연예술제는 약 10일 동안 코르도바 주 내 여러 지역/공간에서 동시다발적으로 공연을 소개한다. 2013년 10월 4일-13일에 개최된 제 9회 축제의 경우 아르헨티나와 중남미, 유럽, 아프리카 등지에서 15개국이 참가하여 진행된 183개의 공연에 약 90,000명의 관객이 참석하였다. 축제의 프로그램은 해외초청, 국내초청, 코르도바 참가작(공모), 공식 단체(레알 극장 산하단체), 무용, 연극학교 프로그램, 프로그래머를 위한 비즈니스 라운드와 더불어 워크숍, 아티스트 토크 등으로 구성되고 있는데 2013년에는 부대행사로 무려 37개의 콘퍼런스, 워크숍, 포럼 및 미팅이 진행되었다.

초청작은 공모와 감독의 추천에 따라 선정위원회에 의해 결정된다. 보통 공모 심사는 2월 중순부터 3월 중순에 이루어지는데, 2000년에는 한국 '육십나무 무용단'의 〈최초의 인간〉과 〈씻김〉이 초청되어 상연된 바 있다.

제 10회 축제는 2015년 10월에 개최되었으며 극단 하땅세의 〈파우스트 I+II〉가 초청되었다.

※ TIP

격년으로 교차 개최되는 메르코수르 국제연극제와 국제아동

청소년연극제는 모두 코르도바 주 문화부 소속의 레알극장에서
주관하며, 코르도바는 아르헨티나에서 부에노스아이레스와 더
불어 공연예술 국제교류가 가장 활발한 곳이다.

14) Festival Buenos Aires Danza Contemporánea

축제/ 행사명	(국) 부에노스아이레스 현대무용제 (영) Buenos Aires Contemporary Dance Festival (서) Festival Buenos Aires Danza Contemporánea		
유형	축제	장르	공연예술(현대무용)
개최도시	부에노스아이레스	시작년도	2000
운영주체	부에노스아이레스 시 문화부		
개최시기	격년—짝수년도/10월		
참가규모	20개 내외 단체 참가 50여 개 프로그램 진행		
홈페이지	http://festivales.buenosaires.gob.ar/buenosairesdanza		

부에노스아이레스 현대무용
제(Festival Buenos Aires Danza
Contemporánea)는 부에노스아이
레스 시 문화부의 주최로 2000
년부터 격년으로 개최되고 있는
국제 현대무용 페스티벌이다. 산
마르틴 극장 등 시내 주요 공연장을 무대로 하며, 공연 이외에

도 사진 전시, 비디오 다큐 상영, 세미나 개최 등 다양한 부대행사를 마련하고 있다. 모든 공연은 무료이며, 사전 예약이 필요하지 않으나 일부 프로그램의 경우 등록절차가 있을 수 있다. 2012년 행사에는 약 22,000명의 국내외 관객이 집객 되었으며, 2014년 행사는 10월 1일-5일에 개최되었다.

동 축제의 예술감독으로 활동한 Andrea Servera는 무용가 겸 안무가이며 5, 6회 부에노스아이레스 현대무용제의 공동 감독으로, 시 주최 이머징 씨티 페스티벌(Festival Ciudad Emergente)에서 무용 프로그램 코디네이터로, 아르헨티나 문화산업마켓(MICA)의 무용 분야 코디네이터로 활동한 바 있다.

2014년도 축제에는 총 56회의 공연이 진행되었으며 이는 아르헨티나 내에서 선정된 14개 단체와 5개 초청단체 공연 및 무용영화제와 Ana Itelman 헌정 프로그램, 마스터클래스, 워크숍, 거리공연 프로그램, 그리고 유일한 해외 초청작인 한국의 모던테이블 공연을 포함하였다.

※ TIP
모던테이블의 〈시나위+다크니스 품바〉는 산마르틴 극장에서 무용제의 개막 프로그램으로 상영되어 큰 호응을 얻었으며

안무가 김재덕은 축제의 부대행사로 Usina del Arte에서 워크숍 1회를 추가 진행하였다.

15) Festival Nacional de Folklore de Cosquín

축제/ 행사명	(국) 코스킨 민속 페스티벌 (서) Festival Nacional de Folklore de Cosquín		
유형	축제	장르	공연예술(민속음악/무용)
개최도시	코스킨	시작년도	1961
운영주체	코스킨 시		
개최시기	매년/1월		
참가규모	(2015년 기준) 65개 팀 300회 이상 공연 진행		
홈페이지	http://www.aquicosquin.org		

코스킨 민속 페스티벌(Festival Nacional de Folklore de Cosquín)은 아르헨티나에서 가장 중요한 민속음악 축제이다. 1월의 마지막 주에 개최되는 이 축제는 코르도바 주(州)의 코스킨 시(市)에서 열리며, 이 행사가 열리는 9일 밤은 코스킨의 9개의 달(Nueve Lunas de Cosquín)이라고도 불린다.

코스킨 시의 관광 진흥을 위해 여름휴가 기간 동안 개최된

이 축제는 이제 아르헨티나에서 가장 중요한 연례 민속 축제이자 중남미 지역에서 가장 큰 축에 속하는 축제이다. 이 축제는 60-70년대에 전국적으로 (부에노스아이레스 시 제외-탱고음악이 강세) 민속음악 붐을 일으켰고 Mercedes Sosa와 Horacio Guarany 같은 희대의 가수를 배출하였다. 이후 이 축제는 음악에 국한되지 않는 전반적인 민속 문화를 다루게 되었고, 이에 따라 전(前)대통령 José María Guido는 매해 1월 마지막 주를 '국립 민속의 주'로 제정, 코스키 시에 위원회를 두고 매년 이를 기념하도록 했다.

코스킨 민속 축제는 국내외로 성장을 하며 그 중요성을 인정받아 미주기구(Organización de Estados Americanos-OEA)로부터 지원을 받았다. 파리의 인류박물관은 이 축제의 다면적 표현성을 영상으로 기록했고, 독일 슈투트가르트 시는 코스킨이라는 명칭을 한 도로명으로 지정하였으며, 일본의 카와마타 시에서는 1981년부터 10월마다 'Cosquín in Japan'이라는 이름으로 남미 민속 음악 페스티벌을 개최하였다.(Cosquín in Japan은 후쿠시마 현의 가와마타 시에서 3일간 개최된다.)

1984년, 제 24회 축제 때부터는 ATC(Argentina Televisora Color-Canal 7)에서 축제가 진행되는 9일 간, 매일 축제실황을 전국에 방영하였다. 이를 통해 코스킨 축제는 아르헨티나 민속

음악 예술가의 산실이 되었고, '코스킨, 민속문화의 수도'(Aquí Cosquín, Capital Nacional del Folklore!)라는 캐치프레이즈 아래, 현재까지 이어지고 있다.

2001년에는 50m 길이의 회전무대가 신설되었고, 이는 현재까지도 라틴아메리카에서 가장 큰 규모에 속하는 시설이다. 이 무대는 아르헨티나 최고의 민속 음악가이자 코스킨 축제 최고의 스타였던 아타우알파 유팡키(Atahualpa Yupanqui)의 이름을 땄으며, 7,800석의 좌석과 2,000석 가량의 입석공간을 포함하여 총 만 명 규모의 관객이 수용 가능하다.

이 축제는 현재 코스킨 시장인 Marcelo Villanueva가 조직위원장을 맡고 있으며, 9일 간 상연되는 수십 개의 공연은 온라인(www.autoentrada.com) 및 오프라인 등지에서 예매 가능하다.

주요 프로그램은 코스킨 음악 축제, 민속음악의 이해, 민속무용 공연, 거리공연, 주요 포크 클럽 텐트 운영, 각종 워크샵, 민속공예 박람회 등이다. 본 축제 2-3주 전에는 Pre-Cosquín이라는 명칭으로 민속 음악/무용 경연대회가 진행되기도 한다.

중남미, 일본, 스페인 등지의 아티스트들이 참가하며 이들의

공연은 해외 델리게시연 프로그램으로 매일 한 국가씩 집중 소
개되며 전체 프로그램으로 보면 9개의 공간에서 9일간 300회
가 넘는 공연이 진행된다.

※ TIP

　아르헨티나의 주요 축제 중 가장 유서 깊은 행사이다. 아직
한국 공연이 소개된 적은 없으나 민속 음악을 중심으로 하는 축
제이니 전통 및 월드뮤직 팀이 진출 가능하리라 본다. 코스킨
시는 코르도바 주에 위치하여 코르도바 주 문화부와도 협력하
고 있다.

16) Festival de la luz

축제/ 행사명	(국) 빛의 축제 (영) Festival of light (서) Festival de la luz		
유형	축제	장르	시각예술(사진)
개최도시	부에노스아이레스 外	시작년도	1989
운영주체	Fundación Luz Austral		
개최시기	격년-짝수년도/8월 경		
참가규모	(18회 기준) 약 80개 전시공간 참여, 110여 개 전시 진행		
홈페이지	http://www.encuentrosabiertos.com.ar		

XX Encuentros Abiertos
Festival de la Luz.2018

빛의 축제(Festival de la luz)는 전 세계의 사진 축제와 파트너십을 형성하고 있다. 이 네트워크의 지향점은 국제협력과 교류의 가능성을 타진하는 것이다. 현재 미국, 호주, 포르투갈, 아르헨티나, 러시아, 캐나다, 그리스, 영국, 덴마크, 프랑스 및 한국 등지의 27개 축제와 연계하고 있으며, 참여를 원하는 축제는 홈페이지에서 지원서를 다운 받아 신청할 수 있다.

아르헨티나에서는 Fundación Luz Austral(Southern Light Foundation)에서 주최하는 Encuentros Abiertos(Open Meetings) 축제가 Festival de la luz의 일환으로 참여하고 있다. 이 축제는 사진 발명 150주년을 기념하며 Escuela Argentina de Fotografía(아르헨티나 사진학교)와 revista Fotomundo(잡지 '사진세계')가 주관하여 1989년에 처음 개최, 그 이후 Fundación Banco Patricios(Patricios Bank Foundation), Alianza Francesa(Alliance Française) 등에 본부가 설치되었다가 1999

년에 비영리 재단인 Fundación Luz Austral이 설립된 이후 본 행사의 주관을 맡고 있다.

축제는 격년으로 8월-9월 중에 개최되며, 25주년/18회를 맞이한 2014년 축제에서는 국내외 작가의 110개 가량의 전시가 진행되었다. 참가자는 공모와 초청을 통해 선정되고 전시 외에도 콘퍼런스와 라운드 테이블, 워크숍 등의 부대행사가 진행된다.

이 축제는 아르헨티나 전역에서 개최되며 부에노스아이레스에 본부를, 살타, 네우켄, 산후안 지역에 지부를 두고 있다. 축제 홈페이지를 통해 축제와 함께 할 공간도 모집하고 있으며 현재는 부에노스아이레스 시 내 25개 미술관과 부에노스아이레스 주 내 17개, 그 외 각 지역에 총 3개의 공관과 파트너십을 맺고 있다.

2014년 축제에는 파사드 프로젝트(Façade Project)로 유명한 사진작가 한성필이 초청되었으며 2016년에는 한국이 주빈국으로 초청되었다.

3. 문화예술 기획자, 해외 한국문화원 진출기

[Q] 국내에서 활동하던 기획자가 해외문화원에 진출하려면 어떤 방법이 있나요?

[A] 행정원 채용과 관련해서는 해외문화홍보원이나 문화체육관광부 홈페이지에서 공고를 확인하실 수 있고요, 저의 경우에는 ㈜예술경영지원센터의 국제교류 전문가 양성사업인 NEXT 프로그램을 통해 문화원에서 파견 근무한 후, 문화원과 별도로 계약을 맺은 케이스입니다. 행정원이 아닌 문화예술 전문가를 별도 채용하는 일은 거의 없으니 NEXT 프로그램을 잘 활용해보시면 좋을 것 같아요. 해당 프로그램은 그간 한국과의 교류가 미진했던 국가에 주재하는 한국문화원에 공연예술 혹은 시각예술 분야의 전문가를 파견하여 해당 지역을 기반으로 한 국제교류 전문가를 양성한다는 취지의 프로그램인데요, 중남미, 아프리카, 아시아, 유럽 등 약 10개국에 문화예술 전문 기획자를 파견하여 해당 국가의 문화예술 동향 및 인프라에 대한 리서치와 함께 문화원 업무를 지원하도록 하고 있으며 별도의 프로젝트 사업을 통해 실질적인 문화교류 프로그램을 기획, 진행할 수 있도록 지원하고 있습니다.

[Q] 해외문화원에 진출하기 위해서는 어떤 준비를 해야 하나요?

[A] 물론 해당 국가의 문화예술에 대해 잘 알고 계시면 좋겠지만 한국에서 해외 특정 국가에 집중하여 리서치를 이어간다는 것이 쉬운 일은 아니겠죠. 제 경우 아르헨티나에 와서 가장 놀랐던 것은 영어가 상당히 안 통한다는 거였어요. 그래서 비영어권 국가의 한국문화원에서는 행정원도 해당 국가의 언어를 전공한 사람을 채용하는 경우가 대다수이고요. 실질적으로는 해당 국가의 언어를 습득하시는 것이 필요하다고 할 수 있습니다만 가장 중요한 것은 물론, 열린 사고와 유연한 태도로 해당 국가의 문화를 받아들이는 것이라고 생각합니다.

[Q] 아르헨티나 문화원의 경우, 기획이 이뤄지는 과정(작품/아티스트 섭외과정 및 예산측정 등)이 궁금합니다.

[A] 아르헨티나 문화원의 경우 연말부터 다음 해 사업에 대한 구상이 시작되는데요, 기본적으로 문화원에서 매년 진행하는 연속사업들이 있고 그 외 문화체육관광부 산하기관이나 국내 문화예술 유관기관과의 협력사업을 진행하기도 하죠. 제 경우엔 자체기획 프로젝트로 현지 공연예술축제나 공간

에 한국 아티스트 초청을 먼저 제안하여 직접 초청하도록 하는 방식으로 협력 사업을 진행해왔어요. 제가 문화원 협력 코디네이터로서 현지 주최 측과 한국 아티스트 간의 소통을 지원하는 방식이었습니다. 현지에서 국내 교통과 숙식, 공연 사례비를 지원하는 것을 기준으로 하였고 보통 국제 항공비까지는 커버가 되지 않아 국내 기금 등을 활용하였습니다.

작품을 추천하기 위해서는 물론 여러 가지를 고려하는데요, 우선 아르헨티나가 너무 멀리 위치해 있기 때문에 무대나 구성원이 조금 간결한 작품을 선호하게 되기도 하고, 아무래도 언어적인 요소가 너무 크게 차지하지 않는 작품을 탐색하게 되긴 하더라고요. 하지만 공식적인 모집절차가 있는 것은 아니어도 제가 특정 작품을 선정하여 초청을 매개하는 것은 아니에요. 협력 기관/축제 측에 대한 사전 리서치와 예술 감독과의 오랜 소통을 통해 해당 기관/축제에 잘 맞을만한 공연을 선별하여 제안한다고 보시면 됩니다. 이후 현지 기관과 국내단체 사이에서 계속 조건과 일정을 조율해가며 진행하는 거지요. 한 기관에서의 초청이 확정되고 나면 해당 기간에 투어를 엮을 수 있을지, 부대행사를 만들 수 있을지 타 기관들과의 접촉을 시작해요.

예를 들어 제가 NEXT 파견 당시 진행했던 프로젝트 사업이
아르헨티나 국립현대무용단과의 협력으로 국내 안무가를
초청하여 체류 기간 중 새로운 작품을 창작하여 현지 무용
수들과 함께 공연의 형태로 발표하는 것이었거든요. 한국에
서는 모던테이블의 김재덕 안무가가 초청되었고 이 기간에
아르헨티나 국립예술대학교에서 마스터 클래스를 별도로
진행하였는데 반응이 아주 좋았어요. 또 김제민 작가가 현
지 레지던시에 참여하기 위해 아르헨티나에 방문하신 것을
계기로 '국립2월3일대학교'에서 전공생들을 대상으로 미디
어아트 강연과 워크숍을 진행하기도 했고 극단 하땅세가 메
르코수르 국제연극제에 초청된 후 다른 공간에 투어를 연계
하기도 했죠.

초청사업이 확정되었다는 것은 가장 큰 변수인 국제항공이
해결되었다는 것이니 아무래도 추가 사업을 제안하기가 수
월하기도 하고요. 아르헨티나는 특히 거리가 멀기에, 한국
에서 아티스트들이 오시는 기회를 잘 활용해야 해요. 같은
맥락에서 인근 국가에 오시는 분들이 먼저 연락을 주시기도
하고요.

[Q] 일반 기획과(축제, 공연, 전시 등) 문화원 기획의 차이는 무엇
인가요?

[A] 일단 기조가 다르겠죠. 문화원에서는 한 아티스트나 특정
장르에 집중하지 않고 여러 장르의 다양한 아티스트를 소개
하고 있고, 주재국과의 관계를 맺어가는 것, 혹은 주재국민
(駐在國民)에게 '한국'이라는 나라에 대해 긍정적인 이미지를
심어주는 데에 방점을 찍고 있으니까요. 공공성도 중요한
포인트입니다. 아무래도 사업 자체의 영향력보다는 사업의
의의에 포인트를 두게 되는 경우도 있지요.

그리고 물론 문화원의 사업들은 비영리적인 사업이라는 것
이 큰 차이가 될 것 같습니다. 문화원 사업의 경우 오히려
수익이 발생하는 것을 지양하게 되니까요. 부정적인 영향도
있겠지만 어찌 보면 재원조성이나 영리적인 부분에 크게 제
한받지 않고 사업을 구상할 수 있으니 기획자의 입장에서는
더욱 다양한 가능성을 내포한다고도 볼 수 있을 것 같아요.

- 출처: 서울문화재단 발간 무용전문 웹진 〈춤:in〉, 2016년 9월 29일.
故 김경희 당시 주아르헨티나 중남미한국문화원 협력코디네이트의 글

* 이글은 2013년 11월부터 2015년까지 5월까지 (재)예술경영지원센터의 NEXT 프로그램으로 아르헨티나에 파견되어 우리 문화원에서 근무하며 연극 기획과 음악 및 무용 분야 국제교류 코디네이팅을 담당했던 동료가 후배들을 위해 쓴 글이다. 자신을 잘 드러내지 않으려 했지만, 정말 성실했고, 일 잘했고, 앞으로 중남미와 한국의 예술분야 교류에 많은 역할을 할 수 있을 큰 재목으로 기대를 걸었다. 안타깝게도 홀연 세상을 떠났다.

4. 무용 안무가가 해외에서 바라 본 한국문화원장

　…1년 만에 다시 오게 된 부에노스아이레스, 한 달을 살았지만 왠지 제2의 고향처럼 상당히 익숙하게 느껴졌다. 아르헨티나의 이번 공연은 두 무용단이 합작해서 만든 작품으로 2009년 4월 성남국제무용제에서 초연한 데 이어 이번에는 아르헨티나에서 새롭게 모양새를 갖추어 공연했다. 한국보다는 열악한 환경에서 작업하는 아르헨티나 무용단의 여러 가지 사정 때문에 경제적인 면에서 예상치 못한 문제들이 발생하기도 했다.

　이번 공연은 부에노스아이레스에 본부를 두고 있는 중남미한국문화원이 공동 주최하면서 두 나라 무용인들의 교류에 큰 역할을 했다. 그 때문인지 친정 나들이를 온 딸이 느끼는 기분과 같은 감정이 느껴졌다. 중남미한국문화원 이종률 원장은 일반 정치인의 모습과는 판이하게 달랐다. 정말 외교관 신분이 맞을까 싶을 정도로 마치 비즈니스맨처럼 적극적으로 한국을 아르헨티나에 소개하고 있었다.

　서울에 있을 때부터 무용단과 메일을 주고받으며 자막 번역을 비롯해 세세한 부분까지 철저하게 준비를 해주셨기에 어려움 없이 공연을 진행할 수 있었다. 외국 공연을 할 때 대사관이나 문화원에서 깊은 관심을 보이고 이것저것 배려해줄 때, 공연자들은 말할 수 없는 감사를 느낀다. 한국인으로서의 뿌듯함, 보호받고 있다는 느낌, 그것은 한국인이라는 자부심을 한껏 가슴에 훈장처럼 달게 된다….

- 출처: '20여 일의 대장정, 남미에 선보인 한국 창작 무용의 세계'에서 발췌 2009년 11월 국제교류재단 발간 〈newsletter〉 중 안무가 손인영(현 국립무용단 예술감독)의 기고문

5. 미술 전문 잡지의 편집장이 언급한 한국문화원장

이종률 중남미한국문화원 원장…. 외교부 소속 참사관 신분이지만 실제로 하는 일은 문화부 공무원 역할에 가까웠다. 중남미 30여 개국 가운데 유일하게 아르헨티나에만 있는 중남미한국문화원을 통해 한국문화를 알리는 일을 최전선에서 진두지휘한다. 유창한 스페인어로 '동시적 울림전' 취재를 적극 도와줬다. 덕분에 부에노스아이레스의 유서 깊은 공연장에서 탱고가 아닌 현대무용을 관람하기도 했다. 〈월간미술〉의 오랜 독자인 부인은 미술뿐 아니라 클래식 음악과 문학 등 다양한 예술 분야에 애정이 각별했고, 민간외교사절의 역할을 톡톡히 해내고 있었다.

– 출처: 〈월간미술〉 2014년 9월호 Editor's Letter

뭐 했니? 아르헨티나 7년

- 이종률 · 옥정아 -

책을 닫으며

함께 싹튼 두 가지 생각,

입맞춤,

섞인 두 메아리,

그것은 바로 우리들의 두 영혼

- 구스타보 베케르(Gustavo A. Becker)의 서정시집에서

이제 스무날만 더 자면 귀국이다. 그래서인지 어젯밤 집 근처 레티로 공원(Parque de Retiro) 산책길에서 본 어두운 나무들 사이의 보름달이 더없이 예뻐 보이고 사랑스러웠다.

역설적이지만 나의 글들은 코로나 바이러스의 선물이다. 마드리드는 3월 중순부터 6월 중순까지 봉쇄되어 집에 머물러야 했다. 그 시간들이 없었다면 보고 듣고 만나는 데 바빠 글을 쓸 수 없었을 것이다. 바이러스 때문에 집 밖은 나가지 못했지만 덕분에 로마 시대부터 독재자 프랑코 시대까지 다녀올 수 있었고 내가 살았던 곳들의 추억 속에서 지낼 수 있었다.

멈추고 싶기도 했지만 19년 만에 만난 친한 친구에게 무엇을 느끼며 살았는지를 들려주고 싶어 계속 쓰게 되었다.

　세상 구경을 시켜주고, 끊임없이 용기를 불러일으켜 준 삶의 친구인 남편에게 참 고맙다는 말을 하고 싶다.

2020년 9월

마드리드 레콜레토에서

옥정아

참고문헌

국내자료

- 체 게바라 평전 (2001. 2, 장 코르미에, 김미선 역, 실천문학)
- 종횡무진 서양사 (2001, 3, 남경태, 그린비)
- 라틴아메리카 영원한 위기의 정치경제 (2002. 9, 이성형, 역사비평사)
- 부에노스아이레스 남미의 파리 (2004. 6, 고부안, 살림)
- 스페인 문화의 이해 (2005. 2, 안영옥, 고려대학교출판부)
- 라틴아메리카의 역사 (2007. 3, 카를로스 푸엔테스, 서성철 역, 까치글방)
- 남미를 말하다 (2009. 6, 김영길, 프레시안북)
- 스페인 이미지와 기억 (2010. 10, 전기순, 지식을만드는지식)
- 라틴아메리카역사 다이제스트100 (2010. 11, 이강혁, 가람기획)
- 멕시코의 세 얼굴 (2011. 3, 옥타비오 파스, 황의승·조명원 역, 세창미디어)
- K·POP 세계를 홀리다 (2012.11, 김학선, 을유문화사)
- 한류: K-Pop에서 K-Culture로 (2012. 12, 위택환, 해외문화홍보원)
- 스페인 내전의 비극 (2013. 4, 이병주, 바이북스)
- 팬덤 문화 (2014. 4, 홍종윤, 커뮤니케이션북스)
- 스페인 역사 다이제스트 100 (2014. 10, 이강혁, 가람기획)
- 컬처이노베이터 (2015. 3, 유재혁, 클라우드나인)
- 대중음악의 이해 (2015. 3, 김창남, 도서출판 한울)
- 나를 찾아 떠난 스페인 (2015. 5, 최문정, 다차원북스)

- 베르나르다 알바의 집 (2015. 5, 안영옥, 지식을만드는지식)
- 스페인 내전 (2015. 5, 앤터니 비버, 김원중 역, 교양인)
- 미녀들의 초상화가 들려주는 욕망의 세계사 (2015. 6, 기무라 다이지, 황미숙 역, 올댓북스)
- 유럽의 첫 번째 태양, 스페인 (2015. 9, 서희석/호세 안토니오 팔마, 을유문화사)
- 대중음악 (2015. 9, 김혜정, 일송미디어)
- 일생에 한 번은 스페인을 만나라 (2016. 2, 최도성, 21세기북스)
- 스페인 문화순례 (2016. 3, 김창민 외, 서울대학교출판문화원)
- 한국대중예술사, 신파성으로 읽다 (2016. 4, 이영미, 도서출판 푸른역사)
- 스페인 미술관 산책 (2016. 8, 최경화, 시공사)
- 스페인 은의 세계사 (2016. 11, 카를로 M. 치폴라, 장문석 역, 미지북스)
- 한류 메이커스 (2017. 3, 김덕중 외, KOFICE)
- 사랑한다면 스페인 (2017. 6, 최미선 외, 북로그컴퍼니)
- 팝, 경제를 노래하다 (2017. 7, 임진모, 아트북스)
- 대중문화의 이해 (2017. 8, 김창남, 한울엠플러스)
- 스페인 예술로 걷다 (2017. 9, 강필, 지식서재)
- 아르헨티나 사람들의 언어 (2018. 1, 호르헤 루이스 보르헤스, 김용호·황수현·엄지영 역, 민음사)
- 돈키호테의 말 (2018. 3, 안영옥, 열린책들)
- 2017 한류 파급효과 연구 (2018. 5, 전종근 외, KOFICE)
- 처음 만나는 스페인 이야기 (2018. 7, 이강혁, 지식프레임)
- 왜 스페인은 끌리는가? (2018. 7, 안영옥, 도서출판리수)
- 신의 선물 사람의 땅, 중남미 (2018. 8, 추종연, HU:iNE)
- 두 개의 스페인 (2019. 1, 신정환 외, HUEBooks)

해외자료

- The Real Odessa: How Perón brought the Nazi war criminals to Argentina(2003. 1, Uki Goni, Granta UK)
- De los Apeninos a los Andes y otros cuentos (2006. 5, Edmundo de Amicis, Cantaro)
- Evocacion mi vida al lado del Che (2008. 4, Aleida March, Espasa)
- Basta de historias! (2010. 9, Andres Oppenheimer, Random House Mondadori)
- PALI PALI (2012, 11, Martin Caparros, Planeta)
- CREAR O MORIR! (2014. 9, Andres Oppenheimer, Penguin Random House Grupo Editorial)
- Why are there so many great argentine dancers? (2016. 9, Marina Harss, The New Yorker)
- La Familia del Prado (2018.10, Juan Eslava Galan, Planeta)
- Grandes Maestros 4, VELAZQUEZ (Fernando Marias, ARTE)

뭐 했니? 아르헨티나 7년

한류 현장 이야기와 문화예술로 만나는 이베로아메리카 I

초판인쇄 2021년 5월 20일
초판발행 2021년 5월 26일
저   자 이 종 률 · 옥 정 아
발 행 인 권 호 순
발 행 처 시간의물레
등   록 2004년 6월 5일
주   소 서울시 은평구 증산로17길 31, 401호
전   화 02-3273-3867
팩   스 02-3273-3868
전자우편 timeofr@naver.com
블 로 그 http://blog.naver.com/mulretime
홈페이지 http://www.mulretime.com
I S B N 978-89-6511-356-0 (03950)
정   가 23,000원